U0823523

核心企业主导供应链减排决策及协调策略研究

HEXIN QIYE ZHUDAO GONGYINGLIAN
JIANPAI JUECE JI XIETIAO CELÜE YANJIU

刘名武　等 / 著

中国财经出版传媒集团
中国财政经济出版社
· 北 京 ·

图书在版编目（CIP）数据

核心企业主导供应链减排决策及协调策略研究 / 刘名武等著. --北京：中国财政经济出版社，2024.7.

ISBN 978-7-5223-3256-7

Ⅰ. F279.23

中国国家版本馆 CIP 数据核字第 20245FG354 号

责任编辑：彭　波　　　　责任校对：胡永立

封面设计：卜建辰　　　　责任印制：史大鹏

核心企业主导供应链减排决策及协调策略研究

HEXIN QIYE ZHUDAO GONGYINGLIAN JIANPAI JUECE JI XIETIAO CELÜE YANJIU

中国财政经济出版社 出版

URL：http：//www.cfeph.cn

E-mail：cfeph@cfeph.cn

（版权所有　翻印必究）

社址：北京市海淀区阜成路甲 28 号　邮政编码：100142

营销中心电话：010-88191522

天猫网店：中国财政经济出版社旗舰店

网址：https：//zgczjjcbs.tmall.com

涿州汇美亿浓印刷有限公司印刷　各地新华书店经销

成品尺寸：170mm×240mm　16 开　14 印张　212 000 字

2024 年 7 月第 1 版　2024 年 7 月河北第 1 次印刷

定价：78.00 元

ISBN 978-7-5223-3256-7

（图书出现印装问题，本社负责调换，电话：010-88190548）

本社图书质量投诉电话：010-88190744

打击盗版举报热线：010-88191661　QQ：2242791300

前　言

全球气候变暖等环境问题威胁着人类生存，如何有效控制造成气候变暖的碳排放问题成为国际社会关注的焦点。作为国际社会负责任的重要一员，我国始终坚持履行《联合国气候变化框架公约》和《巴黎协定》的郑重承诺义务，坚持新发展理念，走绿色、低碳、可持续发展之路，在应对全球气候变化与环境问题的征程中不断迈出新步伐。2020 年联合国大会上，我国向世界郑重承诺实现“碳达峰”“碳中和”目标。早在 2011 年，我国就启动了“两省五市”碳排放交易试点，截至 2020 年 8 月，7 个试点城市碳排放权累计成交 4.06 亿吨。2020 年 12 月，生态环境部发布《碳排放权交易管理办法（试行）》并从 2021 年 2 月 1 日起开始施行。目前，国家发改委正积极推动建立全国统一碳减排权交易市场，推动经济发展方式向低碳绿色加快转型。这一制度创新将深刻改变企业的供应链成本构成和盈利模式，推动企业供应链战略决策和经营策略的变革，给企业供应链低碳发展带来机遇和挑战。在此背景下，本书提出核心企业主导供应链减排这一学术思想，开展“核心企业主导供应链减排决策及协调策略研究”，在碳排放权交易制度和消费者低碳偏好下，建模分析核心企业主导供应链碳减排决策及协调策略，旨在推动形成供应链上下游企业间碳减排合作，破解单个企业减排面临的成本高难题，从而激励供应链减排，实现供应链经济绩效和环境绩效的双赢。本书共分九章：

第1章，概论。阐述问题背景与研究意义、主要研究内容以及研究思路方法。

第2章，国内外研究综述。系统梳理国内外供应链碳减排相关领域的研究成果，并进行简要研究评述。

第3章，不同企业主导供应链减排决策与协调策略研究。考虑消费者具有低碳偏好，在供应商遭受碳交易制度规制并进行减排投资情景下，研究供应商和零售商分别作为核心企业主导供应链的减排决策及供应链协调问题。

第4章，零售商持股供应商减排投资决策与协调策略研究。将股权投资合作策略引入供应商作为核心企业主导供应链低碳减排合作中，研究零售商持股供应商减排投资的供应链决策及协调策略。

第5章，第三方参与减排的供应链持股决策与协调策略研究。将第三方节能服务公司（简称ESCO）作为核心企业引入并主导供应链碳减排，研究节能服务公司支持供应商减排的供应链持股决策与协调问题。

第6章，供后商主导供应链减排合作技术选择决策研究。针对异质性消费者对低碳产品和普通产品的购买选择行为差异性特征，研究零售商主导供应链不同合作模式下的供应链碳减排决策策略问题。

第7章，供应商主导供应链减排合作技术选择决策研究。针对供应链碳减排技术选择决策所匹配的政策和市场环境问题，考虑生产和使用环节都会产生碳排放，讨论供应商主导供应链碳减排合作的低碳技术选择决策问题。

第8章，不对称信息下的供应商减排投资决策与协调策略研究。在不对称信息情景下，针对供应商拥有减排成本等私有信息而产生谎报行为，引入供应商私有信息谎报因子，讨论不同核心企业主导下供应商减排投资决策与协调策略问题。

第9章，研究总结。对全书进行总结，归纳供应链减排问题并提出对策建议，以及讨论进一步深入研究的方向和问题。

本书构建多维度、多层次、多场景供应链碳减排问题，提出核心企业主导供应链碳减排学术思想，建模分析供应链碳减排决策及协调策略，丰富了低碳供应链管理理论，为供应链企业低碳减排运作决策提供理论支持，也为行业行政主管部门相关政策制定和制度设计提供参考。

本书由重庆交通大学刘名武教授及其指导的研究生团队所完成的，其中，刘名武教授负责总体设计框架体系，并负责第一章、第二章以及第九章的撰写，樊文平主笔完成第四章、第五章，赵文平完成第六章，万谧宇完成第七章，吴开兰完成第三章、第八章。团队成员研究期间付出了辛苦的劳动并展现出智慧，在此一并表示感谢和共勉。相信本成果的集结完成，能够为供应链低碳减排运作管理和后备人才培养发挥一定作用。

本书的出版得到了重庆市人文社科重点研究基地“口岸物流管理与航运经济研究中心”、重庆市智能供应链工程技术研究中心以及重庆交通大学—重庆长安民生物流股份有限公司工程管理研究生联合培养基地的资助，在此表示衷心地感谢！

目 录

第1章

概　论

1.1　研究背景与意义

1.1.1　研究背景

近年来，全球气温不断升高，极端气候事件频发，极端环境气候问题加剧，如何控制气温上升成为全球关注的焦点之一。1992年5月通过了《联合国气候变化框架公约》。1997年，联合国气候变化大会通过《京都议定书》，成为设定强制减排目标的第一份国际协议。2016年4月，178个联合国成员签署了《巴黎协定》。为应对气候变化抑制气温升高，2021年10月31日，二十国集团领导人第十六次峰会就致力于将全球平均气温上升幅度控制在1.5℃以内达成一致。2022年11月，《联合国气候变化框架公约》第二十七次缔约方大会同意设立损失与损害（Loss and Damage）基金，用于弥补脆弱国家遭受气候灾害重创的损失。随着联合国气候变化大会持续召开，以低能耗、低污染、低排放为基础的低碳经济发展模式已形成世界各国经济发展共识，倡导低碳消费已成为世界各国人民的共同行动和新的生活方式。目前，全球130多个国家和地区陆续宣布了碳中和目标。2020年3月，欧盟委员会公布了《欧洲气候法》草案，该草案以立法的形式明确2050年达到"碳中和"目标。低碳发展不仅有力彰显了负责任的国家形象，提升了国际竞争力，还正在改变企业间的竞争格局，推动企业变革与创新发展。

我国是世界第二大温室气体排放国，是全球核证减排量（CERs）一级市场上的最大供应国。作为制造业大国，不仅面临着国内节能减排、产业转型升级的压力，同时也面临着在全球供应链中如何发挥市场机制来减少我国碳排放总量并实现“双碳”目标的压力。低碳发展战略既代表着我国作为世界大国的国家责任和利益，也关乎我国企业在国际竞争中的优势和地位。实施低碳发展战略是我国经济高质量发展的应有之义。当前，我国已经具备了一定基础和条件来实施低碳发展战略，并在此方向上已经采取了一系列行动并取得了积极成就。2020 年，我国在第七十五届联合国大会上郑重承诺实现“碳达峰、碳中和”目标。2021 年 9 月，中共中央、国务院发布《关于完整准确全面贯彻新发展理念做好碳达峰中和工作的意见》，对我国“双碳”目标进行系统总体部署，推动一场实现“双碳”目标的广泛而深刻的经济社会系统性变革。2023 年 7 月 11 日，中央全面深化改革委员会第二次会议通过了《关于推动能耗双控逐步转向碳排放双控的意见》，强调了将控制重点从控制能耗总量和强度转变为控制碳排放总量和强度，为建立和实施碳排放双控制度创造条件。早在 2011 年，国家发改委在北京、上海、重庆等 7 个省区市启动了碳排放交易试点项目，旨在通过建立碳排放权市场，以市场机制来引导和激励企业减少碳排放。经过试点运行和经验积累，2021 年 7 月，国家发改委正式启动了全国碳排放权交易市场建设，搭建起一个具有全国范围统一的碳排放权交易平台。2024 年 2 月，国务院公布了《碳排放权交易管理暂行条例》，是我国应对温室气体引起气候变化的第一部专门法规，对我国实现双碳目标和推动绿色转型意义深远。全国碳排放权交易市场的建立和运行，标志着我国在低碳发展领域迈出重要一步。全国碳排放权交易市场采用现货交易方式，参与主体包括碳排放相关企业，现阶段交易履约的主体是电力企业。截至 2023 年年底，全国碳排放权交易市场累计成交量达到 4.4 亿吨，成交额约 249 亿元。通过碳排放交易，企业能以更加环保和低碳的方式组织生产，从而推动经济增长与碳排放脱钩，实现低碳发展目标。2024 年 5 月国务院印发《2024～2025 节能降碳行动方案》，保障“十四五”完成节能降碳约束性指标。

企业实施低碳创新使自身产品在低碳价值层面区别于其他竞争者，带来产品市场价格与份额的双重效益[1]。许多跨国企业已纷纷采取低碳发展战略。早在 2010 年[2]，东芝集团为了抢占未来市场就全面停止生产普通白炽灯，推行新型高效 LED。日立、德莎、雀巢、保洁等跨国企业均宣称在 2050 年或之前实现全供应链净零排放[3]。据《斯特恩报告》预测，到 2050 年全球低碳产品市场可达 5000 亿美元。行业发展实践层面的丰富研究表明，低碳发展战略和低碳创新能力将为当前企业竞争力提升和今后发展的关键[4]。Mao 等人[5]通过对机械、电子、等行业的 12 个事业部的调研发现，构建低碳供应链有助于提升企业社会环境和企业绩效。Li 等人[6]通过 438 个样本数据分析发现低碳技术创新显著提升了制造企业绩效。然而，我国企业普遍具有高耗能、高排放的特点。由于企业转向低碳生产所需的技术、设备和能源转型的高成本以及低碳产品生产过程中所需的资源和上游原材料的贵重性，单个企业将产品转化为低碳产品的减排成本很高，进而会导致低碳产品的价格过高，成为阻碍企业走低碳发展道路的主要障碍。实际上，不同企业间低碳发展的边际成本和碳排放权边际效益存在差异。此外，企业进行碳减排时常面临资金短缺或技术缺乏的难题[7]。研究发现，供应链企业间合作是企业低碳发展成功的重要因素[8]，也是获取低碳竞争优势的关键[9]。

从供应链的角度开展企业间低碳发展合作有利于资源优化配置，促进企业低碳实践。供应链企业间常常通过技术投资促进合作减排，实现合作共赢[10]。例如，沃尔玛 2017 年启动"全球价值供应链十亿吨减排计划"，作为供应链主导者推动上游供应商、非政府组织和其他利益相关者参与减碳行动。沃尔玛与供应商合作，在能源效率、包装再设计、负载优化效率提升等方面进行投资，帮助供应链设定减排目标，指导供应链进行减排。该计划可以适应不同减排准备程度和减排能力的供应商。据沃尔玛称，截至 2024 年 2 月，共有 5900 余家供应商参与该行动计划，并以 2030 年为目标年提前 6 年完成减少 10 吨温室气体排放的目标。全球零售巨头沃尔玛供应链减排行动，给同类企业减排和其他不同领域企业供应链减排，提供了范例。实际上，碳排放普遍来源于供应链的上游，碳足迹存在于原材料、运输、包装以及生产等环节。2018 年，奥迪汽车股份公司发起供应链"减碳计划"，和供应商一起探索减排。类似于沃尔玛、奥迪汽车等通常处于其供应链的核心位置，具有更强更高的权力位势，能够对供应链中的参与者施加影响，具有决策先动优势并主导供应链决策过程，被称为供应链核心企业。供应链上的企业通过减排合作决策，可以使整个供应链绩效得到改善且又能减少碳排放量。供应链企业间低碳合作，使得企业低碳发展战略从单个企业层面转向整个供应链层面，进一步开发单个企业的自身减排潜力，从而更具有市场竞争力和应对来自政府和利益相关者群体压力的能力。因此，从供应链合作减排视角并发挥供应链核心企业的主导作用，是推动制造业供应链减排的一种新思路。

随着消费者逐渐增长的低碳意识和低碳偏好，产品的低碳程度将会形成消费者评估产品价值的重要组成部分，成为企业产品差异化策略的一种手段，从而改变供应链企业的成本构成和盈利模式，也必将对供应链企业的生产方式、运营决策以及企业间竞合策略等多方面产生作用。2024 年 3 月，上海市消保委和每日经济新闻共同发布了《中国消费市场绿色低碳可持续趋势调查报告（2023）》，报告指出，95% 的调查对象希望国家能更关心消费者端的绿色低碳，并出台相关政策措施；83% 的调查对象希望能够与品牌商有关于绿色低碳的互动；78% 的调查对象希望知名品牌能够引领绿色低碳消费；此外，00 后群体里对绿色低碳产品消费购买意愿高达 88%。众多企业包括立邦、泰森食品、荣耀等品牌企业，将绿色低碳可持续视作长期价值，在产品创新研发、低碳环保生产及绿色低碳营销积极拥抱绿色低碳，取得了显著的实践成果。来自消费者和相关利益群体驱动力也会促进供应链企业低碳减排合作，给企业带来多重效益[11-12]。

我国向世界郑重承诺实现“碳达峰”“碳中和”目标。全国统一碳交易市场的建设正顺利推进。这个碳交易市场是独立于产品供应链而存在的碳排放权自由交易市场。供应链中的供应商生产产品而产生碳排放，供应商主动减排或者强制减排都会面临购买（出售）不足（节余）碳排放权，即供应商可以在碳交易市场上只有交易碳排放权。碳价格是碳交易市场活跃度的重要风向标。自 2024 年 1 月起，全国碳交易市场碳价格呈现升高趋势，并突破 100 元/吨关口。因此，碳交易市场形成碳交易价格成为供应商减排投资决策的重要考量因素，这种影响将通过供应链向下游零售商和消费者传导。随着新发展理念深入人心，低碳偏好消费者群体日益壮大，政策环境和市场环境使得供应链企业生产运营决策日益复杂，低碳发展成为企业的必由之路。然而，供应链在碳减排决策路径选择、对策举措等方面尚未形成系统和科学的认识。如何表征、量化供应链企业减排决策和协调策略，已成为供应链低碳发展亟待解决的关键问题。实际上，供应链上企业分散决策会产生“双重边际化”现象，即单个企业行动决策与供应链决策不一致，带来供应链上企业效益损失。这种现象在供应链企业低碳运作中更加凸显，主要源于，供应链企业减排投资成本不被链上收益企业分摊、供应链企业私有信息（低碳产品属性等信息）不对称而产生信息租金等。因此，对于信息对称下的供应链减排投资协调和信息不对称下的信息揭示与协调这两种情景下协调问题成为供应链低碳减排研究的重点。

综上所述，在当前我国统一碳交易市场构建、企业低碳发展实践以及消费者低碳意识形成时期，本书开展“核心企业主导供应链减排决策及协调策略研究”，提出核心企业主导供应链低碳减排合作的学术思想，发挥核心企业在供应链低碳化减排合作中的引领作用。本书从理论上刻画核心企业主导供应链减排的多场景决策模型，对工业制造产品供应与销售进行建模分析。所讨论的供应链是由供应商和零售商组成的，产品由供应商生产并批发给零售商销售给消费者。供应链核心企业是供应链决策博弈的先动者，处于供应链核心地位，往往具有决策先动博弈优势，既可以是供应商也可以是零售商。本书丰富了低碳供应链管理理论，具有重要的理论与现实意义。研究成果可直接用于制造/零售业从供应链角度开展低碳减排合作实践及企业运营管理，也可供我国碳交易制度构建与实施的政府管理部门、碳排放权交易机构等决策参考，提高决策的科学性、精准性。

1.1.2 研究意义

（1）理论意义。本书在碳排放权交易制度下，考虑消费者低碳偏好属性，建立核心企业主导供应链减排决策和协调的多场景模型，搭建了统一的理论分析框架，一是理解供应链权力结构并揭示核心企业权力对低碳减排合作决策的影响，有助于理解供应链权力动态和利益分配问题。二是探索信息结构对供应链低碳减排合作决策的重要性。三是解决供应链减排合作与协调契约设计问题，探讨供应商主导型和零售商主导型的供应链合作和协调策略，促进供应链低碳减排决策的达成和绩效的提高。本书为指导供应链减排合作提供新的思路，丰富低碳供应链管理理论。

（2）现实意义。本书针对供应链减排合作运作多场景，揭示运行机理并提炼管理启示建议：一是提供供应链主导企业推动减排合作决策和协调策略，推动整个供应链向低碳方向发展，促进可持续发展；二是揭示供应链权力结构和信息结构对供应链减排运作效率的影响，有助于优化供应链参与者的角色分工和协作方式；三是探讨不同企业主导型的供应链减排合作决策与协调策略，为供应商和零售商等参与者之间建立稳定的合作关系，促进供应链减排合作，提高供应链企业减排效益和经营效益。本书为供应链管理和决策实践提供指导，推动供应链参与者积极减排合作，为构建低碳供应链和可持续发展作出贡献。

1.2 研究内容与目的

1.2.1 研究内容

供应链核心企业通常具有更强更高的权力位势，能够对供应链中的参与者施加影响，具有决策先动优势并主导供应链决策过程。供应链信息结构关注供应链成员之间信息的流动和共享方式。本书以核心企业主导下的供应链权力结构和信息结构为主线搭建研究框架，分别在对称信息和不对称信息两种情形下，构建多维度、多层次、多场景的供应链减排决策模型，具体包括：六个场景模型，对应刻画建模核心企业主导供应链减排合作的一般场景和特色场景，以及不对称信息下的场景模型，建模分析核心企业主导供应链减排合作中企业私有信息揭示与披露策略。具体研究内容如下：

（1）不同核心企业主导供应链减排决策与协调策略研究。

面向消费者具有低碳偏好属性，在供应商受碳交易制度规制约束并进行减排投资的情景下，研究供应商、零售商分别作为核心企业主导供应链的减排决策以及供应链协调问题。首先，构建供应商不减排投资下的不同力量主导供应链决策的参照基准模型；再建立供应商和零售商处于供应链核心地位的 Stackelberg 博弈模型，分析供应商减排投资的边界条件，比较供应商主导型和零售商主导型的供应链最优减排投资决策，揭示供应链主导力量对供应链减排决策、供应链绩效的影响机理；然后，讨论供应商主导下的减排投资成本分摊契约解决零售商“搭便车问题”的有效性，进一步提出基于成本分摊的数量折扣契约，实现供应商主导下的供应链减排投资决策完美协调；接下来，作为对比，分析零售商主导供应链并基于Nash讨价还价博弈共同决策批发价格并配合使用通道费的供应链协调策略；最后，通过数值算例方法，验证理论结果并分析减排投资成本系数、需求对于减排敏感性系数的影响以及供应链成本分摊—数量折扣契约的协调有效性，并总结出管理启示。

（2）零售商持股供应商减排投资决策与协调策略研究。

在碳交易政策和消费者具有低碳产品偏好下，制造商正积极进行减排投资。为了在供应链中推动减排合作决策，将股权投资合作策略引入其中。本书旨在探讨零售商持股供应商减排投资的供应链决策和协调策略。首先，分别讨论供应链集中决策和分散决策下的供应链最优决策，同时分析零售商持股供应商减排投资合作的条件以及持股策略对供应链绩效的帕累托改进效果。其次，提出基于混合策略Nash讨价还价策略来进行供应链利润分配，以实现供应链激励相容和协调一致的目标。最后，通过数值算例分析零售商持股比例对产品需求量和供应链成员利润的影响，持股比例和碳价格对碳减排量和供应商利润的影响，并分析了Nash讨价还价策略对供应链协调的作用，以及总结管理启示。

（3）第三方参与减排的供应链持股决策与协调策略研究。

面对减排能力不足的供应商难以独自解决产品碳减排的挑战，本书提出将第三方节能服务公司（Energy Service Company，简称ESCO）引入供应链减排的解决思路，探讨节能服务公司参与制造商减排的供应链持股决策和协调问题。首先，在碳交易政策及消费者低碳偏好下，构建供应商持股节能服务公司减排的三级碳供应链决策模型，比较分析供应商不持股节能服务公司、供应商持股节能服务公司情景下供应链最优减排决策，进一步基于Shapley值法讨论四种联盟情形下的供应链减排合作与协调策略，并进行算例分析。其次，构建零售商和供应商共同持股节能服务公司减排决策模型，分析零售商和供应商不对节能服务公司持股，零售商和供应商共同对节能服务公司持股情形下的供应链减排决策，揭示持股策略对供应链减排决策的影响机理，可以更好地理解持股策略对整个供应链的影响。再次，在减排量保证合同拓展下，讨论供应商持股节能服务公司决策模型，比较分析两类六种决策模型最优解。最后，通过上述分析可以更全面地了解第三方参与减排效用，并为管理决策提供有效启示。

（4）消费者异质性且零售商主导供应链减排合作决策研究。

针对异质性消费者对低碳产品和普通产品的选择差异性，在碳限额与交易政策下，考虑零售商主导供应链情形，研究面向异质性消费者的供应链合作减排定价决策问题。首先，讨论由一个零售商主导、两个供应商跟随的供应链分散减排定价策略。其次，讨论供应链企业间合作减排定价策略，即分析零售商与低碳产品供应商合作主导供应链减排定价策略、零售商与普通产品供应商合作主导供应链减排定价策略、低碳产品供应商与普通产品供应商合作减排定价策略以及零售商、低碳产品供应商与普通产品供应商合作减排定价策略。再次，通过数值算例分析不同合作模式及消费者异质性特征对供应链减排定价策略及供应链企业利润的影响机理。最后，总结管理启示。

（5）供应商主导供应链减排合作技术选择决策研究。

在碳交易政策和消费者具有低碳偏好的环境下，针对供应链低碳减排技术选择匹配的政策和市场环境问题，讨论供应商主导供应链合作减排低碳技术选择策略问题。首先，识别区分技术减排和产品排放的特征，建立供应链低碳减排长期动态决策模型，利用微分博弈方法推演出长期最优低碳决策下的企业利润和碳排放影响轨迹。其次，利用轨迹函数讨论碳交易和市场条件下使企业同时实现减排和收益两环节的低碳技术特征满足的条件。再次，考虑到技术选择的实际限制，本书通过调整企业在给定技术特征下同时实现减排和收益的双赢策略。最后，在数值算例的基础上总结管理启示。

（6）不对称信息下的供应商减排投资决策与协调策略研究。

供应商相对零售商拥有减排投资成本和碳排放等私有信息优势。针对供应商可能出现谎报行为及供应链难以实现协调，本章通过引入描述供应商谎报私有信息的谎报因子，讨论信息不对称下的供应商减排投资决策与协调策略问题。首先，讨论供应商主导供应链减排决策与私有信息的揭示策略。其次，零售商主导供应链减排决策与信息揭示策略，比较分析供应商双因子谎报策略和供应商单因子谎报策略，揭示不同谎报策略对供应链决策和利润的影响，揭示不同核心企业主导供应链中的谎报行为特征。再次，在零售商主导的供应链中，针对供应商谎报行为导致供应链难以协调的问题，提出基于批发价线性补贴惩罚机制的供应链协调策略。最后，在数值算例分析的基础上总结管理启示。

1.2.2 研究目的

我国企业耗能高、排放高还比较普遍，企业单独进行减排成本高，不利于企业低碳转型发展。实际上，供应链企业间低碳发展的边际成本和碳排放权边际效益存在差异，企业间减排合作有利于资源优化配置，挖掘单个企业自身减排潜能，推动企业低碳发展从单个企业层面转向供应链层面，提高整个供应链减排效益和经营效益。因此，本书提出核心企业主导供应链减排合作这一学术思想，目的是立足碳排放权交易制度并考虑消费低碳偏好，多维度、多场景刻画并建模分析核心企业主导供应链减排决策及协调策略，揭示供应链减排合作决策与协调的复杂机理并分析影响因素，总结管理启示，助力推动供应链上下游企业间减排合作决策，实现供应链经济绩效和环境绩效的双赢，为供应链企业间减排合作运作决策优化提供重要的理论指导。

1.3 研究方法与逻辑思路

1.3.1 研究方法

本书基于供应链决策与协调的基础理论，综合运用博弈论、微观经济学、信息经济学、概率与统计、管理运筹学等理论方法，并结合数值算例分析技术，将主要研究内容（第三章至第八章）结构性对称设计为问题描述、模型描述及符号定义、模型求解分析、数值算例、管理启示以及本章小结，形成一套系统性、规范性的研究体系，既体现出多种方法运用的集成性、系统性，又体现出研究理论方法与问题分析的适配性、规范性。主要研究方法包括：

（1）文献资料归纳法。系统梳理供应链低碳减排相关研究成果，提供本书的理论基础并提炼供应链低碳减排合作领域的研究主题。

（2）典型案例分析法。收集作为核心企业的大型制造企业和大型零售企业主导的供应链案例，分析供应链企业低碳减排现状，供应链企业减排运作策略以及供应链企业低碳减排合作实践，提供本书研究的现实背景。

（3）博弈论方法与运筹优化法。采用合作博弈、非合作博弈方法构建核心企业主导供应链低碳减排合作模型，设计供应链低碳减排合作契约；通过运筹优化方法推演分析供应链低碳减排合作策略、供应链经济绩效与碳减排绩效、供应链企业运作策略。

（4）数值算例分析与归纳演绎法。利用数值算例分析验证主要理论结论以及进行模型参数的敏感性分析，结合归纳演绎法，总结指导供应链低碳减排合作实践的管理启示。

1.3.2 逻辑思路

总体逻辑思路，基于实践案例和政策文本分析，结合文献研究，提炼出本书的学术思路、研究主题和框架思路，从信息结构维度、典型场景层面，研究共刻画并建立六个不同特征场景的供应链减排合作模型。供应链对称信息情形下，建立了供应链核心企业减排投资决策及协调的多个场景模型，对应刻画供应链一般减排场景和特色减排场景，解决供应链单个企业减排决策与供应链集中决策不一致而产生的“双重边际化效应”问题。供应链不对称信息情形下，建立研究供应链企业私有信息的揭示与披露的场景模型（场景模型尽量避免与信息对称下的模型类似与重复），讨论信息不对称对供应链减排合作决策与协调的影响。具体包括：

第3章，不同核心企业主导供应链减排决策与协调策略研究，旨在探讨不同核心企业身份（供应商或者零售商）主导下的供应链减排决策，更好地理解供应商和零售商分别作为供应链核心企业对供应链减排决策的影响，并掌握推动供应链减排合作所需的有效协调契约设计基本原理，为后续深入分析特定场景下的供应链合作减排问题提供理论方法支撑。

第4章，零售商持股供应商减排投资决策与协调策略研究，提出一种持股合作策略来促进供应链合作减排，为供应链企业合作减排提供一种可行策略。不同于供应链企业通过分摊减排投资成本的方式来进行合作减排，通过零售商持股供应商的减排投资也能现实供应链减排合作，这种持股合作策略可以进一步拓展应用到其他供应链合作减排的场景中。

第5章，第三方参与减排的供应链持股决策与协调策略研究，延续上一章进一步将持股合作思想运用到第三方节能服务公司参与供应链减排合作场景中。这种持股合作可以激励供应链中的各方积极参与减排活动，从而实现供应链更好的减排效果，并为拓展基于合同能源管理的供应链低碳减排持股合作提供理论参考。

第6章，消费者异质性且零售商主导供应链减排合作决策研究，构建新的问题场景模型，即消费者是非同质的且对低碳产品和普通产品的估值不同，供应链结构变成一个零售商和两个供应链。这个场景模型，拓展了基于同质性消费者的研究领域，并分析了供应链企业间内部不用合作模式对供应链减排合作决策的影响，为供应链企业间内部合作减排模式选择提供决策支持。

第7章，供应商主导供应链减排合作技术选择决策研究，进一步拓展第3章关于供应商主导供应链减排合作研究，创新性地刻画了产品生产和使用两个环节的碳排放和低碳技术减排特征的场景，通过分析低碳技术选择实现减排和收益双赢的必要条件，以及通过改变市场和碳交易条件实现供应链低碳技术选择，深化了对供应链合作减排技术选择的认识，有助于促进供应链企业减排合作实践。

第8章，不对称信息下的供应商减排投资决策与协调策略研究，将问题场景从信息对称的情形拓展到了信息不对称的情形，通过研究供应商减排投资的成本信息谎报下的供应链决策与协调，揭示不同核心企业主导供应链下的供应商谎报行为，进一步拓展了不同核心企业主导供应链减排决策与协调问题研究，丰富了低碳供应链管理理论，有助于指导供应链企业在不对称信息下进行减排合作决策。

通过上述六个模型构建，形成了多维度、多场景的系列典型模型来解构研究主题，并抽取子问题，梳理子问题逻辑，建立子问题场景的统一的研究架构，即模型刻画、推演分析、结论提炼、数值仿真、管理启示以及本章小结。

1.4 学术创新与学术价值

1.4.1 学术创新

（1）学术思想上，提出核心企业主导供应链低碳减排合作这一新思想，发挥核心企业在减排合作中的引领推动作用，为供应链低碳减排提供思想指引。供应链企业进行减排合作，能破解单个企业进行低碳减排遭受高成本这一难题，从而提高供应链低碳减排水平和供应链企业利润，是企业进行低碳发展的可行路径。

（2）问题视角上，构建多角度、多场景的供应链减排问题，进行了科学严密的分析论证，建立了较为系统和完备的研究体系，为供应链企业减排合作提供决策借鉴。围绕供应链主导者权力结构、供应链企业低碳减排投资持股、异质性消费者选择特征、供应链减排技术选择以及信息不对称等特定情景问题，研究供应链低碳减排合作策略并总结管理启示，有助于提高供应链减排决策能力。

（3）学术理论上，建立特定场景下核心企业主导供应链减排合作协调策略问题研究架构、分析方法并得出研究结论，丰富了低碳供应链管理理论。提出的供应链企业低碳减排合作持股新策略、引入的不对称性信息下供应链低碳减排信息谎报因子，有助于研究启发学术研究思维。

1.4.2 学术价值

（1）本书在核心企业主导供应链的框架下，开展低碳减排合作决策及协调策略研究，具有学术思想启发价值。成果立足供应链结构特点及链上核心企业权力位势的解析，提出核心主导供应链减排合作的学术思想，推动供应链单个企业减排转向供应链合作减排，为供应链减排提供一种新思路。基于单个企业减排效应沿供应链溢出现象，结合减排活动外部性的经济学原理，成果分析供应链企业减排合作并针对多种供应链减排合作场景提出减排协调策略，为供应链企业间减排合作提供理论支撑，有助于推动企业在供应链层面实现减排目标，并促进企业间的合作与协调。

（2）本书建立核心企业主导供应链减排合作的研究体系，形成信息对称和信息不对称情景下的多场景特定供应链低碳减排合作问题分析的研究架构。成果基于博弈理论、运筹优化方法及数值算例技术的集成运用，形成了集模型刻画与构建、模型求解与比较、模型算例分析以及管理启示为一体的研究框架与思路，提供洞察供应链中实施低碳减排合作的复杂性的成套技术方法，为其他特定场景下供应链减排问题建模分析提供有益的思路和方法指导。

（3）本书在信息对称和信息不对称两类情景下，筛选供应链减排特定场景，通过模型刻画与建模分析，揭示不同场景下的核心企业主导供应链减排合作决策与协调策略，所发现问题奥秘和有意义的规律，可以为企业和决策者提供深入了解供应链低碳减排合作的关键因素和机制，帮助企业更有效地制定低碳减排策略，并促进整个供应链的减排合作。同时，本书也可供我国碳交易制度构建与实施的政府管理部门、碳排放权交易机构等决策参考。

第2章

国内外研究综述

针对本书主要研究内容，下面将围绕供应链减排决策与协调问题密切相关的四个方向开展综述，包括消费者低碳偏好下的供应链减排决策及协调研究、碳政策下的供应链减排决策问题研究、对称信息下供应链合作减排决策研究以及不对称信息下供应链减排决策与协调问题研究，最后进行简要研究评述。

2.1 消费者低碳偏好下的供应链减排决策及协调研究

随着消费者环保意识和社会责任感不断提高，环保型产品备受青睐，然而由于市场上的绿色低碳产品不断增多，消费者对不同类型的绿色低碳产品偏好差异越来越明显[13]。据一项英国调查发现，超过2/3的消费者更倾向于选择低碳产品，近50%的消费者会转向选择碳排放较低的产品[14]。《2019中国可持续消费报告》表明，超八成的消费者愿意接受绿色有机食品的溢价，只有两成左右的消费者愿意接受日用品类和家具建材类产品的20%～30%的绿色溢价。有关绿色能源相关的研究也表明大多数消费者愿意为绿色能源产品支付额外费用[15]。由于低碳产品的生产需要额外投入成本，其价格往往高于未进行碳减排的普通产品，导致消费者对低碳产品和普通产品的估值与购买存在区别。随着互联网的快速发展，消费者在产品市场上的信息闭锁在很大程度上已经被改变，消费者能够充分获取产品的各项有关信息，通过比较能够做出理性的购买决策，这类消费者被称为策略消费者[16]，消费者异质性正是一种策略消费者的表现。Kremer 等[17]研究发现市场中策略型消费者所占的比例会系统性地调节产品最优定价结构。面对企业减排投资的低碳产品和企业未减排投资的普通产品，消费者会通过比较做出最优购买决策，这就出现了低碳消费者的异质性，忽视策略消费者的异质性会造成供应链利润损失[18]。面向同质低碳消费者和面向异质低碳消费者的供应链减排问题得到学术界的普遍关注，相关研究成果丰富。

2.1.1 面向同质低碳偏好消费者的供应链减排决策研究

由于消费者环保意识增强，在购买产品时愿意支付更高价格去购买低碳产品[19]。消费者低碳意识转化对低碳产品的偏好会增加低碳产品的市场需求，为供应链低碳运作决策和减排合作营造了市场环境，创造了可行条件。Yu 等[20]指出消费者日益增长的环保意识会促使供应链企业加强减排合作战略的实施。Ji 等[21]考虑消费者低碳偏好，利用斯坦伯格博弈模型，研究零售渠道和双渠道情形下供应链减排决策。他们指出在考虑消费者低碳偏好时，尽管没有制造商的激励，零售商也有动机实施低碳促销。减少碳排放已成为供应链企业运作决策的必然趋势。Du 等[22]考虑到消费者对低碳产品的溢价，指出低碳生产将是一个更好的选择。他们解决了制造商在消费者对低碳产品的价值高于普通产品时的多产品联合定价和生产问题，为企业提供了低碳生产产生利润的条件。唐书传等[23]在考虑社会责任的供应链定价与碳减排决策研究中，探讨消费者环保意识和低碳投资对企业决策的影响。Santanu 等[24]在政府强制管制和消费者低碳偏好下，考虑确定企业的营销策略也是企业面临的重大现实问题。

低碳消费者环境情感会对消费者行为产生作用，一般表现为两者之间呈正相关[25]。Jerome 等[26]研究发现，低碳偏好消费者倾向于选择带有碳标签的产品，且价格较低的低碳产品。Muller 等[27]研究与环境有关的食品标签如何影响购物行为，使用一个包含近 300 种可用食品的实验商店，观察消费者在每种产品贴上三种环境标签之一之前和之后的食品购买情况。他们发现，环境标签改善了食品篮子的环境影响。Lee[28]和 Michaud[29]都指出，环保意识越强的消费者越容易被低碳产品标志所吸引，并愿意支付更多费用。汪和平[30]在政府奖惩机制下，研究了考虑消费者低碳偏好的汽车制造商生产决策，指出燃油汽车的价格不受消费者低碳偏好水平影响，而新能源汽车的销售价格、生产数量都会受影响。蒋晓芬等[31]在碳限额交易政策下，考虑消费者偏好的外包减排策略问题，指出外包减排模式下，消费者低碳偏好程度越大，供应链减排率和节能服务公司利润越大。Han 等[32]在面临着具有环保意识消费者的需求下，研究企业在动态环境中的绿色水平决策，他们指出消费者的绿色敏感性和记忆水平的提高可能不利于企业根据环境补贴来提高其承诺的高于监管的绿色水平。

2.1.2 面向异质低碳偏好消费者的供应链减排决策研究

关于考虑异质性消费者的供应链减排问题研究也受到不少国内外专家学者的关注。不同于同质性消费，异质性消费者对各类产品异质性估价差异会导致不同产品的市场需求结构和需求规模不同。Kumar 等[33]深入分析了消费者的低碳环保行为，实证检验了消费者收入水平、受教育程度以及产品差异化购买行为。他们发现消费者异质性对不同产品需求产生影响显著。因此，消费者异质性会进一步影响供应链企业的决策及供应链减排绩效。消费者对产品环境属性的异质性偏好已成为企业环境创新的重要驱动力。赵爱武等[34]从消费者异质需求的视角，通过采用计算实验方法来模拟消费者产品选择及企业进行环境创新过程。他们发现，消费者对产品属性的异质偏好对企业环境创新绩效有影响。为了促进企业的环境创新，需要引导消费者重视产品的环境属性。凌艳涛等[35]在消费者不同支付意愿下，研究产品绿色度差异化设计和定价策略，研究表明，当消费者的支付意愿低于某阈值时，绿色产品市场就不能存在。Du 等[36]研究消费者低碳偏好对供应链的影响，他们采用了一种新的排放敏感需求函数来刻画减排带来的偏差生产成本。研究发现，在特定情况下，渠道利润和减排同时增加了消费者对低碳消费的偏好。王夏阳等[37]考虑产品残值由清仓期库存决定情形，构建单一产品面向消费者异质性需求的随机分布函数，分析消费者异质性及零售商定价决策。王芹鹏等[38]考虑消费者异质性特征，在异质性消费者低碳偏好和消费水平影响市场需求的情形下，讨论低碳产品供应链定价决策问题。消费者环境关注对购买意愿的调节作用已经得到充分证实，但意愿与行为之间的差异导致有必要考虑企业行为并进一步评估其主要作用。He等[39]构建双寡头定价模型，从两个维度捕捉消费者异质性，研究消费者购车选择与电动汽车定价。研究表明，对环境的担忧可能并不总是能刺激电动汽车的销售。

供应链企业在面临低碳环境约束下的生产决策时，需要判断消费者的异质性所产生的产品市场需求结构和规模变化。只有这样，企业才能够统筹减排投资和定价决策等相关策略。申成霖等[40]以消费者渠道偏好和对不同零售商接受程度的双重异质性为基础，探讨零售商选择渠道模式和渠道蚕食问题。研究表明，不同类型消费者的比例和渠道偏好等特征，直接影响零售商的渠道模式选择、定价决策以及利润。叶飞和张莉[41]考虑消费者渠道偏好和对网络渠道接受程度的双重异质性，研究酒店在不同模式下的最优定价和对合作模式的选择问题。江玉庆等[42]考虑消费者对零售平台支付意愿的异质性，研究消费者对第三方开放平台的偏好水平及零售平台佣金费率对品牌厂商经营模式的影响，指出消费者对第三方开放平台的偏好程度直接影响产品需求和品牌厂商选择平台模式。马秋卓等[43]考虑消费者对产品低碳度具有不同偏好的情况下，讨论最大化利润目标下的制造商最优决策生产周期内的碳排放目标和低碳产品的最优价格。针对参照价格显著影响消费选择行为，计国君和孙忠锋[44]将参照价格效应纳入零售商的预售决策并考虑消费者偏好的异质性，研究零售商最优预售、定价策略。他们研究表明，参照价格效应对零售商跨期价格歧视的弹性产生影响，零售商应重视回应异质性消费群体的诉求。刘侃莹和李巍[45]针对市场上对绿色产品存在偏好差异的两类消费者，在三种定价策略下比较分析绿色和非绿色产品供应链均衡决策，揭示定价策略和消费者偏好差异交叉影响。Sarkar等[46]构建单个零售商和多个制造商组成的两级供应链模型，面向需求来自“传统”和“环保意识”这两类消费者，讨论绿色质量和非绿色质量生产中存在权衡的制造商勾结问题。Meng等[47]将消费者分为绿色和非绿色两类，并考虑政府针对性地采取三种创新补贴策略，通过博弈分析得出，随着政府对绿色创新的补贴水平和绿色消费者比例的提高，政府更愿意对制造商进行补贴，将带来环境效益和经济效益的提高以及社会福利的提高。

近年来，再制造得到业界重视。学者们观察到消费对新产品和再制造品有着不同性质的偏好，消费偏好影响回收再制造决策。回收再制造供应链管理问题成为重要的低碳供应链管理问题。消费者可能会感觉到新产品和再制造产品的质量和可靠性是不同的，因此，原始设备制造商（OME）收回和再制造旧产品的活动对他们自己产生了负面影响。然而，消费者对新产品和再制造产品的偏好是不同的。例如，对新产品感兴趣的消费者主要对价格敏感，而对再制造产品感兴趣的消费者则对质量和可靠性更敏感[48]。Gu 等[49]考虑产品质量设计因素，讨论面向消费者低碳环保的再制造品最优定价决策问题。针对短生命周期产品，Gan 等[50]建立制造商、零售商和回收商所组成的闭环供应链决策模型，并引入消费者对购买再制造产品的接受度因子和消费者通过直接渠道购买再制造产品的偏好因子，研究发现这两个比例因子对供应链成员的定价决策和利润都有影响。Kleber 等[51]考虑了垄断和竞争两种情况下的质量选择和再制造，假设消费者对再制造产品的支付意愿（WTP）是不同的。Feng 等[52]考虑了再制造系统中存在的异质产品，重点研究了战略/绿色消费行为如何影响定价策略。王麒翔等[53]根据回收再利用承担责任主体的不同，对比分析了制造商再制造和零售商再制造两种模式下的再制造绩效水平、环境影响以及社会效益。

2.1.3 消费者低碳偏好下的供应链减排协调研究

Cachon[54]指出供应链分散决策必然产生“双重边际化效应”，从而降低供应链总的利润。但是，供应链上的供应商和零售商之间可以通过签订契约来达到供应链集中决策下的整体利润最大化目标，实现供应链成员独立决策与供应链集中决策的完美协调。由于消费者环保意识的不断增强和政府监管的逐渐收紧，促使供应链成员在减排方面加强合作。面向消费者低碳偏好，加之供应链减排的迫切需要，学术界近年来广泛深入讨论了批发价契约、收益共享契约、回购契约、数量折扣契约等契约类型及其组合与低碳供应链管理应用场景的结合，不同协调机制和契约的应用呈现越来越多的趋势[55]。Yu 等[56]讨论了成本分担和收益共享契约下的供应链减排和定价策略。他们比较发现，相对于成本分担契约，制造商和供应链更倾向于收益共享契约，而零售商更倾向于批发价格契约。Wang 等[57]在零售商主导的低碳供应链且零售商采取利他偏好情形下，构建集中式、无利他偏好的分散式和有利他偏好的分散式三种决策模型。由于两种分散式模型都不能产生具有激励竞争性的协调解决方案，因此他们提出了一种具有利他偏好的成本分担协调契约。Yuan 等[58]在消费者低碳偏好存在的情况下，讨论零售商风险规避对均衡策略和渠道协调的影响。他们提出一种期权与成本分担相结合的供应链协调契约。研究表明，零售商的风险态度和期权价格对协调下供应链的利润分配起着重要的作用。在外包制造情形下，夏西强等[59]讨论碳交易机制对低碳供应链影响和实现低碳供应链的协调契约问题。他们运用 Shapley 值法，并依据低碳供应链的成员贡献来分配供应链成员利润。这种协调方法避免双重边际损失，达到实现低碳供应链协调的目标。

2.2 碳政策下的供应链减排决策研究

低碳供应链强调将碳排放作为供应链决策的目标或限制，识别和管理供应链各环节的碳足迹及产品全生命周期碳足迹成为企业低碳供应链的关键。碳政策是推进企业减排并实施低碳供应链管理的重要措施之一，各国相继出台碳配额与交易、碳税、碳补贴等措施来限制企业碳排放[60]。

2.2.1 碳配额与交易下的供应链减排决策研究

碳配额是指企业被分配并设置用于生产、经营过程中的二氧化碳排放上限。因此，碳配额政策能有效限制企业的碳排放量，激励企业减排。郭钧等[61]在他们的研究中考虑了差异性的客户需求以及碳减排技术投入的成本和收益，并讨论了碳限额交易政策下制造/再制造混合系统生产决策问题。实际上，初始碳配额分配方式会对碳政策的实施效果、企业生产再制造决策以及碳交易市场运行效率产生重要影响。夏西强等[62]研究表明，合理的碳配额分配能够有效降低新产品的碳排放量，推动再制造产业的发展。然而，不同的碳配额分配方式不能改变原始制造商授权费用决策。此外，Li 等[63]研究发现政府制定碳配额可有效促进制造商研发低碳减排技术，当消费者的低碳偏好较高时，政府应进行配额总量控制与约束交易政策，鼓励制造商升级其减排技术。Zu 等[64]研究发现在碳限额政策下，制造商在确定减排努力度时考虑消费者环保意识且在供应链中通过成本分摊契约来协调供应链，会激励制造商作出更大的减排努力。Zheng 等[65]研究了双寡头市场中包括祖父制度和基准制度在内的免费排放分配方案的影响。他们发现，基准制度可能导致节能企业保留其部分排放许可，而祖父制度下企业总是会耗尽其交易许可。在两种分配方案下，更严格的排放上限可能会增加而不是减少企业的利润，与祖父制度相比，基准制度导致的排放量更低，同时可能导致企业利润、消费者剩余和整体社会福利的增加或减少。

碳交易机制是现行减排政策中实施范围最广、减排效果最明显、成本效益最显著的减排政策措施。国内外研究可以分为碳交易制度下供应链单一成员主导减排和供应链成员联合减排两个方面。王文利和程天毓[66]利用 Stackelberg 博弈模型，研究碳限额交易政策下二级供应链中制造商的减排行为，研究发现，碳限额交易政策能有效促进制造商向减排方向演化。Cai 和 Jiang[67]在三种权力结构下构建了一个供应商和一个制造商的低碳供应链模型，基于差分博弈论，从长远角度考虑消费者的低碳偏好、总量控制与交易监管和权力结构的影响，探讨了供应链成员的最优定价和碳减排决策。结果表明，总量控制与交易监管能否改善环境和低碳供应链绩效取决于总量控制和碳交易价格。Heydari 等[68]和 Sun 等[69]都研究了由制造商主导的供应链减排，结果表明，在碳排放权交易制度下，消费者的低碳偏好会正向影响制造商的碳排放水平。在供应链成员联合减排研究方面，Liu 等[70]讨论了碳排放权交易机制下减排，发现该机制可推动制造商和零售商联合减排。樊文平等[71]研究发现在碳交易政策下，绿色供应链中实施持股合作策略可以使产品减排量降低。Fan 等[72]研究了碳限额交易政策（数量承诺）和碳税政策（价格承诺）对企业技术投资和生产决策的影响。研究表明，在碳限额与交易政策下，由于碳排放价格的不确定性，企业可以灵活调整其生产数量以提高其利润，从而导致企业对清洁技术投资的激励较低。但是，生产灵活性受限下，企业必须增加技术投资以对冲未来高排放价格的风险。Wang 等[73]研究发现供应链内外部碳配额交易可以促使上下游企业联合减排。张令荣等[74]在碳配额交易政策下，考虑制造商的回收努力难度和新产品单位碳排放量信息的不对称影响，分析不同供应链权力结构下的制造商谎报行动决策及其对供应链绩效的影响。姚凡军等[75]考虑供应链绿色商誉因素，在碳配额及其交易价格既定的环境下，建立需求依赖于绿色商誉的供应链决策微分博弈模型，从远视和短视的角度，探讨消费者绿色偏好对供应链三种决策模式和利润的影响。上述研究表明，碳配额促使供应链碳减排率提高，而碳交易价格对供应链减排率的影响涉及单位产品初始碳配额数量。

2.2.2　碳税政策下的供应链减排决策研究

碳税是指对企业排放二氧化碳所征收的税。碳税的目标是通过经济手段激励企业减少二氧化碳排放，从而减缓气候变化的影响。Jian 等[76]通过构建一般均衡模型研究发现，碳税比其他减排政策在抑制排放方面更加有效，并指出在中国实施碳税至关重要。关于碳税政策下的供应链管理，学术界现有研究主要包括，一是讨论碳税政策下的供应链碳排放决策与优化问题。为了检验碳税如何影响企业的经营决策，Krass 等[77]研究使用环境税来激励创新和绿色减排技术选择问题，企业面对价格依赖的需求，根据监管者设定的税收、补贴和回扣水平，选择排放控制技术、生产数量和价格。研究发现，最初的税收增加可能会促使企业转向更环保的技术，但进一步的税收增加可能会促使企业转向更环保的技术。如果监管机构仅限于税收政策，那么当监管机构适度关注环境影响时，使社会福利最大化的税收水平同时激励了清洁技术的选择。王君等[78]分析碳税政策对供应链企业的行为选择影响问题，他们发现，短视制造商往往导致产品的碳排放较低，碳税的高低以及初始参考碳排放水平也会对供应链企业的定价和减排策略产生影响。因此，零售商则更倾向于与短视制造商合作，而制造商要根据碳税和收益共享比例的大小来综合考虑合作策略选择。黄帝和张菊亮[79]研究发现，对于低排放行业的制造商，增加碳税税率可促进产品的减排，但对于高排放行业的制造商而言，增加碳税税率则会导致产品的减排水平下降。王明喜等[80]研究发现，对减排成本较高的企业而言，碳税政策具有双重效果，既能抑制企业进行减排投资和低碳研发，尤其是高能耗企业，但长期实施碳税政策有助于我国实现低碳经济转型。

二是，讨论碳税政策下的供应链企业减排合作问题。Liu 等[81]比较零售商在三种情况下的最优决策和利润：是否为制造商减排投资，以及在分散决策和集中决策下是否投资减排。结果表明，当制造商与零售商合作时，随着投资比例的增加，碳减排、市场需求、制造商利润和零售价格呈上升趋势，而零售商利润呈下降趋势。Yang 等[82]在政府可能征收一定的碳税、消费者可能有环保意识的情况下，分析收益分享和先发优势对制造商碳减排努力和企业盈利能力的影响，研究发现无论消费者是否有环保意识，两家公司总是倾向于拥有先发优势。虽然碳税政策被广泛实施以减少排放，但它也增加了成本。因此，Bai 等[83]考虑制造商是否应该投资可持续技术，并研究在碳税政策下风险规避对协调由单个制造商和单个零售商组成的两阶段供应链的影响。Gopalakrishnan 等[84]考虑了共同生产温室气体排放的供应链，在碳税制度下，其中监管者对供应链中企业产生的排放征收罚款，或者在内部碳定价计划下运行。采用合作博弈论方法和合作博弈的 Shapley 值，推导出供应链中各公司碳排放总量重新分配的碳足迹平衡方案。Yu 等[85]分析了差别化碳税下三层次闭环供应链的合作与协调，结果表明，监管机构可以通过调整不同产品的碳税率来更有效地减少排放。实际上，碳税和碳配额与交易政策都是控制碳排放的重要政策工具，对供应链减排的政策效果显著。

2.2.3 补贴政策下的供应链减排决策研究

政府补贴能够直接降低企业的低碳产品生产成本或低碳技术成本，从而促进供应链企业加大减排力度。政府常为制造商生产低碳产品提供补贴，促进供应链减排。此外，政府补贴还可以补贴消费者，引导需求促进供应链减排。朱庆华等[86]考虑产品绿色度和政府补贴，构建绿色供应链管理三阶段博弈模型，讨论了政府选择单位产品补贴系数、不同绿色供应链管理战略下的产品绿色度水平以及产品价格问题。Cohen 等[87]研究了政府对绿色技术采用的补贴，同时考虑了制造商的反应。政府直接向消费者提供的补贴影响了供应商的生产和定价决策。研究还指出，当政府等政策制定者在设计消费者补贴不能忽视需求不确定性时，补贴还提供了一种协调机制。Cong 等[88]研究表明，对于初始排放水平较低的制造商，绿色金融补贴比低碳补贴更有效。然而，对于初始排放水平较高的制造商，低碳补贴比绿色金融补贴更有效。

政府也常常为企业研发减排技术提供减排技术投资补贴。贺勇等[89]研究指出，当政府依据减排研发进行补贴时，制造商自主研发减排获得比减排任务外包更高的利润；但当政府依据单位产品减排量进行补贴时，相比于减排任务外包，制造商自主研发减排可以获得更多的减排量和利润。Zhang 等[90]从长期动态的角度研究了政府复合补贴下低碳闭环供应链的利他模式选择与协调问题。结果表明，减排补贴率随相互利他强度的增大而减小。李冬冬等[91]在混合所有制改革背景下讨论企业减排研发投资和研发补贴政策的最优化问题。研究发现，最优的减排研发补贴受到技术溢出率、产品差异程度以及混合所有制改革程度的影响。值得注意的是，混合所有制改革程度的加深将导致最优减排研发补贴水平的下降。

2.2.4　多种碳政策下的供应链减排决策研究

近年来，学者们开始关注多种碳政策联合下的供应链减排决策问题，讨论碳配额、碳交易、碳税以及补贴等政策联合下的供应链减排决策问题。针对碳排放限额与交易机制通常被认为是制造商的负担的问题，Chai 等[92]探讨了在碳排放限额交易机制下，同时从事制造和再制造的垄断性制造商在单一时期内获利的可能性。他们研究表明，碳限额和碳交易对普通市场和绿色市场的再制造都具有一定的价值。Linghu 等[93]构建一个由政府和企业组成的碳减排供应链，研究企业异质性和社会环境措施支付意愿对总量控制与交易机制实施策略和有效性的影响，提出了一种基于社会对环境措施的支付意愿、单位碳排放差异和配额分配方案的减排一体化机制，避免负面激励和公平性缺失。关于碳税和其他碳政策结合下供应链减排研究，曹斌斌等[94]比较了单一销售模式和双销售模式下的政府价格补贴、一次性补贴和碳税等政策影响。结果显示，从政府的角度来看，在单一销售模式下，为了达到相同的减排效果，应该采用一次性补贴政策，而在双销售模式下应采用价格补贴政策。此外，征收碳税提高了减排的边际效益，促使更多的企业进行减排，同时单一销售模式的减排边界阈值高于双销售模式。碳税和绿色补贴都是限制碳排放的有效方法。Xu 等[95]考虑政府对购买低碳产品消费者进行补贴，但对制造商生产高碳产品征收碳税。研究发现，在政府的干预下，两种类型的横向整合对社会福利都没有影响。虽然供应链水平整合会改变政府最优补贴和碳税水平，但这种整合对两种产品的需求没有影响。Duan 等[96]分析政府碳交易价格（CTP）、碳税（CT）和低碳产品补贴（LPS）政策对供应链网络均衡的影响。结果表明，提高 CTP 有利于减少碳排放，但降低了产品的交易量。此外，当 CTP 增加时，系统的利润仅在 LPS 政策下增加。如果 CT 率高于补贴水平，碳排放量就会降低。在 LPS 和 CT 水平相同的情况下，LPS 对系统的影响更大。关于碳配额、碳交易机制与碳税制度三者相结合的研究，Pravesh 等[97]研究结果表明，碳税和限额与交易制度都是通过学习机制扩散的，而对于限额与交易制度，如果国家是欧盟的一部分，政策也可以通过强制和规范压力扩散。张宇翔等[98]探讨了政府如何通过“碳限额交易—碳税”双重碳政策来引导企业实现绿色转型，结果显示，如果没有推出碳税或者碳税政策较宽松，碳交易价格无法改变厂商选择出租策略的现状。然而，在碳税政策逐渐趋严的情况下，当碳交易价格较低时，销售策略更为优势；当碳交易价格较高时，出租策略更为优势。因此，政府可以通过调整碳交易价格和碳税率来促使企业采取更有利于降低碳排放的市场策略。朱晨等[99]采用“碳税+碳交易”混合碳政策，分析上游制造商减排和再制造，以及下游零售商低碳宣传的联合减排问题。他们研究发现，混合碳政策能够从长期角度进一步激励制造商采取低碳行为，并提高产品的低碳商誉，但不会对零售商的低碳宣传水平产生影响。此外，供应链决策模式对混合碳政策的实施效果具有影响。

2.3 对称信息下供应链合作减排决策及协调研究

2.3.1 不同核心企业主导供应链合作减排决策及协调研究

（1）关于供应商主导供应链减排合作的研究，涉及讨论供应商减排、零售商参与的供应链决策及协调问题。上游供应商（一般指生产制造企业）通过减排投资树立良好的社会形象，并改变供应链中力量对比来获得低碳发展竞争优势[100]。考虑上游企业受到碳排放约束，产生供应链减排协调问题，成本分担与收益共享及其组合契约被广泛用于协调供应链。Ghosh 等[101]分别构建零售商提供成本分担合同、零售商和制造商就成本分担合同进行讨价还价这两种成本分担模型，探讨绿色供应链协调问题。Yenipazarli[102]研究比较成本分担、收入分享两种情形对上游生态高效创新的利润/成本影响。Yang 等[103]考虑了限额与交易机制下的两条竞争供应链，研究发现，零售商提供的收益分享契约可以有效地促进制造商放弃横向合作，当分享比例在一定范围内时，收益共享契约比两条链整合时带来的供应链利润更高。Song 和 Gao[104]建立了包含两种收益共享契约的绿色供应链博弈模型，研究指出收益共享契约可以有效地提高产品的绿色水平和供应链的整体盈利能力。Liu[105]考虑定向广告和碳排放水平对需求函数进行修正，提出并分析了四种常用的成本分担模型及其定价，进一步采用收益共享契约对四种模型中的供应链进行协调。Yu 等[106]考虑参考排放效应和成本学习效应，推导出成本和收益共享下的均衡减排和定价策略。比较发现制造商和整个供应链更倾向于收益共享契约，而零售商倾向于批发价契约。Ma 等[107]考虑一个由两个低碳景区和两个旅行社组成的低碳旅游供应链网络，发现游客的碳偏好提高提高了旅游产品的低碳水平。崔春岳等[108]在供应商的供应链减排投资的 Stackelberg 博弈模型基础上，研究了两阶段供应链收益共享契约协调机制。在碳交易政策下，针对批发价契约无法实现低碳供应链协调问题，刘名武等[109]通过成本分摊契约、收益共享契约的比较发现，两种契约都能一定程度改善供应链绩效。随后，李飚等[110]在碳配额交易制度下，提出供应链上下游企业同时减排并通过“收益共享—成本分摊”契约来实现供应链完美协调。Chen[111]等考虑不同渠道间冲突与供应链协调问题，发现两部定价契约和收益共享契约都能实现双渠道供应链协调。黄瑞芬等[112]证明了收益共享契约能够实现碳限额政策下两级供应链的协调。Xu 等[113]分析了碳排放权交易价格对供应链决策的影响，指出供应链成员需要采取合作来共同实现供应链层面碳排放最优。例如，Du 等[114]采用与碳排放相关的价格和折扣契约，实现供应链整体绩效最优及供应链成员的帕累托改善。

低碳供应链往往由于企业投资受到资金不足的约束，加之实际中融资模式多样且成本收益复杂，导致供应链融资决策及协调问题变得非常复杂，得到学术界关注。Chen 等[115]在贸易信贷情形下研究供应链协调机制，研究发现，收益共享契约下的供应链成员能获得更多的利润。Dye 等[116]在联合贸易信用和库存管理背景下，量化了信贷期限和环境法规对库存模型的影响，并分析了碳排放参数对零售商贸易信用和补货策略的影响。Cao 等[117]在碳限额与交易机制下，考虑零售商通过制造商的贸易信用提供资金服务，讨论包括数量折扣合同、收益分享合同和回购合同等协调排放依赖的供应链与资金受限的零售商。研究发现，当采用收益共享契约进行协调时，资金受限的零售商比资金充足的零售商能获得更多的利润。Yang 等[118]建立了一个制造商和两个资本有限零售商组成的两级绿色供应链，分析三种情景下的信用策略对绿色供应链绩效的影响，并通过收益共享契约来协调绿色供应链的利润分配。Qin 等[119]考虑预付款融资、银行融资，研究供应链中预付款融资对碳减排和生产的价值，研究发现，在制造商资金受限的供应链模型中，当制造商的生产成本较高时，低价格折扣的混合融资可以提高合作双方的利润；当制造商的碳减排效率较高时，混合融资可以鼓励制造商增加碳减排。Wu 等[120]建立包含现金短缺的供应商、信誉良好的零售商和金融机构的供应链，探讨是否正或负残值对订单决策和融资策略有重要影响。研究发现，正负残值影响零售商的最优订货量，买方订购具有正残值的产品比没有残值的产品多，而减少具有负残值的产品的订单。针对中小制造商存在低碳融资需求但外部融资渠道缺乏，Meng 等[121]基于融资担保理论，提出一种核心企业统一授信担保融资模式，实现了多方利润的帕累托改进。Zou 等[122]在产品产量不确定且消费者具有低碳偏好时，讨论有或没有碳减排投资时制造商的融资和订货决策以及供应商的定价决策。结果表明，无论是否考虑碳减排投资，制造商的融资决策取决于初始营运资金，收益不确定性和碳减排投资影响融资均衡的选择。

实践中供应链低碳绿色融资模式也越来越丰富。An等[123]研究一个由资金受限的制造商和面临不确定需求的资金充足的供应商组成的供应链，设计一个供应链绿色气候融资（GCF）模型并施加碳排放硬约束。比较分析绿色气候融资与传统的贸易信贷融资（TCF），研究发现在相对严格的碳排放政策下，制造商可以设定合适的绿色投资范围，从而实现与供应商的双赢。Qin等[124]考虑一个受总量控制与交易制度约束的制造商并可通过电商平台（EB）融资、供应商信用融资和混合融资，讨论了三种融资方式下制造商的减排、产量和融资策略，研究发现资金略受限制的制造商的融资策略取决于EB平台收取的使用费，适度资金紧张的制造商在使用费用相对较低的情况下更倾向于EB平台融资，资金严重受限的制造商更倾向于混合融资。Dong等[125]建立了一个由低碳产品制造商和零售商组成的两级供应链，分析供应链成员利用由银行贷款（BL）、贸易信贷（TC）和资产证券化（ABS）组成的组合融资解决其融资约束问题的效率。Wu等[126]采用买方支持的采购订单融资（BPOF）和预付款折扣（APD）来帮助供应商资金受限的供应商融资，研究时变残值对供应链经营决策、融资决策以及利润风险的影响。研究发现，未售出商品的清关时间影响最优订货量、供应商的贴现率和金融机构的最优利率。在一定条件下，融资均衡为BPOF，零售商和整个供应链的利润风险随着订单数量和清关时间的增加而增加。张川等[127]建立由一个资金约束的制造商和一个资金充裕的零售商构成的供应链，基于银行贷款（BF）、提前支付折扣（APD）和提前支付回购（APB）三种融资方式，比较不同融资方式下的减排与定价决策，并讨论制造商最优融资方式选择策略。邹清明等[128]考虑面向产出不确定的低碳供应链融资和协调决策。结果表明：收益共享契约难以实现资金约束型低碳供应链的协调，但是数量折扣契约、收益共享与成本共担契约则可实现低碳供应链协调。Tang等[129]研究低碳环境下零售商资金受限，制造商提供两种信贷策略：制造商融资和制造商投资。当考虑零售商公平关注时，制造商融资成为融资均衡，公平问题并不总是有利于零售商的利润，但可以产生更高的环境绩效。史金召等[130]考虑低碳供应链中的制造商受资金约束，并以“双向碳减排成本分担合约”为基础，讨论了资金约束的低碳供应链多契约协调问题。Shi 等[131]考虑生产单一低碳产品且资金有限的供应商，从竞争激烈的银行市场筹集资金。他们研究了零售商提供采购承诺（PC）合同对供应链经济和环境绩效的影响。研究发现，提供 PC 合同将阻碍供应链的碳减排绩效，如果银行基于零售商 PC 合同的价值为供应商设定信用额度，零售商总是会提供合同以提高供应商的融资和生产能力。如果零售商在提供 PC 合同并对供应商设定特定的碳减排目标，则该合同可以实现供应链经济效益和环境效益的协调改善。Xia 等[132]考虑到“链链”竞争并构建了三种融资战略模型，分析市场竞争强度和消费者低碳偏好对均衡决策和企业利润的影响。研究表明，低碳水平高的制造商并不总是从内部融资中获益更多，当获得银行贷款的概率超过阈值时，银行融资优于内部融资。

（2）关于零售商主导供应链减排合作研究，主要讨论下游零售商进行减排投资决策及促使低碳供应链协调目标的达成契约问题。在碳交易制度且消费者越来越强的低碳偏好下，零售商也是逐渐成功推动供应链减排的重要力量。实践中，WalMart、Tesco、京东等大型平台零售商在供应链中具有领导力量，主导着供应链行为决策。谢鑫鹏等[133]考虑供应商碳减排且零售商分享给上游供应商收益，基于收益共享寄售契约，讨论供应商减排及零售商最优利润分享比例区间，研究发现，零售商通过协调分享比例和成本占有率间的关系来协调低碳供应链。Yang[134]考虑零售商提供收益共享和成本共享契约对制造商碳减排努力和两家公司盈利能力的影响。Tong[135]考虑碳限额与交易政策影响且消费者偏好低碳产品，开发一个进化博弈（EG）模型来研究零售商（如亚马逊、国美、沃尔玛等）零售商主导供应链的行为演变。仿真结果表明，碳排放限额、碳市场价格和消费者对低碳产品的偏好是影响零售商和制造商行为的关键因素。为了增加零售商和制造商的长期利润，零售商和制造商应该共同作出可持续供应链决策。Mondal 和 Giri[136]研究一个两级可持续供应链，其中制造商和零售商都具有环保意识。他们建立限额与交易政策下集中式、分散式、零售商主导的收益共享和议价收益共享四种模型，研究结果表明，除了提高产品的绿色化水平外，零售商主导的收益分成可以实现制造商和零售商的双赢。Tong[137]等探讨零售商主导的供应链中碳交易机制和消费者低碳偏好对碳减排和促销策略的影响。研究发现，碳交易市场价格和消费者低碳偏好是影响零售价格、碳排放总量和社会福利的关键因素。

2.3.2 供应链企业间持股减排决策及协调研究

供应链企业间持股，强化供应链企业间合作，还促进单个企业决策更加趋向供应链整体决策，消减“供应链双重边际化效应”，从而提高供应链企业绩效。现有研究主要关注上游企业持股下游企业、下游企业持股上游企业以及上下游企业交叉持股这三种情景下供应链减排决策及协调问题。关于上游企业持股下游企业，谭乐平等[138]通过构建一个上游供应链和两个下游制造商所组成供应链，研究上游供应商持股下游制造商的组合融资最优决策。研究表明，持股策略下制造商的减排水平和生产量最大，在持股比例满足一定的条件下，供应商和制造商的利润大于仅仅银行借贷时的利润。关于下游企业持股上游企业，Fu等[139]考虑一个分散的装配供应链系统，下游企业通过投资来持有上游企业的股权。研究发现，下游企业的投资有助于降低零售价格，增加生产数量。樊文平等[140]考虑上游制造商减排且下游零售商持股制造商减排投资，讨论供应链纵向持股情形下企业运营决策优化与供应链协调问题，他们研究表明，零售商持股供应商策略可达到实现供应链减排与增效的双重效益，持股策略下的供应链，清洁型企业决策和利润好于对应情形下的污染型企业。Xia等[141]在总量管制与交易的背景下，构建了一个低碳供应链，其中卖方持有制造商的股权。研究发现，无论信息不对称还是对称，制造商总是能从持股中获益，而卖方只有在持股比例和消费者低碳意识都足够高的情况下，才能通过持股获得更高的利润。股权持有可以激励制造商与卖方分享其信息，有利于减排和市场需求，但并不总是有利于提高供应链总利润和减少供应链总碳排放。孙嘉轶等[142]考虑政府补贴与股权合作的低碳闭环供应链决策及协调问题，构建了下游零售商持股上游制造商碳减排投资决策模型，研究表明，当单位碳补贴小于某一阈值时，内部股权合作机制更优，且零售商按照合适比例持股，产品的碳减排量、回收率和市场需求均能达到集中式水平，实现低碳闭环供应链部分协调。

关于供应链企业交叉持股的研究，师苑等[143]分析了供应链企业交叉持股对三级供应链均衡市场定价、企业利润、消费者剩余以及社会福利的影响，研究发现较之无交叉持股情形，适当增大上游企业对下游企业的持股，并限制下游企业对上游的持股，能有效降低产品销售价格，提高供应链及各企业的利润。夏良杰等[144]将交叉持股战略引入制造商减排决策中，研究供应链减排和定价问题。研究发现，制造商与零售商交叉持股能够改变碳交易价格对制造商减排量的影响，使得制造商的单位产品减排量一定提高，当交叉持股比例满足一定条件时，交叉持股能同时增加制造商与零售商的利润并使供应链达到协调。樊文平等[145]分别构建了减排效益分享型合同和减排量保证型合同下企业间纵向持股的三级低碳供应链模型，分析了不同减排合同下持股策略对供应链企业决策及利润的影响。他们发现，在减排效益分享下，当制造商单独持股节能服务公司时，增加制造商持股比例会使产品减排量和供应链其他成员的利润增加；当零售商和制造商共同持股节能服务公司时，两者增加持股比例同样会优化供应链企业决策并带来利润的提高，且制造商对节能服务公司持股可使环保红利和企业效益均得到增加。Chen 等[146]在推拉供应链中研究部分交叉所有权（PCO）这一问题，发现供应链和任何成员的利润都不会随着追随者所持有的领导者股份的百分比而变化，当且仅当双方各持有对方一半的股份时，PCO才能协调一条链。何丽红等[147]通过构建由一个制造商和一个零售商所组成的供应链，讨论供应链企业交叉持股情况下的制造商开通线上直销渠道的条件。Ren 等[148]观察平台零售业纵向持股的实际现象，并考虑正向和向后两种持股比例，提出供应商主导的绿色供应链的正向、向后和交叉持股三种持股策略，给出股权对绿色投资、价格和利润的影响。姜跃等[149]研究在不同权力结构下，如何通过交叉持股来减少供应链的排放并进行定价决策，讨论了政府补贴和交叉持股比例对四种不同权力结构下供应链决策的影响。针对资金约束供应链，Wu 等[150]还指出交叉持股的情况下，资金紧张的零售商可以通过外部融资获得充足的资金。

此外，学者们也对持股战略能否实现供应链协调问题进行了讨论。张楠和周宗放[151-152]构建了随机市场需求环境下供应商持股制造商的决策模型，通过回购和补贴的设计来实现供应链协调，证明供应链企业间持股策略增强了企业间合作稳定性，促使单个企业决策更加趋向供应链整体决策。付红等[153]通过构建由一个上游企业和一个下游企业构成的分散化供应链，发现同时引入价格补贴策略和收益分享策略可以实现供应链协调。王道平和常敬雅等[154]在政府补贴情形下，将引入持股合作来进行供应链减排且考虑供应链的动态协调问题。他们研究发现，持股合作能够部分替代政府补贴政策的作用。然而，只有在持股比例满足一定条件时，供应链的成员才会选择持股合作，并且持股合作战略的实施能实现供应链协调。

2.4 不对称信息下供应链减排决策与协调研究

由于信息不对称普遍存在，且供应链企业常面临链上其他企业拥有私人信息时进行自身决策优化的难题。链上某一企业进行减排投资，可能会诱导该企业利用自身减排私有信息进行谎报，这将导致供应链其他企业决策偏离供应链最优决策，这不仅损害供应链整体收益，也不利于供应链合作减排。因此，信息不对称下的供应链减排决策及协调问题得到学术界关注。

2.4.1 上游核心企业信息私有下的供应链减排决策及协调研究

供应链上游核心企业供应商（制造商）持有私有信息时，核心企业为了获得更多收益，不一定会将自身私有信息如实地反映给零售商，这将导致产品的价格走高，市场需求降低。学者们通常使用经典的委托—代理理论去解决供应链中的信息不对称问题。当代理人拥有私有信息且委托人无法完全掌握代理人的行为时，委托人需要设计可行的激励契约来诱导代理人行为符合委托目标。

针对上游企业不对称信息下减排投资与激励，许舒婷等[155]在碳税制度下，研究了双寡头制造商在产品升级减排方面存在的信息不对称问题，讨论了制造商在信息披露与不披露两种情况下的定价决策和产品升级条件，并深入探讨了制造商在投资产品升级减排和信息披露方面的决策。研究结果显示，当制造商同时具备技术选择权和信息披露权时，碳税是促使制造商进行产品升级减排的主要因素。Ma 等[156]在一个制造商和多个受排放交易计划约束的供应商的供应链中，供应商拥有关于原材料的绿色程度（即单位排放率）的私人信息。他们研究制造商采取适当的策略进行合同设计来达到信息共享目的，以指导制造商如何根据最优订货量平衡其排放配额。Zhou[157]考虑占主导地位的制造商和零售商在不对称信息下的运作模型，零售商在其线下商店的基础上增加了一个线上渠道，并可以通过这两个渠道提供不完善的替代产品。研究表明，当制造商可以指定零售商的线下和线上渠道转售价格，零售商的保留效用依赖于市场类型时，如果需求的不确定性足够高，制造商支付的信息租金为零，并获得更高的收益。Liu[158]等考虑供应商可以投资企业社会责任活动但其企业社会责任成本信息私有，零售商根据供应商透露的企业社会责任成本信息决定是否与其长期合作。他们研究设计了不对称信息下的收益共享合同来协调供应链。文悦等[159]研究了面对通过电商平台进行交易的双渠道制造商时，着重解决契约设计过程中面临双渠道制造商成本信息不对称的风险及契约类型的选择问题。

随着消费者低碳意识的不断提高，企业自主减排树立了负责任的社会形象。因此，供应链企业自主减排和上下游企业合作减排将会成为未来供应链低碳发展的趋势，但信息不对称如何影响企业履行环境责任和实现共赢有待深入了解。Xia 和 Niu[160]考虑一个制造商和零售商分别投资于碳减排技术和绿色营销努力的供应链，以减少碳足迹。当零售商私下知道绿色营销努力的程度和真正的市场规模时，制造商如何设计合同以确保盈利和遵守环境责任，并为分散的供应链和供应链垂直整合的基准开发了合同模型。结果表明，在信息不对称的情况下，制造商提供了一系列的合同来诱导零售商披露真实的市场规模，并积极参与减少碳足迹。特别是合同的菜单，使制造商能够以更低的碳足迹获得更多的利润，使零售商能够获得额外的信息租金，从而有利于履行环境责任。Ranjbar 等[161]研究由制造商通过零售商销售绿色产品组成的绿色供应链中的渠道协调问题。制造商可以将其绿色努力作为激励费纳入合同，制造商的绿色努力水平越高，就会激励零售商增加其绿色销售努力。此外，他们证明了信息不对称降低了绿色市场中的社会福利，这导致了更高的市场价格和更低的绿化努力水平。张令荣等[162]考虑制造商回收努力难度、新产品单位碳排放量信息不对称情况，探讨了不同权力结构下制造商的谎报行为对供应链绩效的影响。研究发现，当零售商主导供应链时，制造商倾向于低报回收努力难度并高报新产品单位碳排放量，这样就会对零售商及整个供应链的利润造成损害。为了应对制造商的谎报行为，他们提出了采用两部定价契约进行协调的方法，从而实现供应链绩效的最优化。

2.4.2 下游零售商信息私有下的供应链减排决策及协调研究

供应链的信息分布不对称，是导致供应链管理目标一致性变得更难的关键[163]。零售商紧密接触市场，可以获取到消费者偏好、市场需求、促销成本等私有信息。由于信息共享会削弱信息私有者的竞争力，零售商并不一定会将这些私有信息全部如实地分享给上游供应商或制造商。

针对供应商下游企业拥有私有信息，楼高翔等[164]在碳排放权交易政策下且消费者低碳偏好信息存在不对称的情况下，研究制造商投资减排技术的激励机制设计问题。研究结果表明，制造商可以通过供应链激励机制设计实现信息共享，但该机制并不能保证达到系统绩效最优；由于缺乏对消费者低碳偏好的准确信息，制造商的利润总是低于在信息对称下的利润，而拥有私有信息的零售商则可能额外获得收益。王道平等[165]构建零售商促销努力成本信息对称和不对称两种供应链决策模型，研究发现，随着产品批发价格、制造商减排成本以及零售商竞争程度的增加，促销努力成本的信息价值会减少，而随着销售价格的增加，信息价值则增加。另外，引入转移支付契约可以促使零售商分析真实的促销成本信息，从而提高制造商及供应链的利润。夏良杰等[166]构建由一个制造商和两个零售商组成的供应链，研究其减排和低碳推广决策，并讨论了零售商向制造商提供成本信息的问题。他们研究发现，只有当零售商自身的低碳推广效率足够高时，他们才会与制造商分享私有信息。此外，当只有一家零售商分享成本信息时，制造商无法通过支付转移来激励另一家零售商分享其私有信息。王伟冬和李小燕[167]考虑制造商减排、零售商之间的促销竞争以及促销成本系数作为零售商的私有信息，通过引入联合契约来激励零售商在保证自身利益的前提下选择与制造商共享私有信息，从而弥补因不对称信息而导致的利润损失。进一步研究发现，随着零售商之间竞争程度的增加，揭示私有信息的联合契约也变得更加有效。李璟等[168]考虑差异化消费者绿色偏好和不对称信息共同作用对供应链减排决策的影响，研究指出，随着减排技术进步和信息壁垒加剧，企业增加减排投入。Lu 和 Sun 等[169]研究了需求信息不完全情况下，两种碳规制对新产品制造商生产能力和低碳技术水平的影响，研究发现，在碳限额与交易制度下，制造商的决策和社会福利受市场需求波动的影响较小。Raj 等[170]考虑买方边际生产成本的完全信息和不对称信息的影响，利用供应商 Stackelberg 博弈，得到了两种信息场景下决策变量的最优值。Xu 等[171]通过信号博弈模型，讨论了无信息和信息不对称情况下生产企业的渠道侵占和碳减排策略。研究表明，无论是信息不对称还是信息不对称，只有在侵占成本较低的情况下，生产企业的减碳能力才能得到提高，否则，不利于碳减排。Zheng 等[172]研究设备补贴政策（ESP）和运营补贴政策（OSP）下制造商采用绿色技术的时机决策。研究发现，在不完全信息条件下，最优补贴政策仅依赖于需求促进和制造商努力成本。如果需求高，这两种政策的采用时间是相同的，尽管 ESP 可能需要更大的补贴预算。否则，ESP 会比 OSP 更早被采用。Meng 等[173]建立了两种场景（非信息共享，信息共享）分别适用于经销商模型和代理销售模型。研究发现，碳减排效率和销售形式在信息共享策略中起着重要作用。共享信息总是对环境有益的，并可能创造更多积极的社会价值。此外，供应链上下游都存在信息不对称的情况。He 等[174]考虑制造商的减排水平和零售商的低碳推广水平的投资系数是各自的私有信息。结果表明，在信息不对称条件下，制造商在任何补贴政策下都没有说谎的动机。然而，零售商存在对个人信息进行虚假陈述的动机，其虚假陈述行为与政府补贴的系数和分配比例有关。

2.4.3 信息不对称下嵌入区块链技术的绿色低碳供应链决策研究

不同于委托—代理理论的供应链减排信息甄别机制，基于区块链的供应链减排信息共享可以有效地解决信息不对称问题，提高供应链多主体协同减排的效率。区块链技术的可追溯性和不可篡改性，已经在金融、物流、农业、食品、物联网等诸多领域得到实际应用，并向其他领域延伸。李剑等[175]考虑消费者隐匿低碳偏好而损失供应链协同减排效率问题，通过让生产商和供应商共同承担一定比例的“区块链 + 协同减排”投资成本，不仅消除了信息租金，还可以有效提高供应链的收益。实践中制造商利用区块链技术记录和传递产品碳减排信息有助于增加消费者对低碳产品的信任和消费偏好。Xu 等[176]考虑一个由制造商和零售商组成的供应链，制造商通过零售商和在线平台销售产品，并在区块链时代采用绿色技术。结果表明，区块链技术帮助产品变得更加绿色，同时它还促进了供应链的协调为制造商和平台带来更多的利润。面向信息敏感型和信息不敏感型消费者，Xu 等[177]进一步考虑制造商通过线下渠道和限额交易监管下的在线平台销售产品，研究区块链技术的使用决策。研究发现，区块链技术能否提升制造商线下渠道的盈利能力。取决于跨渠道效应，当跨渠道效应低（高）时，区块链可以产生更多（更少）的消费者剩余。南江霞等[178]在区块链技术赋能的低碳环境下，构建了一个非合作/合作两型博弈模型，讨论两个减排效率的不同制造商合作减排的同时进行产量竞争。研究发现，当减排成本系数处于一定阈值范围时，区块链成本推动制造商提高产量和减少碳排放量，且该阈值随着两个制造商减排效率的提高而增大。Li 等[179]研究表明，如果运营成本低于某一阈值，制造商就有动力采用区块链，并且该阈值会增加税率和区块链驱动的客户绿色敏感性增量。此外，采用区块链可能会削弱公平对供应链绩效的积极影响，只有当区块链驱动的消费者绿色敏感水平的增量相对较高时，区块链才能鼓励绿色投资并使零售商受益。Ma 等[180]研究区块链在废旧产品回收和在线平台销售形式选择中的最佳组合，以实现经济、环境和社会的三重可持续性。Xu 等[181]考虑再制造与区块链的结合，并建立了一个由制造商、第三方公司和在线平台组成的供应链模型。其中，制造商面临总量控制与交易监管，采用区块链记录废旧产品信息、再制造产品信息。研究发现，在转售或市场模式下，如果排放强度较低，制造商不应采用区块链，否则，应该采用区块链。林强等[182]将区块链引入低碳供应链决策模型，考察了零售商提供不同激励契约情况下制造商实施区块链对碳减排、定价策略和企业利润的影响。研究发现，制造商实施区块链能够在改善自身利润的同时也能够改善零售商的利润。消费者低碳偏好程度和对价格的敏感程度对制造商实施区块链的成本条件有影响。政府强制减排是企业投资减排技术的主要动力来源。张令荣等[183]考虑政府投资建设区块链技术应用平台，并以有偿方式向供应链企业提供技术，建立政府主导并针对有无应用区块链技术的情境下的减排技术投入补贴和低碳产品产量补贴的四种低碳补贴模型。研究发现，当区块链的单周期分摊成本和企业应用区块链技术的单位成本都低于某一阈值时，政府建设区块链可以取得更高的社会福利，这不仅能够促进企业减排，还能提高消费者对低碳产品的需求。

区块链存储制造过程的细节并向消费者展示，从而改善消费者信息不对称劣势，提高消费者福利并改善消费者决策[184]。区块链技术被用于认证绿色产品的绿色水平，改变了绿色产品与非绿色产品之间的竞争格局。林强等[185]针对绿色产品得不到消费者完全信任且绿色供应链交易成本高的问题，建立嵌入区块链的技术效应特征的绿色供应链博弈模型，讨论绿色供应链面向不同价值目标的区块链实施条件。Liu 等[186]探讨了区块链的采用如何影响绿色和非绿色产品之间的双头垄断博弈的问题。Qiao 等[187]考虑制造商采用区块链技术（BCT）验证产品回收信息（VPRI）的问题。结果表明，制造商采用 BCT 的方式取决于 BCT 的结构成本和验证的 BCT 占所有回收信息的比例。研究还发现，采用 BCT 也可能对环境产生负面影响。例如，M - MB/TB 模式在比例较低但单位产品回收相对于非回收的碳排放量较大时，会对环境造成严重危害。Feng 等[188]采用区块链技术构建高效的回收网络。他们发现，在碳税制度下，碳减排鼓励电池供应商采用 BT，增加了新能源汽车供应链利益相关者的利润。在碳排放限额与交易监管下，单位外包费用和 BT 绩效影响制造商的投资决策，引入 BT 增加第三方企业的利润。

2.5 国内外研究评述

（1）关于消费者低碳偏好下的供应链减排决策及协调问题，现有研究可从消费者低碳偏好属性角度进行总结。一是，面向同质低碳偏好消费者讨论供应链的减排决策问题，分析消费者低碳偏好程度对供应链减排效果、供应链企业利润以及碳管制政策实施效果的影响等。二是，面向异质低碳偏好消费者，讨论异质消费者低碳偏好带来低碳及非低碳产品的不同市场需求，从而引起供应链企业减排决策和减排效果不同于同质性消费者低碳偏好的情形，分析表征消费者异质性的不同群体结构比例对供应链低碳运作决策以及政府补贴、碳规制等政策效果的影响。三是，关于消费者低碳偏好下的供应链减排协调研究，讨论批发价契约、回购契约、收益共享契约、数量折扣契约等经典供应链协调策略的组合与修正，并运用到消费者具有低碳偏好的场景模型中。现有研究对供应链上核心企业推动供应链减排举足轻重的作用考量不足，加之供应链减排合作是破解单一企业减排困境的有效措施。因此，本书在消费者低碳偏好下讨论核心企业主导供应链减排合作决策及协调问题，从运作决策角度丰富了现有低碳供应链管理理论。

（2）关于碳政策下的供应链减排决策问题，现有研究从供应链低碳运作决策角度考察碳配额与交易、碳税、碳补贴等政策措施对供应链运作决策及减排影响。一是，碳配额与交易政策下的供应链减排决策研究，讨论配额与交易下的供应链决策并分析供应链经济与社会环境绩效等。二是，碳税政策下的供应链减排决策研究，讨论政府征收碳税下供应链优化决策、碳税政策的减排效果以及碳税促进供应链减排投资和减排协调等。三是，补贴政策下的供应链减排决策研究，讨论政府给予低碳产品生产成本或低碳技术成本补贴的作用，包括补贴产生的供应链减排成效和经济成效等。四是，不同碳政策联合下的供应链减排决策研究，讨论政策联合下的供应链减排决策及成效。现有研究考察了单一碳政策或几种碳政策联合对供应链减排决策的影响，基本刻画了当前世界主要碳政策。目前，我国正加快建设全国统一的碳交易市场，推进能源、电力等行业“配额履约＋交易”机制，加之国家政策层面要求推动能耗双控逐步转向碳排放双控，“碳配额＋交易”机制是当前及今后一段时间我国控制碳排放的主要政策。因此，本书继承已有学术成果并结合中国实际，模型框架总体考虑“碳配额＋交易”机制，构建多场景供应链减排合作模型，为碳政策下供应链减排合作提供理论与实践参考。

（3）关于对称信息下供应链减排合作研究，现有研究主要关注供应链上核心企业推动供应链内部企业减排合作、供应链通过上下游企业间持股减排合作，并实现供应链减排与协调。一是不同核心企业主导供应链减排合作研究，主要分析供应商或零售商作为供应链的核心企业来推动供应链减排决策，并有针对性地设计供应链协调契约来现实减排下的供应链协调，消除因一方减排投资得不到补偿所产生的供应链效率损失。二是讨论供应链企业间持股减排合作研究，分析持上游企业持股下游企业、下游企业持股上游企业以及上下游企业交叉持股策略下供应链减排决策、供应链企业利润和减排水平，进一步讨论持股策略对供应链减排协调的功效。鉴于持股策略在理论讨论与实践运用中的普遍性，本书提出一种持股合作策略来促进供应链减排合作，并将持股合作策略运用到第三方节能服务公司参与供应链减排合作场景中，通过两个持股减排合作的场景模型分析，为供应链企业通过股权合作减排提供一种策略参考。

（4）关于不对称信息下供应链减排决策问题研究，现有研究讨论供应链上企业私有信息揭示及私有信息对供应链减排决策的影响问题。一是上游核心企业信息私有下的供应链减排决策及协调研究，讨论供应链上游企业进行减排投入而具有私有信息，从而利用自身减排私有信息进行信息谎报，降低了供应链减排绩效。学者们讨论了不同核心企业下的上游企业私有信息共享机制，常用委托代理理论，并通过供应链激励机制设计实现供应链上游企业的减排私有信息共享。二是下游零售商信息私有下的供应链减排决策及协调研究，讨论下游企业拥有的消费者偏好、市场需求、促销成本等私有信息下供应链减排决策与协调问题。三是信息不对称下嵌入区块链技术的绿色低碳供应链决策研究，基于区块链技术的去中心化、可追溯性、不可篡改性等特点，在解决信息不对称与信任问题上的技术优势，学术界开始讨论运用区块链来促进供应链协同减排信息共享，解决供应链低碳信息的消费者信任、产品低碳认证等问题。本书对信息不对称下供应链减排应用场景进行刻画与建模分析，为信息不对称下供应链减排决策及协调提供理论参考。

通过系统梳理发现，碳排放权交易是被普遍认可的最有效碳排放管制的市场机制之一，合理配置碳排放权总额能够有效促使企业减少碳排放。现阶段我国制定并实施碳交易制度，无疑将增加我国企业的运营成本。然而，消费者低碳意识的逐渐形成与企业低碳发展趋势相结合，使得有必要在碳交易制度下研究消费低碳偏好如何影响供应链低碳减排合作策略、提出新型减排合作模式、分析减排技术选择等，以期实现供应链减排合作策略的优化和供应链管理绩效的提高。供应链企业间合作减排投资是一种有效的企业低碳发展战略，不仅能够降低碳排放满足消费者对低碳产品的需求，还将为企业乃至供应链提供新的竞争优势。然而，由于知识垄断、行业壁垒或者利益冲突等，供应链上的零售商与供应商在信息上无法实施共享，信息不对称现象普遍存在。供应商拥有了减排成本信息优势。供应商在供应链中的主从地位及其减排成本信息披露行为，不仅影响供应链低碳化合作，也影响供应链绩效与企业运作策略。

因此，本书开展核心企业主导供应链减排决策及协调策略研究，围绕供应链主导者权力结构、供应链企业低碳减排投资持股、异质性消费者选择特征、供应链减排技术选择以及信息不对称等特定要素，构建多要素、多场景的供应链减排模型并进行系统论证分析，为相应场景下的供应链减排提供理论支撑与实践指导。

第3章

不同核心企业主导供应链减排决策与协调策略研究

本章旨在研究不同核心企业身份（供应商或零售商）主导下的供应链减排决策，希望通过深入讨论供应商和零售商分别处于供应链核心地位对供应链减排决策的影响机理来理解供应链核心企业主导供应链减排的作用。此外，研究如何设计有效的协调契约以推动供应链减排合作。研究为后续特定场景下的供应链合作减排问题的解决提供基本框架和理论支持。

3.1 问题描述

全球气候变暖衍生的恶劣环境问题受到国际社会的持续高度关注。我国始终坚持履行《联合国气候变化框架公约》等多边协定的郑重承诺义务，坚持新发展理念，走绿色、低碳、可持续发展之路。国家发改委2011年启动了包括北京市、天津市、上海市、重庆市、深圳市、广东省、湖北省在内的“两省五市”碳排放交易试点，并于2021年7月正式启动全国统一的碳排放权交易市场。碳排放权交易制度建设及持续推进，将深刻改变企业供应链的成本构成和运作模式，进而带来企业供应链的战略决策和运营策略改变。

当前，我国传统制造业“高消耗、高碳排”现象依然比较普遍。面向“双碳”目标，低碳减排成为企业经营运作中重要的考量因素。由于减排技术壁垒和减排投入约束等原因，导致众多中小企业独自进行减排的技术难、成本高问题难以破解。随着行业领军企业沃尔玛启动“全球价值供应链十亿吨减排计划”、华为制定“TOP 供应商制定碳减排目标”、奥迪启动供应链“减碳计划”等减排实践的行业引领，促进企业减排从单个企业减排转向供应链层面的减排合作。实际上，供应链节点位置和不可替代性等原因赋予了链上企业特定的权力位势，产生供应链核心企业、非核心企业。众多的行业减排案例表明，供应链核心企业（例如，零售企业沃尔玛属于零售供应链核心企业，而制造企业如华为、奥迪等则是制造供应链核心企业）推进供应链减排合作成效显著，具有研究的理论意义与实践价值。

基于上述背景，本章提出下列问题：（1）不同核心企业（供应商或者零售商）主导供应链减排情景下，供应链达成的均衡决策和企业利润如何？（2）主导供应链减排的不同核心企业类型对供应链决策及企业利润的影响如何？（3）促进供应链减排合作不同协调契约实施的成效如何？对此，本章建立供应商和零售商分别处于供应链核心地位的 Stackelberg 博弈模型，分析供应商主导型和零售商主导型的供应链减排投资决策，聚焦讨论供应商主导下的减排投资成本分摊协调策略、供应商主导下的成本分摊—数量折扣协调策略以及基于 Nash 讨价还价的协调策略的实施成效及差异。

3.2　模型、假设及符号定义

在碳交易政策下，面向具有低碳偏好属性的消费者，考虑产品碳减排量对产品市场需求的影响，构建由供应商 S 和零售商 R 所组成的两级供应链模型，如图 3－1 所示。

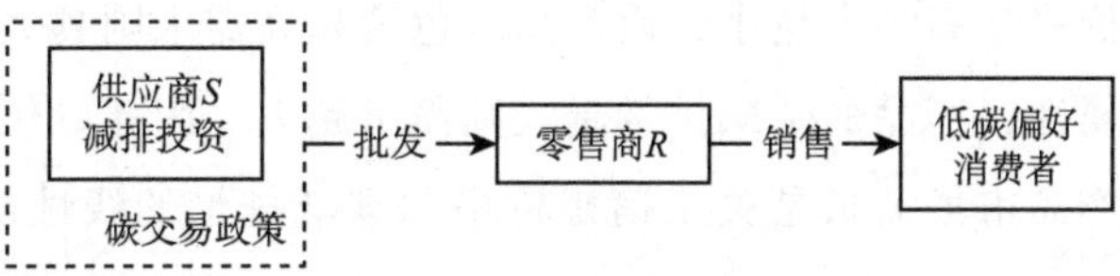

图 3－1　两级供应链模型结构

模型符号及定义如表 3－1 所示，模型的基本假设如下。

假设 3.1：供应链商和零售商都是风险中性的理性经济人。供应链的需求信息是完全对称的，减排信息也是对称的，供应链成员间不存在非共享的私有信息。

假设 3.2：供应商受到碳排放规制约束且是进行减排投资的责任主体。在一个履约期内（常常为一个自然年），供应商获得政府免费的碳配额并按照单位产品记为 e_{cap}。履约期末，多余或不足的碳配额可在碳交易市场上交易，记单位碳配额交易价格 t，是模型的外生变量，不受供应链决策的影响。供应商单位产品未减排前的初始碳排放量记为 $e_0(e_0>e_{cap})$，则初始碳排放成本为 $t(e_0-e_{cap})$；供应商减排投资 he_Δ^2 将单位产品碳排放量减少 e_Δ，其中，h 表示减排投资成本系数，代表着技术经济水平，即 h 越大，表示减排投资成本越高，减排投资设定为二次函数的形式，是基于减排投资具有边际成本递增的性质[10]。此外，一般来说产品实际减排量低于初始碳排放量（$e_\Delta<e_0$）。

假设 3.3：低碳产品的单位生产成本为 c，不包括供应商的减排投资成本部分。用 c_0 记为单位产品的初始成本，是生产成本与初始碳排放成本之和 $c+t(e_0-e_{cap})$。供应商进行减排投资情况下，产品单位成本变为 $c+t(e_0-e_{cap}-e_\Delta)$，即为 c_0-te_Δ，表示单位产品初始成本减去减排成本带来的节约（te_Δ）。为了保证减排后的产品单位成本有经济意义，则有 $c_0-te_\Delta>0$，则有 $e_{cap}<\dfrac{c}{t}$，即免费碳配额不能超过阈值$\dfrac{c}{t}$。

假设 3.4：产品的销售价格表示为 p，记 $p=w+m$ 其中，w 是产品的批发价格，m 是单位产品边际加价利润。令 $p>w>c_0$，即保证零售商和供应商双方均有利可图。

假设 3.5：文献［101］描述绿色低碳产品的需求是价格和产品绿色度的线性函数，且价格越高需求越小，而产品绿色度越高需求则越大。由于消费者具有低碳偏好属性，产品的碳减排量越大则需求越大。因此，供应商投资减排情况下，低碳产品市场需求是关于销售价格和碳减排量的线性函数为 $D=a-b_1p+b_2e_\Delta$，即 $D(w,m,e_\Delta)=a-b_1(w+m)+b_2e_\Delta$，其中，$a$ 表示产品的潜在市场需求，b_1 表示需求关于产品价格的敏感性系数，b_2 表示需求关于减排量的敏感性系数。供应商不减排投资情形下，市场需求为 $D=a-b_1p$，记 $D_0=a-b_1c_0$，表示以 c_0 为销售价格时的产品市场需求量。

表 3-1　模型符号及定义

符号	定义
w	产品的批发价格
e_Δ	单位产品的碳排放量
p	产品的销售价格
c	单位产品的生产成本
c_0	单位产品的初始成本
m	零售商的单位产品边际加价利润
e_0	单位产品初始碳排放量
e_{cap}	单位产品免费碳配额
t	单位碳配额的交易价格
h	减排投资成本系数
a	产品潜在市场需求
b_1	需求关于价格的敏感性系数
b_2	需求关于减排量的敏感性系数
D	碳减排下的产品市场需求
D_0	不减排下的产品市场需求
Π_S	供应商的利润
Π_R	零售商的利润
MS	供应商作为供应链主导者情形
RS	零售商作为供应链主导者情形
下标 S，R，SC	分别标识供应商、零售商、供应链
上标 $\{MS, RS\}$	分别标识供应商、零售商主导供应链的情形
上标 $\{0, d\}$	分别标识供应商不减排投资、供应商减排投资下的分散决策

3.3　不减排投资下的不同核心企业主导供应链决策

供应商不减排投资，该情形分析为供应商减排投资决策研究提供对照基准。此时，单位产品碳排放量为 e_0，市场需求为 $D(m)=a-b_1(w+m)$，供应

链成员利润为 $\Pi_R^0(m)=mD(m)$，$\Pi_S^0(w)=(w-c_0)D(m)$，以及供应链总利润为 $\Pi_{SC}^0(p)=(p-c_0)D(p)$（其中 $p=w+m$）。用上标^{0}表示供应商不投资减排下的分散决策模型。采用 Stackelberg 博弈逆向归纳法，推演得到供应商、零售商分别作为核心企业主导供应链情形下的分散决策模型均衡解，见表 3－2。

表 3－2　　供应商不减排投资下的分散决策模型均衡解

变量	*MS*	比较	*RS*
w^0	$\frac{D_0}{2b_1}+c_0$	>	$\frac{D_0}{4b_1}+c_0$
m^0	$\frac{D_0}{4b_1}$	<	$\frac{D_0}{2b_1}$
p^0	$\frac{3D_0}{4b_1}+c_0$	=	$\frac{3D_0}{4b_1}+c_0$
D^0	$\frac{D_0}{4}$	=	$\frac{D_0}{4}$
Π_R^0	$\frac{D_0^2}{16b_1}$	<	$\frac{D_0^2}{8b_1}$
Π_S^0	$\frac{D_0^2}{8b_1}$	>	$\frac{D_0^2}{16b_1}$
Π_{SC}^0	$\frac{3D_0^2}{16b_1}$	=	$\frac{3D_0^2}{16b_1}$

用上标^{CO}表示供应商不减排投资下的集中决策模型。对 $\Pi_{SC}^0(p)$ 进行一阶和二阶条件分析可知，供应链均衡定价为 $p^{CO}=D_0/2b_1+c_0$、市场需求为 $D^{CO}=D_0/2$ 以及供应链总利润为 $\Pi_{SC}^{CO}=D_0^2/4b_1$。

分散决策下，通过比较供应商主导与零售商主导下的供应链均衡决策发现，两种模型下的供应链利润一样，产品的市场需求和价格也相同，然而供应商和零售商的利润不同。供应商主导下，供应商利润占供应链整体利润的 2/3，是零售商利润的 2 倍。零售商主导下，零售商利润占供应链整体利润的 2/3，是供应商利润的 2 倍。说明供应链主导力量决定了供应链利润的分配，这是因为供应商主导通过批发价来最大化自身利润，而零售商则通过产品边际加价来实现利润最大目标。此外，分散决策下供应链总利润小于供应链集中决策下的整体利润，供应链决策不能协调。这是因为，分散决策下的产品零售价格增大导致产品需求仅能达到集中决策下产品需求的1/2，损害了供应链总利润，产生双重边际化效应。

3.4 减排投资下的不同核心企业主导供应链决策

3.4.1 供应商减排投资下的集中决策

投资减排情形下，供应商投资 he_{Δ}^2 将单位产品碳排放量减少 e_{Δ}。此时，产品的市场需求为 $D(w,\ m,\ e_{\Delta}) = a - b_1(w+m) + b_2 e_{\Delta}$，则零售商、供应商以及供应链的利润函数分别为：

$$\Pi_R(m) = mD(w,m,e_{\Delta}) \tag{3.1}$$

$$\Pi_S(e_{\Delta},w) = (w-(c_0-te_{\Delta}))D(w,m,e_{\Delta}) - he_{\Delta}^2 \tag{3.2}$$

$$\Pi_{SC}(e_{\Delta},p) = (p-(c_0-te_{\Delta}))D(p,e_{\Delta}) - he_{\Delta}^2 \quad (\text{其中 } p = w+m) \tag{3.3}$$

集中决策情形下，以供应链整体利润最大化目标来确定产品减排量和零售价格决策，集中决策作为分散决策的供应链绩效分析参照基准。用上标 ^{c} 表示供应商减排投资下的集中决策情形。

分析集中决策均衡结果。对（3.3）式分别关于 e_{Δ} 和 p 的一阶条件可知，当 $h > \frac{(b_1t+b_2)^2}{4b_1}$ 时，集中决策下的供应链存在唯一的均衡决策为 $e_{\Delta}^c = \frac{(b_1t+b_2)D_0}{4hb_1-(b_1t+b_2)^2}$、$p^c = \frac{(2h-t(b_1t+b_2))D_0}{4hb_1-(b_1t+b_2)^2} + c_0$，相应的市场需求和供应链利润分别为 $D^c = \frac{2hb_1D_0}{4hb_1-(b_1t+b_2)^2}$ 和 $\Pi_{SC}^c = \frac{hD_0^2}{4hb_1-(b_1t+b_2)^2}$。此外，由 $e_{\Delta}^c < e_0$ 可得条件 $h > \frac{(b_1t+b_2)^2}{4b_1} + \frac{(b_1t+b_2)D_0}{4b_1e_0}$。

3.4.2 减排投资下供应商主导供应链分散决策

分散决策情形下，供应商和零售商都是独立决策主体，两者分别从自身利润最大化的角度进行决策。上标 ^{d} 表示减排投资下分散决策。供应商主导供应链的博弈时序为，供应商首先确定单位产品的最优减排量 e_Δ 和批发价格 w，随后零售商根据供应商决策来决定最优的产品零售价格 p（也可以决策产品边际加价利润 m）。供应商主导供应链的分散决策时序如图 3－2 所示。

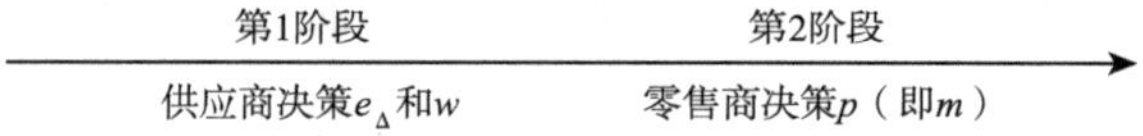

图 3－2　供应商主导供应链的分散决策时序

根据 Stackelberg 博弈逆向归纳法，根据式的一阶条件求出零售商边际加价利润的最优反应函数：

$$m^*(e_\Delta, w) = \frac{a - b_1 w + b_2 e_\Delta}{2b_1} \tag{3.4}$$

将式（3.4）代入（3.2）式，有：

$$\max_{e_\Delta, w} \Pi_S = -\frac{1}{2}b_1 w^2 + \left(\frac{1}{2}b_2 t - h\right)e_\Delta^2 + \frac{1}{2}((b_2 - b_1 t)w + at - b_2 c_0)e_\Delta + \frac{1}{2}(a + b_1 c_0)w - \frac{1}{2}ac_0 \tag{3.5}$$

对式（3.5）分别求关于 e_Δ 和 w 的一阶偏导：

$$\begin{aligned} \frac{\partial \Pi_S}{\partial e_\Delta} &= (b_2 t - 2h)e_\Delta + \frac{1}{2}(b_2 - b_1 t)w + \frac{1}{2}(at - b_2 c_0) \\ \frac{\partial \Pi_S}{\partial w} &= -b_1 w + \frac{1}{2}(b_2 - b_1 t)e_\Delta + \frac{1}{2}(a + b_1 c_0) \end{aligned} \tag{3.6}$$

供应商减排的成本会以批发价形式部分转移给零售商，即 w 是 e_Δ 的增函数，因此 $b_2 > b_1 t$。由于目标函数（3.5）是二元函数，判断函数的 Hessian 矩阵，二阶条件有 $\frac{\partial^2}{\partial w^2}\Pi_S = -b_1 < 0$，$\frac{\partial^2}{\partial e_\Delta \partial w}\Pi_S = b_2 - b_1 t > 0$，$\frac{\partial^2}{\partial e_\Delta^2}\Pi_S = b_2 t - 2h < 0$。则当 $h > \frac{(b_1 t + b_2)^2}{8b_1}$ 时，$|Hessian| = \begin{vmatrix} -b_1 & \frac{1}{2}(b_2 - b_1 t) \\ \frac{1}{2}(b_2 - b_1 t) & b_2 t - 2h \end{vmatrix} > 0$，即 Hessian 矩阵是负定的，则供应商存在唯一的均衡决策，根据一阶条件 $e_\Delta(w) =$

$\frac{(b_2-b_1t)w+at-b_2c_0}{2(2h-b_2t)}$ 和 $w(e_\Delta)=\frac{(b_2-b_1t)e_\Delta+a+b_1c_0}{2b_1}$，并联立求解得出：

$$e_\Delta^{MSd}=\frac{(b_1t+b_2)D_0}{8hb_1-(b_1t+b_2)^2} \tag{3.7}$$

$$w^{MSd}=\frac{[4h-t(b_1t+b_2)]D_0}{8hb_1-(b_1t+b_2)^2}+c_0 \tag{3.8}$$

将式（3.7）、（3.8）代入式（3.4），得到：

$$m^{MSd}=\frac{2hD_0}{8hb_1-(b_1t+b_2)^2} \tag{3.9}$$

则，零售商最优定价为 $p^{MSd}=w^{MSd}+m^{MSd}=\frac{[6h-t(b_1t+b_2)]D_0}{8hb_1-(b_1t+b_2)^2}+c_0$。

将式（3.7）、（3.8）和式（3.9）分别代入市场需求、利润函数式中，可得到：

$$D^{MSd}=\frac{2hb_1D_0}{8hb_1-(b_1t+b_2)^2},\ \Pi_R^{MSd}=\frac{4h^2b_1D_0^2}{[8hb_1-(b_1t+b_2)^2]^2},$$

$$\Pi_S^{MSd}=\frac{hD_0^2}{8hb_1-(b_1t+b_2)^2},\ \Pi_{SC}^{MSd}=\frac{h[12hb_1-(b_1t+b_2)^2]D_0^2}{[8hb_1-(b_1t+b_2)^2]^2}。$$

根据供应商投资碳减排量 $e_\Delta^{MSd}<e_0$，可推算出 $h>\frac{(b_1t+b_2)^2}{8b_1}+\frac{(b_1t+b_2)D_0}{8b_1e_0}$。又 $\frac{(b_1t+b_2)^2}{8b_1}+\frac{(b_1t+b_2)D_0}{8b_1e_0}>\frac{(b_1t+b_2)^2}{8b_1}$，则 $h>\frac{(b_1t+b_2)^2}{8b_1}+\frac{(b_1t+b_2)D_0}{8b_1e_0}$，即当供应商主导供应链时，供应商投资减排使自身利润最大化的必要条件有 $b_2>b_1t$ 且 $h>\frac{(b_1t+b_2)^2}{8b_1}+\frac{(b_1t+b_2)D_0}{8b_1e_0}$。

定理3.1 供应商主导供应链的分散决策情形下，当 $b_2>b_1t$ 且 $h>\frac{(b_1t+b_2)^2}{8b_1}+\frac{(b_1t+b_2)D_0}{8b_1e_0}$ 时，供应商减排投资虽然能增加自身利润，但供应商减排投资促进零售商利润的增量高于供应商自身利润的增量。

证明：比较不减排和减排情形下供应商主导的供应链分散决策有：

$$w^{MSd}-w^{MS0}=\frac{(b_2^2-b_1^2t^2)D_0}{2b_1[8hb_1-(b_1t+b_2)^2]}>0,$$

$$p^{MSd}-p^{MS0}=\frac{(3b_2-b_1t)(b_1t+b_2)D_0}{4b_1[8hb_1-(b_1t+b_2)^2]}>0,$$

$$D^{MSd} - D^{MS0} = \frac{(b_1 t + b_2)^2 D_0}{4[8hb_1 - (b_1 t + b_2)^2]} > 0,$$

$$\Pi_R^{MSd} - \Pi_R^{MS0} = \frac{[16hb_1 - (b_1 t + b_2)^2](b_1 t + b_2)^2 D_0^2}{16b_1(8hb_1 - (b_1 t + b_2)^2)^2} > 0,$$

$$\Pi_S^{MSd} - \Pi_S^{MS0} = \frac{(b_1 t + b_2)^2 D_0^2}{8b_1[8hb_1 - (b_1 t + b_2)^2]} > 0,$$

$$(\Pi_R^{MSd} - \Pi_R^{MS0}) - (\Pi_S^{MSd} - \Pi_S^{MS0}) = \frac{(b_1 t + b_2)^4 D_0^2}{16b_1[8hb_1 - (b_1 t + b_2)^2]^2} > 0,$$

$$\Pi_{SC}^{MSd} - \Pi_{SC}^{MS0} = \frac{[32hb_1 - 3(b_1 t + b_2)^2](b_1 t + b_2)^2 D_0^2}{16b_1[8hb_1 - (b_1 t + b_2)^2]^2} > 0\text{。证毕。}$$

当 $b_2 > b_1 t$ 且 $h > \frac{(b_1 t + b_2)^2}{8b_1} + \frac{(b_1 t + b_2)D_0}{8b_1 e_0}$ 时，供应商减排投资带来市场需求增加，供应商、零售商以及供应链的利润都现实增长，但是零售商利润增量大于供应商利润的增量。这是因为，零售商由于不直接支付减排成本而“搭便车”享有制造商减排溢出收益。此外，产品变得更加低碳，成本也更高，消费者为低碳产品需要支付更高的零售价格。

3.4.3 减排投资下零售商主导供应链分散决策

零售商主导供应链时，零售商先确定最优单位产品零售价格 p（即单位产品市场加价利润 m），供应商后决定产品减排量 e_Δ 和批发价格 w。零售商主导的供应链分散决策博弈时序如图 3－3 所示。

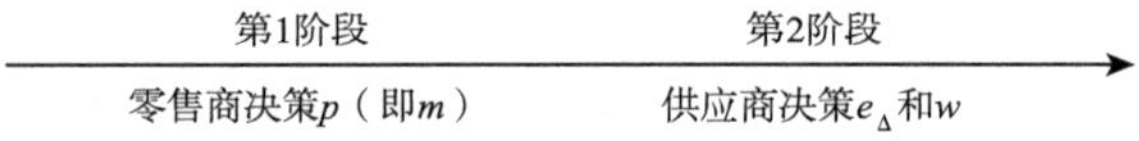

图 3－3　零售商主导的供应链分散决策博弈时序

采用逆向归纳法，（3.2）式关于 e_Δ 和 w 的一阶偏导分别为：

$$\begin{aligned}\frac{\partial \Pi_S}{\partial e_\Delta} &= 2(b_2 t - h)e_\Delta + (b_2 - b_1 t)w + (a - b_1 m)t - b_2 c_0 \\ \frac{\partial \Pi_S}{\partial w} &= -2b_1 w + (b_2 - b_1 t)e_\Delta + a - b_1 m + b_1 c_0\end{aligned} \tag{3.10}$$

由于供应商的批发价格 w 是关于 e_Δ 的增函数，$b_2 > b_1 t$。由二阶条件 $\frac{\partial^2}{\partial w^2}\Pi_S = -2b_1 < 0$，$\frac{\partial^2}{\partial e_\Delta \partial w}\Pi_S = b_2 - b_1 t > 0$，$\frac{\partial^2}{\partial e_\Delta^2}\Pi_S = 2(b_2 t - h) < 0$，有 $h > \frac{(b_1 t + b_2)^2}{4b_1}$，则 Hessian 矩阵负定，供应商决策的反应函数 $e_\Delta(w,m) = \frac{(b_2 - b_1 t)w - b_1 tm + at - b_2 c_0}{2(h - b_2 t)}$ 和 $w(e_\Delta, m) = \frac{(b_2 - b_1 t)e_\Delta - b_1 m + a + b_1 c_0}{2b_1}$，联立求解出供应商关于 m 的反应函数为：

$$e_\Delta^*(m) = \frac{(b_1 t + b_2)(D_0 - b_1 m)}{4hb_1 - (b_1 t + b_2)^2} \tag{3.11}$$

$$w^*(m) = \frac{[2h - t(b_1 t + b_2)](D_0 - b_1 m)}{4hb_1 - (b_1 t + b_2)^2} + c_0 \tag{3.12}$$

将式（3.11）、式（3.12）代入式（3.1），得到：

$$\max_m \Pi_R = \frac{2hb_1(-b_1 m^2 + D_0 m)}{4hb_1 - (b_1 t + b_2)^2} \tag{3.13}$$

由式（3.13）的一阶条件，得出：

$$m^{RSd} = \frac{D_0}{2b_1} \tag{3.14}$$

进一步，可推导出供应商的最优决策：

$$e_\Delta^{RSd} = \frac{(b_1 t + b_2)D_0}{2[4hb_1 - (b_1 t + b_2)^2]} \tag{3.15}$$

$$w^{RSd} = \frac{[2h - t(b_1 t + b_2)]D_0}{2[4hb_1 - (b_1 t + b_2)^2]} + c_0 \tag{3.16}$$

则，零售商最优零售价 $p^{RSd} = \frac{[6hb_1 - (2b_1 t + b_2)(b_1 t + b_2)]D_0}{2b_1[4hb_1 - (b_1 t + b_2)^2]} + c_0$。将式（3.14）、式（3.15）和式（3.16）分别代入市场需求 $D^{RSd} = \frac{hb_1 D_0}{4hb_1 - (b_1 t + b_2)^2}$。零售商、供应商以及供应链利润分别为：

$$\Pi_R^{RSd} = \frac{hD_0^2}{2[4hb_1 - (b_1 t + b_2)^2]},\ \Pi_S^{RSd} = \frac{hD_0^2}{4[4hb_1 - (b_1 t + b_2)^2]},$$

$$\Pi_{SC}^{RSd} = \frac{3hD_0^2}{4[4hb_1 - (b_1 t + b_2)^2]}。$$

由供应商的减排量 $e_{\Delta}^{RSd} < e_0$ 可得出 $h > \frac{(b_1 t + b_2)^2}{4b_1} + \frac{(b_1 t + b_2) D_0}{8b_1 e_0}$。又 $\frac{(b_1 t + b_2)^2}{4b_1} + \frac{(b_1 t + b_2) D_0}{8b_1 e_0} > \frac{(b_1 t + b_2)^2}{4b_1}$，则 $h > \frac{(b_1 t + b_2)^2}{4b_1} + \frac{(b_1 t + b_2) D_0}{8b_1 e_0}$，即当零售商主导供应链时，供应商投资减排使自身利润最大化的必要条件应满足 $b_2 > b_1 t$ 且 $h > \frac{(b_1 t + b_2)^2}{4b_1} + \frac{(b_1 t + b_2) D_0}{8b_1 e_0}$。

定理 3.2 零售商主导供应链的分散决策情形下，当 $b_2 > b_1 t$ 且 $h > \frac{(b_1 t + b_2)^2}{4b_1} + \frac{(b_1 t + b_2) D_0}{8b_1 e_0}$ 时，供应商进行投资减排，低碳产品的市场价格更高且市场需求更大，供应商和零售商利润都增大，但是供应商利润的增量小于零售商利润的增量。

证明：比较不减排和减排下零售商主导供应链的分散决策，有：

$$w^{RSd} - w^{RS0} = \frac{(b_2^2 - b_1^2 t^2) D_0}{4b_1 [4hb_1 - (b_1 t + b_2)^2]} > 0,$$

$$p^{RSd} - p^{RS0} = \frac{(b_2^2 - b_1^2 t^2) D_0}{4b_1 [4hb_1 - (b_1 t + b_2)^2]} > 0,$$

$$D^{RSd} - D^{RS0} = \frac{(b_1 t + b_2)^2 D_0}{4[4hb_1 - (b_1 t + b_2)^2]} > 0,$$

$$\Pi_R^{RSd} - \Pi_R^{RS0} = \frac{(b_1 t + b_2)^2 D_0^2}{8b_1 [4hb_1 - (b_1 t + b_2)^2]} > 0,$$

$$\Pi_S^{RSd} - \Pi_S^{RS0} = \frac{(b_1 t + b_2)^2 D_0^2}{16b_1 [4hb_1 - (b_1 t + b_2)^2]} > 0,$$

$$\Pi_{SC}^{RSd} - \Pi_{SC}^{RS0} = \frac{3(b_1 t + b_2)^2 D_0^2}{16b_1 [4hb_1 - (b_1 t + b_2)^2]} > 0,$$

$$(\Pi_R^{RSd} - \Pi_R^{RS0}) - (\Pi_S^{RSd} - \Pi_S^{RS0}) = \frac{(b_1 t + b_2)^2 D_0^2}{16b_1 [4hb_1 - (b_1 t + b_2)^2]^2} > 0。$$

当 $b_2 > b_1 t$ 且 $h > \frac{(b_1 t + b_2)^2}{4b_1} + \frac{(b_1 t + b_2)(a - b_1 c_0)}{8b_1 e_0}$ 时，供应商减排投资，带来的结果是产品的碳减排量增加，产品变的更加低碳，消费者愿意支付更高的费用，低碳产品市场需求增加，即 $p^{RSd} > p^{RS0}$，$D^{RSd} > D^{RS0}$。此外，$\Pi_R^{RSd} >$

Π_R^{RS0}、$\Pi_S^{RSd} > \Pi_S^{RS0}$，零售商和供应商利润均增加，且 $\Pi_S^{RSd} - \Pi_S^{RS0} = (\Pi_R^{RSd} - \Pi_R^{RS0})/2 > 0$，即供应商利润的增量是零售商利润增量的1/2。（证毕）。

总结定理3.1和定理3.2，结果表明无论供应链的主导者是谁，存在一定条件，制造商减排能现实供应链利润改善，但零售商获益总是大于供应商获益，供应商的减排投资产生零售商“搭便车”现象。

3.4.4 不同核心企业主导的供应链决策比较

供应商减排投资下，表3－3给出了供应商、零售商分别主导下的供应链均衡决策、利润及比较结果。

表3－3 供应商减排投资下不同核心企业主导的供应链均衡决策比较

变量	MS	比较	RS
w^d	$\frac{[4h - t(b_1 t + b_2)]D_0}{8hb_1 - (b_1 t + b_2)^2} + c_0$	>	$\frac{[2h - t(b_1 t + b_2)]D_0}{2[4hb_1 - (b_1 t + b_2)^2]} + c_0$
m^d	$\frac{2hD_0}{8hb_1 - (b_1 t + b_2)^2}$	<	$\frac{D_0}{2b_1}$
p^d	$\frac{[6h - t(b_1 t + b_2)]D_0}{8hb_1 - (b_1 t + b_2)^2} + c_0$	*	$\frac{[6hb_1 - (2b_1 t + b_2)(b_1 t + b_2)]D_0}{2b_1[4hb_1 - (b_1 t + b_2)^2]} + c_0$
e_Δ^d	$\frac{(b_1 t + b_2)D_0}{8hb_1 - (b_1 t + b_2)^2}$	<	$\frac{(b_1 t + b_2)D_0}{2[4hb_1 - (b_1 t + b_2)^2]}$
D^d	$\frac{2hb_1 D_0}{8hb_1 - (b_1 t + b_2)^2}$	<	$\frac{hb_1 D_0}{4hb_1 - (b_1 t + b_2)^2}$
Π_R^d	$\frac{4h^2 b_1 D_0^2}{[8hb_1 - (b_1 t + b_2)^2]^2}$	<	$\frac{hD_0^2}{2[4hb_1 - (b_1 t + b_2)^2]}$
Π_S^d	$\frac{hD_0^2}{8hb_1 - (b_1 t + b_2)^2}$	>	$\frac{hD_0^2}{4[4hb_1 - (b_1 t + b_2)^2]}$
Π_{SC}^d	$\frac{h[12hb_1 - (b_1 t + b_2)^2]D_0^2}{[8hb_1 - (b_1 t + b_2)^2]^2}$	<	$\frac{3hD_0^2}{4[4hb_1 - (b_1 t + b_2)^2]}$

注：表中的“*”表示比较结果的不确定情况。

定理3.3 供应链主导力量不仅影响供应链利润分配结果，也影响供应链总利润和减排绩效，即：

（1）零售商主导供应链情形下，供应链总利润是集中决策下供应链利润的 75%；供应商主导供应链情形下，供应链总利润小于零售商主导下的供应链总利润。

（2）零售商主导供应链时的减排量和产品需求都高于供应商主导的情形。此外，减排投资成本系数和需求关于价格的敏感系数越大，供应商主导下的分散决策能实现更高的利润。

证明：①当供应商主导低碳供应链时，有 $\Pi_S^{MSd}=\frac{8hb_1-(b_1t+b_2)^2}{4hb_1}\Pi_R^{MSd}$，其中，$1<\frac{8hb_1-(b_1t+b_2)^2}{4hb_1}<2$，即 $\Pi_R^{MSd}<\Pi_S^{MSd}<2\Pi_R^{MSd}$。当零售商主导低碳供应链时，有 $\Pi_R^{RSd}=2\Pi_S^{RSd}$。供应链主导者身份在供应链利润分配时体现出分配优势。

②在 $b_2>b_1t$ 且 $h>\frac{(b_1t+b_2)^2}{4b_1}+\frac{(b_1t+b_2)D_0}{4b_1e_0}$ 条件下，当供应商减排投资时，对比集中决策模型与供应商主导供应链的分散决策模型均衡决策有：

$$e_\Delta^{MSd}=\frac{4hb_1-(b_1t+b_2)^2}{8hb_1-(b_1t+b_2)^2}e_\Delta^c \tag{3.17}$$

$$D^{MSd}=\frac{4hb_1-(b_1t+b_2)^2}{8hb_1-(b_1t+b_2)^2}D^c \tag{3.18}$$

$$\Pi_{SC}^{MSd}=\frac{[4hb_1-(b_1t+b_2)^2][12hb_1-(b_1t+b_2)^2]}{[8hb_1-(b_1t+b_2)^2]^2}\Pi_{SC}^c \tag{3.19}$$

其中，$\frac{4hb_1-(b_1t+b_2)^2}{8hb_1-(b_1t+b_2)^2}<\frac{1}{2}$，$\frac{[4hb_1-(b_1t+b_2)^2][12hb_1-(b_1t+b_2)^2]}{[8hb_1-(b_1t+b_2)^2]^2}<\frac{3}{4}$。可见，分散决策下的产品减排量和市场需求量都小于集中决策下的 1/2，供应链利润也小于集中决策的 75%，供应商主导的低碳供应链分散决策不能协调供应链。

③在供应商主导供应链分散决策下，由于$\frac{[4hb_1-(b_1t+b_2)^2][12hb_1-(b_1t+b_2)^2]}{[8hb_1-(b_1t+b_2)^2]^2}$是关于 h 和 b_1 的增函数，即减排投资成本系数、需求关于价格的敏感系数越大，分散

决策下的供应链利润越接近集中决策利润。

下面进一步比较集中决策与零售商主导的供应链分散决策有：

$$e_{\Delta}^{RSd} = \frac{1}{2}e_{\Delta}^{c}, D^{RSd} = \frac{1}{2}D^{c}, \Pi_{SC}^{RSd} = \frac{3}{4}\Pi_{SC}^{c} \tag{3.20}$$

在零售商主导供应链情形下，分散决策下的减排量及产品需求量是集中决策的一半，供应链总利润是集中决策的3/4，此时，供应链也不能实现协调。由式（3.19）和式（3.20）可得出 $\Pi_{SC}^{c} > \Pi_{SC}^{RSd} > \Pi_{SC}^{MSd} > \Pi_{SC}^{0}$，$e_{\Delta}^{c} > e_{\Delta}^{RSd} > e_{\Delta}^{MSd}$，$D^{c} > D^{RSd} > D^{MSd} > D^{0}$。证毕。

定理3.4 与供应商不减排投资比较，供应商进行减排投资，带来的结果有：

（1）当 $b_2 \geqslant b_1 t + \dfrac{D_0}{e_0}$ 且 $h \leqslant \dfrac{(b_1 t + b_2)b_2}{2b_1}$ 时，集中决策下产品零售价格高于分散决策下的产品零售价格；

（2）当 $b_2 < b_1 t + \dfrac{D_0}{2e_0}$，或者 $b_2 \geqslant b_1 t + \dfrac{D_0}{2e_0}$ 且 $h > \dfrac{(3b_2 - b_1 t)(b_1 t + b_2)}{4b_1}$ 时，集中决策下低碳产品零售价格低于未减排时的产品零售价格，即低碳并不一定高价。

证明：在 $b_2 > b_1 t$ 且 $h > \dfrac{(b_1 t + b_2)^2}{4b_1} + \dfrac{(b_1 t + b_2)D_0}{4b_1 e_0}$ 条件下，有：

$$p^{c} - p^{MSd} = \frac{-4h[2hb_1 - b_2(b_1 t + b_2)]D_0}{[4hb_1 - (b_1 t + b_2)^2][8hb_1 - (b_1 t + b_2)^2]},$$

$$p^{c} - p^{RSd} = \frac{-[2hb_1 - b_2(b_1 t + b_2)]D_0}{2b_1[4hb_1 - (b_1 t + b_2)^2]},$$

$$p^{RSd} - p^{MSd} = \frac{-[2hb_1 - b_2(b_1 t + b_2)](b_1 t + b_2)^2 D_0}{2b_1[4hb_1 - (b_1 t + b_2)^2][8hb_1 - (b_1 t + b_2)^2]}。$$

要比较 p^{c}、p^{MSd} 和 p^{RSd} 之间的相对大小，需判断 $2hb_1 - b_2(b_1 t + b_2)$ 的正负。当 $D_0 > (b_2 - b_1 t)e_0$ 时，$\dfrac{(b_1 t + b_2)^2}{4b_1} + \dfrac{(b_1 t + b_2)D_0}{4b_1 e_0} > \dfrac{(b_1 t + b_2)b_2}{2b_1}$；当 $D_0 \leqslant (b_2 - b_1 t)e_0$ 时，$\dfrac{(b_1 t + b_2)b_2}{2b_1} \geqslant \dfrac{(b_1 t + b_2)^2}{4b_1} + \dfrac{(b_1 t + b_2)D_0}{4b_1 e_0}$，则有：

①当 $b_1 t < b_2 < b_1 t + \dfrac{D_0}{e_0}$ 且 $h > \dfrac{(b_1 t + b_2)^2}{4b_1} + \dfrac{(b_1 t + b_2)D_0}{4b_1 e_0}$ 或者当 $b_2 \geqslant b_1 t +$

$\frac{D_0}{e_0}$且 $h > \frac{(b_1t + b_2)b_2}{2b_1}$时，$2hb_1 - b_2(b_1t + b_2) > 0$，$p^c < p^{RSd} < p^{MSd}$，即在上述条件下，低碳供应链集中决策时产品市场价格比分散决策时价格低。

②当 $b_2 \geq b_1t + \frac{D_0}{e_0}$且 $\frac{(b_1t + b_2)^2}{4b_1} + \frac{(b_1t + b_2)D_0}{4b_1e_0} < h \leq \frac{(b_1t + b_2)b_2}{2b_1}$时，$2hb_1 - b_2(b_1t + b_2) \leq 0$，$p^c \geq p^{RSd} \geq p^{MSd}$，即供应链协调会使消费者支付更高的零售价格。又由定理3.2，$p^{MSd} > p^{MS0}$，$p^{RSd} > p^{RS0}$（$p^{MS0} = p^{RS0} = p^0$）。

在条件①的基础上，比较 $p^c - p^0 = \frac{-[4hb_1 - (3b_2 - b_1t)(b_1t + b_2)]D_0}{4b_1[4hb_1 - (b_1t + b_2)^2]}$。分析可得：当 $D_0 > 2(b_2 - b_1t)e_0$ 时，有 $\frac{(b_1t + b_2)^2}{4b_1} + \frac{(b_1t + b_2)D_0}{4b_1e_0} > \frac{(3b_2 - b_1t)(b_1t + b_2)}{4b_1} > \frac{(b_1t + b_2)b_2}{2b_1}$；当 $2(b_2 - b_1t)e_0 < D_0 \leq 2(b_2 - b_1t)e_0$ 时，有 $\frac{(3b_2 - b_1t)(b_1t + b_2)}{4b_1} \geq \frac{(b_1t + b_2)^2}{4b_1} + \frac{(b_1t + b_2)D_0}{4b_1e_0} > \frac{(b_1t + b_2)b_2}{2b_1}$。综合上述，则有：

①当 $b_1t < b_2 < b_1t + \frac{D_0}{2e_0}$且 $h > \frac{(b_1t + b_2)^2}{4b_1} + \frac{(b_1t + b_2)D_0}{4b_1e_0}$或者当 $b_2 \geq b_1t + \frac{D_0}{2e_0}$且 $h > \frac{(3b_2 - b_1t)(b_1t + b_2)}{4b_1}$时，$2hb_1 - b_2(b_1t + b_2) > 0$，$4hb_1 - (3b_2 - b_1t)(b_1t + b_2) > 0$，则 $p^{MSd} > p^{RSd} > p^0 > p^c$；

②当 $b_1t + \frac{D_0}{2e_0} \leq b_2 < b_1t + \frac{D_0}{e_0}$且 $\frac{(b_1t + b_2)^2}{4b_1} + \frac{(b_1t + b_2)D_0}{4b_1e_0} \leq h \leq \frac{(3b_2 - b_1t)(b_1t + b_2)}{4b_1}$或者当 $b_2 \geq b_1t + \frac{D_0}{e_0}$且 $\frac{(b_1t + b_2)b_2}{2b_1} < h \leq \frac{(3b_2 - b_1t)(b_1t + b_2)}{4b_1}$时，$2hb_1 - b_2(b_1t + b_2) > 0$，$4hb_1 - (3b_2 - b_1t)(b_1t + b_2) \leq 0$，则 $p^{MSd} > p^{RSd} > p^c \geq p^0$；

③当 $b_2 \geq b_1t + \frac{D_0}{e_0}$且 $\frac{(b_1t + b_2)^2}{4b_1} + \frac{(b_1t + b_2)D_0}{4b_1e_0} < h \leq \frac{(b_1t + b_2)b_2}{2b_1}$时，$2hb_1 - b_2(b_1t + b_2) \leq 0$，$4hb_1 - (3b_2 - b_1t)(b_1t + b_2) \leq 0$，则 $p^c \geq p^{RSd} \geq$

$p^{MSd} \geq p^0$。即供应商减排投资情形下，当 D_0，b_2 和 h 满足上述条件③时，集中决策下产品零售价格大于分散决策下产品价格。当 $b_1 t < b_2 < b_1 t + \frac{D_0}{2e_0}$ 且 $h > \frac{(b_1 t + b_2)^2}{4b_1} + \frac{(b_1 t + b_2)D_0}{4b_1 e_0}$ 或者当 $b_2 \geq b_1 t + \frac{D_0}{2e_0}$ 且 $h > \frac{(3b_2 - b_1 t)(b_1 t + b_2)}{4b_1}$ 时，$p^c < p^0$，集中决策的低碳产品零售价格低于供应商不进行减排投资下的非低碳产品零售价格，说明存在一定条件，集中决策可实现“低碳低价”。这是由于，供应商减排投资诱导低碳偏好消费者增加需求，抵消产生的成本，进而提高供应链企业利润。证毕。

3.5　供应商减排投资下的供应链协调

3.5.1　供应商主导下的减排投资成本分摊协调

供应链企业承担碳减排成本的同时获得减排带来的收益，才能持续保持减排的积极性。因此，供应商减排投资给零售商带来更多收益的情况下，零售商可以通过分摊供应商减排成本来激励供应商进行减排投资。假设零售商分摊制造商的减排投资成本比例为 $\lambda(0 < \lambda < 1)$，用上标 ^{SD} 标识供应商主导下零售商实施减排投资成本分摊策略，供应链的决策时序如图 3－4 所示，供应商和零售商的利润函数如下：

$$\Pi_R(p,\lambda) = (p - w)D(p,e_\Delta) - \lambda h e_\Delta^2 \tag{3.21}$$

$$\Pi_S(e_\Delta,w) = (w - (c_0 - te_\Delta))D(p,e_\Delta) - (1 - \lambda) h e_\Delta^2 \tag{3.22}$$

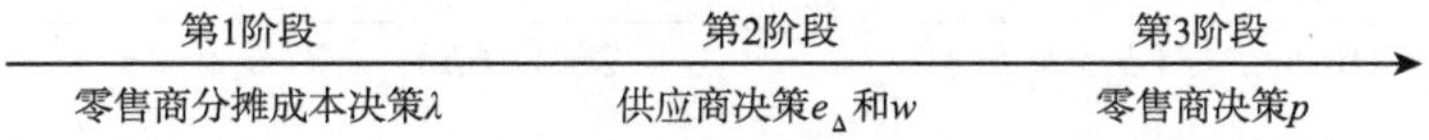

图 3－4　减排成本分摊契约下的供应链决策时序

供应商先决策单位产品的减排量 e_Δ 和产品批发价格 w，然后零售商根据自身利润最大化的一阶条件，得到产品零售价格反应函数为 $p(w,e_\Delta) = \frac{b_1 w + b_2 e_\Delta + a}{2b_1}$，将其代入式（3.22）中有：

$$\max_{e_\Delta, w}\Pi_S = -\frac{1}{2}b_1w^2 + \left(\frac{1}{2}b_2t - (1-\lambda)h\right)e_\Delta^2 + \frac{1}{2}[(b_2 - b_1t)w + at - b_2c_0]e_\Delta + \frac{1}{2}(a + b_1c_0)w - \frac{1}{2}ac_0 \quad (3.23)$$

对式（3.23）分别求关于 e_Δ 和 w 的一阶偏导如下：

$$\begin{aligned}\frac{\partial\Pi_S}{\partial e_\Delta} &= [b_2t - 2(1-\lambda)h]e_\Delta + \frac{1}{2}(b_2 - b_1t)w + \frac{1}{2}(at - b_2c_0)\\ \frac{\partial\Pi_S}{\partial w} &= -b_1w + \frac{1}{2}(b_2 - b_1t)e_\Delta + \frac{1}{2}(a + b_1c_0)\end{aligned} \quad (3.24)$$

根据供应商减排成本对其批发价的影响，有 $b_2 > b_1t$。二阶条件有 $\frac{\partial^2}{\partial w^2}\Pi_S = -b_1 < 0$，$\frac{\partial^2}{\partial e_\Delta\partial w}\Pi_S = \frac{1}{2}(b_2 - b_1t) > 0$，$\frac{\partial^2}{\partial e_\Delta^2}\Pi_S = b_2t - 2h(1-\lambda) < 0$，则 $\lambda < 1 - \frac{(b_1t + b_2)^2}{8hb_1}$ 时，Hessian 矩阵负定，存在唯一最优决策，供应商关于 λ 的反应函数 $e_\Delta(\lambda) = \frac{(b_1t + b_2)(a - b_1c_0)}{8hb_1(1-\lambda) - (b_1t + b_2)^2}$，$w(\lambda) = \frac{[4h(1-\lambda) - t(b_1t + b_2)](a - b_1c_0)}{8hb_1(1-\lambda) - (b_1t + b_2)^2} + c_0$。进一步得到 $p(\lambda) = \frac{[6h(1-\lambda) - t(b_1t + b_2)](a - b_1c_0)}{8hb_1(1-\lambda) - (b_1t + b_2)^2} + c_0$，以及 $\max_{\lambda}\Pi_R(\lambda) = \frac{[4hb_1(1-\lambda)^2 - \lambda(b_1t + b_2)^2]h(a - b_1c_0)^2}{[8hb_1(1-\lambda) - (b_1t + b_2)^2]^2}$。根据其一阶条件，可得零售商利润最大化的成本分摊比例 $\lambda^{SD} = \frac{(b_1t + b_2)^2}{16hb_1}$。进一步，可得成本分摊契约下的最优减排量、批发价格和零售价格分别为：

$$e_\Delta^{SD} = \frac{2(b_1t + b_2)D_0}{16hb_1 - 3(b_1t + b_2)^2},\quad w^{SD} = \frac{[16hb_1 - (5b_1t + b_2)(b_1t + b_2)]D_0}{2b_1[16hb_1 - 3(b_1t + b_2)^2]} + c_0,$$

$$p^{SD} = \frac{[48hb_1 - (11b_1t + 3b_2)(b_1t + b_2)]D_0}{4b_1[16hb_1 - 3(b_1t + b_2)^2]} + c_0。$$

由 $e_\Delta^{SD} < e_0$，得 $h > \frac{3(b_1t + b_2)^2}{16b_1} + \frac{(b_1t + b_2)D_0}{8b_1e_0}$。综合分析减排投资成本分摊的实行条件为 $b_2 > b_1t$ 且 $h > \frac{3(b_1t + b_2)^2}{16b_1} + \frac{(b_1t + b_2)D_0}{8b_1e_0}$。

产品的市场需求和供应链企业的利润分别为：

$$D^{SD}=\frac{[16hb_1-(b_1t+b_2)^2]D_0}{4[16hb_1-3(b_1t+b_2)^2]},\ \Pi_R^{SD}=\frac{[16hb_1+(b_1t+b_2)^2]D_0^2}{16b_1[16hb_1-3(b_1t+b_2)^2]},$$

$$\Pi_S^{SD}=\frac{[16hb_1-(b_1t+b_2)^2]D_0^2}{8b_1[16hb_1-3(b_1t+b_2)^2]},\ \Pi_{SC}^{SD}=\frac{[48hb_1-(b_1t+b_2)^2]D_0^2}{16b_1[16hb_1-3(b_1t+b_2)^2]}。$$

定理 3.5 供应商主导低碳供应链情形下，通过实施成本分摊契约，产品的减排量和供应链利润都能提高，但无法消除“双重边际化”现象。

证明：在 $b_2>b_1t$ 且 $h>\frac{(b_1t+b_2)^2}{4b_1}+\frac{(b_1t+b_2)D_0}{4b_1e_0}$ 条件下，比较供应商减排投资下的集中决策与供应商主导供应链成本分摊最优决策有：

$$e_\Delta^{SD}=\frac{2[4hb_1-(b_1t+b_2)^2]}{16hb_1-3(b_1t+b_2)^2}e_\Delta^c,$$

$$D^{SD}=\frac{[4hb_1-(b_1t+b_2)^2][16hb_1-(b_1t+b_2)^2]}{8hb_1[16hb_1-3(b_1t+b_2)^2]}D^c,$$

$$\Pi_{SC}^{SD}=\frac{[4hb_1-(b_1t+b_2)^2][48hb_1-(b_1t+b_2)^2]}{16hb_1[16hb_1-3(b_1t+b_2)^2]}\Pi_{SC}^c。$$

其中，$\frac{2[4hb_1-(b_1t+b_2)^2]}{16hb_1-3(b_1t+b_2)^2}<\frac{1}{2}$，$\frac{[4hb_1-(b_1t+b_2)^2][16hb_1-(b_1t+b_2)^2]}{8hb_1[16hb_1-3(b_1t+b_2)^2]}<\frac{1}{2}$，$\frac{[4hb_1-(b_1t+b_2)^2][48hb_1-(b_1t+b_2)^2]}{16hb_1[16hb_1-3(b_1t+b_2)^2]}<\frac{3}{4}$，即，零售商减排成本分摊的效果为减排量和市场需求小于供应链集中决策下的 1/2，供应链总利润小于集中决策下的 3/4。这些结果表明，在供应商主导情形下，零售商减排成本分摊不能实现供应链协调。

在供应商主导供应链情形下，比较分散决策与零售商减排成本分摊决策有：

$$e_\Delta^{SD}-e_\Delta^{MSd}=\frac{(b_1t+b_2)^3D_0}{[8hb_1-(b_1t+b_2)^2][16hb_1-3(b_1t+b_2)^2]}>0,$$

$$w^{SD}-w^{MSd}=\frac{(b_2-b_1t)(b_1t+b_2)^3D_0}{2b_1[8hb_1-(b_1t+b_2)^2][16hb_1-3(b_1t+b_2)^2]}>0,$$

$$p^{SD}-p^{MSd}=\frac{(3b_2-b_1t)(b_1t+b_2)^3D_0}{4b_1[8hb_1-(b_1t+b_2)^2][16hb_1-3(b_1t+b_2)^2]}>0,$$

$$D^{SD}-D^{MSd}=\frac{(b_1t+b_2)^4D_0}{4[8hb_1-(b_1t+b_2)^2][16hb_1-3(b_1t+b_2)^2]}>0,$$

$$\Pi_R^{SD}-\Pi_R^{MSd}=\frac{(b_1t+b_2)^6D_0^2}{16b_1[8hb_1-(b_1t+b_2)^2]^2[16hb_1-3(b_1t+b_2)^2]}>0,$$

$$\Pi_S^{SD}-\Pi_S^{MSd}=\frac{(b_1t+b_2)^4D_0^2}{8b_1[8hb_1-(b_1t+b_2)^2][16hb_1-3(b_1t+b_2)^2]}>0,$$

$$(\Pi_R^{SD}-\Pi_R^{MSd})-(\Pi_S^{SD}-\Pi_S^{MSd})=\frac{-(b_1t+b_2)^4D_0^2}{16b_1[8hb_1-(b_1t+b_2)^2]^2}<0,$$

$$\Pi_{SC}^{SD}-\Pi_{SC}^{MSd}=\frac{[16hb_1-(b_1t+b_2)^2](b_1t+b_2)^4D_0^2}{16b_1[8hb_1-(b_1t+b_2)^2][16hb_1-3(b_1t+b_2)^2]}>0。$$

综合可得 $e_\Delta^c>e_\Delta^{SD}>e_\Delta^{MSd}$，$D^c>D^{SD}>D^{MSd}$，$\Pi_{SC}^c>\Pi_{SC}^{SD}>\Pi_{SC}^{MSd}$，$\Pi_R^{SD}>\Pi_R^{MSd}$，$\Pi_S^{SD}>\Pi_S^{MSd}$，$\Pi_R^{SD}-\Pi_R^{MSd}<\Pi_S^{SD}-\Pi_S^{MSd}$，即零售商分摊供应商减排成本能改善低碳供应链绩效，但是不能消除“双边际化效应”使减排量和供应链利润达到最优。同时，$w^{SD}>w^{MSd}$，$p^{SD}>p^{MSd}$，表明零售商分摊减排成本导致低碳产品的批发价与零售价都提高，所以低碳供应链难以实现协调。

进一步，比较供应商减排投资且实施成本分摊下的决策与不减排投资且分散决策，可得 $\Pi_R^{SD}-\Pi_R^{MS0}=\Pi_S^{SD}-\Pi_S^{MS0}=\frac{(b_1t+b_2)^2D_0^2}{4b_1[16hb_1-3(b_1t+b_2)^2]}$，即在成本分摊契约下，供应商投资减排带来的收益在供应商和零售商之间平均分配。证毕。

3.5.2 供应商主导下的成本分摊—数量折扣契约

为消除零售商“搭便车”且同时实现供应链协调，下面设计基于成本分摊的数量折扣机制，即零售商按照比例 λ 分摊减排成本，供应商提供产品批发价按照订购量进行折扣。此时，产品批发价格 $w[D(p,e_\Delta)]=v-uD(p,e_\Delta)$，其中，$v$ 表示产品的最高批发价格，u 是产品批发价数量折扣系数，此模型用上标 QD 标识，决策时序如图 3－5 所示。供应链成员的利润函数分别如下：

$$\Pi_R(p,\lambda)=[p-(v-uD(p,e_\Delta))]D(p,e_\Delta)-\lambda he_\Delta^2 \tag{3.25}$$

$$\Pi_S(e_\Delta,v,u) = [v - uD(p,e_\Delta) - (c_0 - te_\Delta)]D(p,e_\Delta) - (1-\lambda)he_\Delta^2 \tag{3.26}$$

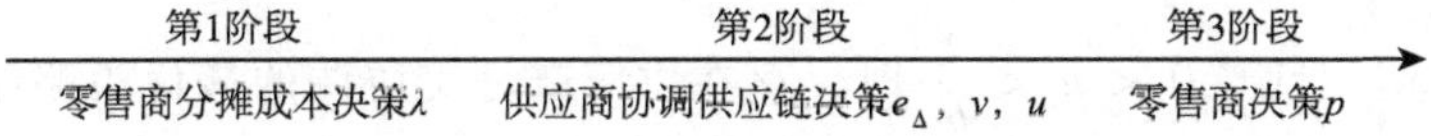

图3-5　成本分摊—数量折扣契约下的供应链决策时序

首先，求零售商的反应函数为：

$$p(v,u,e_\Delta) = \frac{1}{2}\frac{(a+b_2e_\Delta)(1-2b_1u)+b_1v}{b_1(1-b_1u)} \tag{3.27}$$

满足前提条件 $b_1u-1<0$，即 $0<u<\frac{1}{b_1}$，零售商利润函数关于 p 的二阶偏导小于零，零售商利润存在最优值。

其次，供应商选择合适的 e_Δ、v 和 u 进行利润最大化：

$$\max_{e_\Delta,v,u}\Pi_{SC} = -\frac{[a-b_1v+b_2e_\Delta-2(1-b_1u)(D_0+b_1t+b_2)](a-b_1v+b_2e_\Delta)}{4b_1(1-b_1u)^2} - he_\Delta^2 \tag{3.28}$$

判断 Hessian 矩阵负定，根据一阶条件得供应商利润最大化的反应函数：

$$e_\Delta(v,u) = \frac{b_1^2v[b_2u-t(1-b_1u)]+(1-b_1u)[a(b_1t+b_2)-b_1b_2c_0]-ab_1b_2u}{4hb_1(1-b_1u)^2-b_2^2(1-2b_1u)-2b_1b_2t(1-b_1u)}$$

$$v(e_\Delta,u) = [(b_1t+b_2)u-t]e_\Delta + D_0u + c_0$$

联立 $e_\Delta(v,u)$ 和 $v(e_\Delta,u)$，求出供应商的最优决策分别为：

$$e_\Delta^{QD} = \frac{(b_1t+b_2)D_0}{4hb_1-(b_1t+b_2)^2} = e_\Delta^c$$

$$v^* = \frac{[4hb_1u^*-t(b_1t+b_2)]D_0}{4hb_1-(b_1t+b_2)^2} + c_0 \tag{3.29}$$

最后，将式（3.12）代入式（3.10）可得：

$$p^{QD} = \frac{[2h-t(b_1t+b_2)]D_0}{4hb_1-(b_1t+b_2)^2} + c_0 = p^c \tag{3.30}$$

则有 $D^{QD} = \frac{2hb_1D_0}{4hb_1-(b_1t+b_2)^2} = D^c$，$w^{QD} = \frac{[2hb_1u^*-t(b_1t+b_2)]D_0}{4hb_1-(b_1t+b_2)^2} +$

c_0，$p^{QD} > w^{QD} > c_0 - te_\Delta$。

总结上述求解过程及结果，得到下面的定理3.6。

定理3.6 在供应商主导供应链下，基于成本分摊的数量折扣机制可以实现完美协调，且当 $0 < u < \frac{1}{b_1}$ 时，存在供应链完美协调的最优策略组合（v^*，u^*），且满足 $v^* = \frac{[4hb_1u^* - t(b_1t + b_2)]D_0}{4hb_1 - (b_1t + b_2)^2} + c_0$。

定理3.7 供应商可通过调整数量折扣系数来调整供应链剩余利润的分配。若减排成本分摊比例固定，供应商获得供应链剩余利润随着数量折扣系数的增大而增大。

证明：将式（3.12）和式（3.13）分别代入式（3.8）和式（3.9）得零售商和供应商各自的利润：

$$\Pi_R^{QD} = \frac{4h^2b_1(1 - b_1u^*)D_0^2}{[4hb_1 - (b_1t + b_2)^2]^2} - \lambda h(e_\Delta^{QD})^2$$
$$\Pi_S^{QD} = \frac{[4hb_1^2u^* - (b_1t + b_2)^2]hD_0^2}{[4hb_1 - (b_1t + b_2)^2]^2} + \lambda h(e_\Delta^{QD})^2 \tag{3.31}$$

在此契约可行并且保证供应链的稳定性原则上，需要满足约束条件 $\begin{cases}\Pi_R^{QD} \geqslant \Pi_R^{MSd} \\ \Pi_S^{QD} \geqslant \Pi_S^{MSd}\end{cases}$，即数量折扣契约下，数量折扣系数 u 的满足条件：

$$\frac{[16hb_1 - (b_1t + b_2)^2][4hb_1 - (b_1t + b_2)^2]^2}{32h^2b_1^3[16hb_1 - 3(b_1t + b_2)^2]} + \frac{(b_1t + b_2)^2}{4hb_1^2} - \left(\frac{4hb_1 - (b_1t + b_2)^2}{2hb_1D_0}\right)^2\lambda h(e_\Delta^{QD})^2 \leqslant u^* \leqslant$$
$$\frac{1}{b_1}\left(1 - \frac{[16hb_1 + (b_1t + b_2)^2][4hb_1 - (b_1t + b_2)^2]^2}{64h^2b_1^2[16hb_1 - 3(b_1t + b_2)^2]}\right) - \left(\frac{4hb_1 - (b_1t + b_2)^2}{2hb_1D_0}\right)^2\lambda h(e_\Delta^{QD})^2$$

为了方便表示，记 $\underline{A} = \frac{[16hb_1 - (b_1t + b_2)^2][4hb_1 - (b_1t + b_2)^2]^2}{32h^2b_1^3[16hb_1 - 3(b_1t + b_2)^2]} + \frac{(b_1t + b_2)^2}{4hb_1^2}$，$\overline{A} = \frac{1}{b_1}\left(1 - \frac{[16hb_1 + (b_1t + b_2)^2][4hb_1 - (b_1t + b_2)^2]^2}{64h^2b_1^2[16hb_1 - 3(b_1t + b_2)^2]}\right)$，$B =$

$\left(\frac{4hb_1-(b_1t+b_2)^2}{2hb_1D_0}\right)^2$，则相应的数量折扣系数的上下界与中值可表示为 $u_L=\underline{A}-B\lambda h(e_{\Delta}^{QD})^2$，$u_U=\overline{A}-B\lambda h(e_{\Delta}^{QD})^2$，$u_M=\frac{\underline{A}+\overline{A}}{2}-B\lambda h(e_{\Delta}^{QD})^2$。且两者之差为一个固定的数值为 $u_U-u_L=\frac{[(8hb_1)^2-(b_1t+b_2)^4+4hb_1(b_1t+b_2)^2][4hb_1-(b_1t+b_2)^2]}{64h^2b_1^3[16hb_1-3(b_1t+b_2)^2]}$。

当 $0<\lambda<1$ 时，$u_L>0$ 始终成立，即零售商设定某一成本分摊比例，能够激励供应商实施数量折扣机制来实现供应链协调。

根据数量折扣系数的表现形式，将其改为 $u^*=X-B\lambda h(e_{\Delta}^{QD})^2(\underline{A}\leqslant X\leqslant\overline{A})$，则零售商给予供应商的转移支付为 $\lambda he_{\Delta}^2+w(D(p,e_{\Delta}))D(p,e_{\Delta})=\frac{X}{B}+\frac{2hb_1D_0}{4hb_1-(b_1t+b_2)^2}\left(c_0-\frac{t(b_1t+b_2)D_0}{4hb_1-(b_1t+b_2)^2}\right)$，可见，数量折扣系数越大，转移支付越大，则零售商利润越小，供应商利润越大，因此可得出如下结论：

（1）当 $u^*=u_L$，供应商利润最小 $\Pi_S^{QD}=\Pi_S^{MSd}$，零售商独享供应链剩余利润 $\Pi_{SC}^c-\Pi_{SC}^{MSd}$，利润最大。

（2）当 $u^*=u_U$，零售商利润最小 $\Pi_R^{QD}=\Pi_R^{MSd}$，供应商独享供应链剩余利润 $\Pi_{SC}^c-\Pi_{SC}^{MSd}$，利润最大。

（3）当 $u^*=u_M$，$\Pi_R^{QD}-\Pi_R^{MSd}=\Pi_S^{QD}-\Pi_S^{MSd}>0$，供应链剩余利润 $\Pi_{SC}^c-\Pi_{SC}^{MSd}$ 由零售商和供应商平分。

（4）当 $u_L<u^*<u_M$，$\Pi_R^{QD}-\Pi_R^{MSd}>\Pi_S^{QD}-\Pi_S^{MSd}>0$，零售商享受到的供应链剩余利润大于供应商得到的分配额。

（5）当 $u_M<u^*<u_U$，$\Pi_S^{QD}-\Pi_S^{MSd}>\Pi_R^{QD}-\Pi_R^{MSd}>0$，供应商享受到的供应链剩余利润大于零售商得到的分配额。证毕。

3.5.3 基于Nash博弈的协调策略

考虑零售商与供应商之间进行Nash讨价还价合作博弈（Nash Bargaining Game，用 B 标识改模型）。当 $b_2>b_1t$ 且 $h>\frac{(b_1t+b_2)^2}{4b_1}+\frac{(b_1t+b_2)D_0}{4b_1e_0}$ 时，供

应商和零售商都以供应链整体利润最大化为目标进行合作决策，即供应商确定减排量，零售商决策低碳产品销售价格，实现协调的供应链剩余利润按照 Nash 讨价还价博弈，由供应链双方共同决策批发价格进行分配。将 e_{Δ}^{c} 和 p^{c} 带入利润函数式（3.1）和式（3.2）中，利润关于 w 的函数分别为：

$$\Pi_R(w)=\frac{2hb_1D_0}{4hb_1-(b_1t+b_2)^2}\left(-w+\frac{(2h-t(b_1t+b_2))D_0}{4hb_1-(b_1t+b_2)^2}\right)$$

$$\Pi_S(w)=\frac{hb_1D_0}{4hb_1-(b_1t+b_2)^2}\left(2w+\frac{(b_1^2t^2-b_2^2)a-[8hb_1-(b_1t+3b_2)(b_1t+b_2)]b_1c_0}{4hb_1-(b_1t+b_2)^2}\right) \tag{3.32}$$

在 Nash 讨价还价博弈下，合作决策问题为求解 $\max\limits_{w}\Pi_B=\max\limits_{w}\Pi_R\Pi_S$。对式（3.32）求二阶条件有 $\frac{\partial^2}{\partial w^2}\Pi_B=-\frac{8h^2b_1^2D_0^2}{[4hb_1-(b_1t+b_2)^2]^2}<0$，则批发价格 w^B 存在极大值。求解一阶条件得到：

$$w^B=\frac{[4hb_1-(3b_1t-b_2)(b_1t+b_2)]D_0}{4b_1[4hb_1-(b_1t+b_2)^2]}+c_0 \tag{3.33}$$

将式（3.16）代入式（3.15）可得到 $\Pi_R^B=\frac{hD_0^2}{2[4hb_1-(b_1t+b_2)^2]}$ 和 $\Pi_S^B=\frac{hD_0^2}{2[4hb_1-(b_1t+b_2)^2]}$，即零售商和供应商平分供应链利润。

定理 3.8 当 $b_2>b_1t$ 且 $h>\frac{(b_1t+b_2)^2}{4b_1}+\frac{(b_1t+b_2)D_0}{4b_1e_0}$ 时，基于 Nash 讨价还价博弈的合作决策，零售商和供应商平均分配供应链利润，实现碳减排量和供应链利润最优。

证明：与分散决策结果比较，合作下产品减排量提高，零售商利润 Π_R^B 等于供应商 Π_S^B。但是，$\Pi_S^B>\Pi_S^{MSd}$，$\Pi_R^B=\Pi_R^{MSd}$，即合作使供应商利润得以改善且完全占有供应链剩余利润，零售商利润保持不减。证毕。

实际上，大型零售企业往往通过收取制造商通道费来调节供应链的利润分配。通道费是指供应商为了让零售商代理销售产品而事先支付零售商一次性费用。就本合作模型而言，设定一次性通道费 T 在 $\left(0,\frac{[4h^2b_1^2+4hb_1(b_1t+b_2)^2-(b_1t+b_2)^4]hD_0^2}{2[4hb_1-(b_1t+b_2)^2][6hb_1-(b_1t+b_2)^2]^2}\right)$ 区间内，供应商和零售商的利润都能提高。

3.6　数值算例分析

下面通过数值算例来验证理论结果，进一步讨论减排投资成本系数、需求对减排敏感性系数对低碳供应链减排决策的影响。考虑模型参数相对大小关系，结合理论条件并反复试算调试参数合理取值，算例的基本参数取值为 $a=20000$，$b_1=10$，$e_0=10$，$e_{cap}=9$，$t=40$，$c=400$，则 $c_0=440$，$D_0=15600$。记 $b_{21}=b_1t=400$，$b_{22}=b_1t+\frac{D_0}{2e_0}=1180$，$b_{23}=b_1t+\frac{D_0}{e_0}=1960$，将 $b_2\geqslant b_{23}$ 的低碳产品市场划分为消费者高敏感度市场，$b_{22}<b_2<b_{23}$ 的市场划分为消费者中敏感度市场，$b_{21}<b_2<b_{22}$ 的市场则为消费者低敏感度市场。又记 $h_1=\frac{(b_1t+b_2)^2}{8b_1}+\frac{(b_1t+b_2)D_0}{8b_1e_0}$，$h_2=\frac{(b_1t+b_2)^2}{4b_1}+\frac{(b_1t+b_2)D_0}{8b_1e_0}$，$h_3=\frac{(b_1t+b_2)^2}{4b_1}+\frac{(b_1t+b_2)D_0}{4b_1e_0}$，$h_4=\frac{(b_1t+b_2)b_2}{2b_1}$，$h_5=\frac{(3b_2-b_1t)(b_1t+b_2)}{4b_1}$，$h_6=\frac{3(b_1t+b_2)^2}{16b_1}+\frac{(b_1t+b_2)D_0}{8b_1e_0}$。

如图 3-6～图 3-9，绘制出以 h 和 b_2 变量为平面坐标，以减排量、零售价格、市场需求和供应链利润为纵坐标的三维立体图。

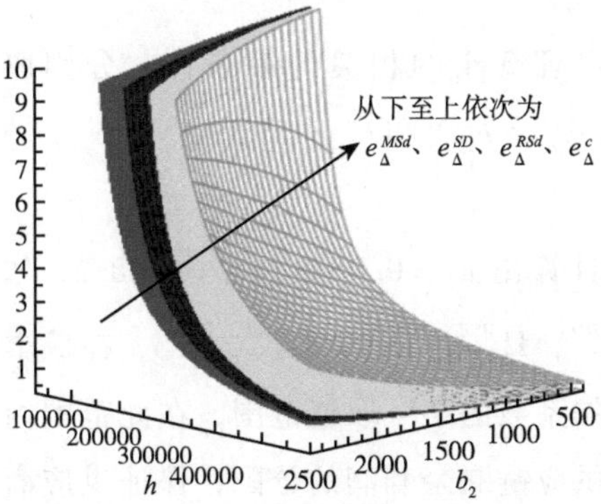

图 3-6　减排量

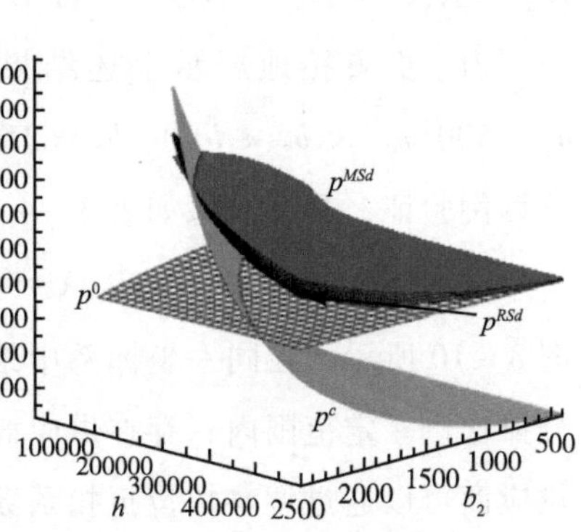

图 3-7　零售价

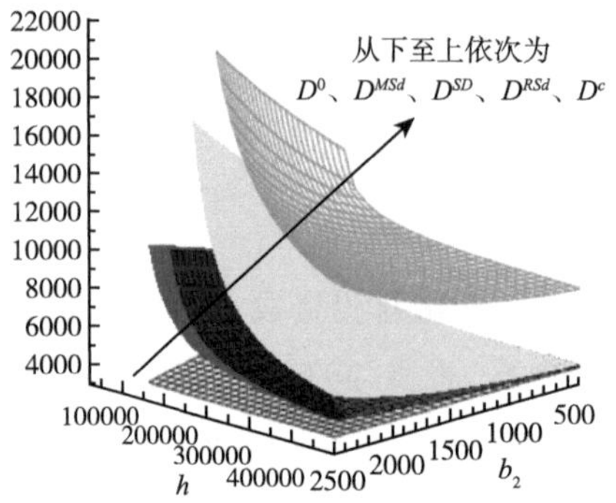

图 3-8 市场需求

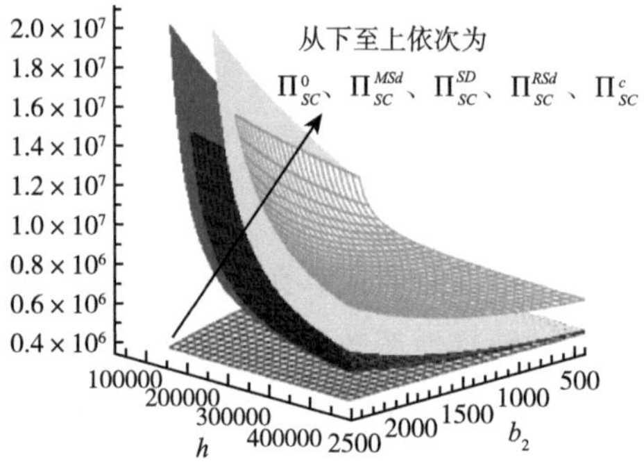

图 3-9 供应链利润

图 3-6 验证结论 $e_\Delta^c > e_\Delta^{RSd} > e_\Delta^{SD} > e_\Delta^{MSd}$，可见供应链主导力量和合理减排成本会影响到供应商减排投资的积极性。

图 3-7 验证定理 3.4，在 b_2 和 h 满足一定条件下，集中决策下的低碳产品零售价格低于不减排投资的普通产品零售价格的结论得到验证。记 $h \leqslant h_4$ 为低水平投资，$h > h_4$ 为高水平投资。低水平投资且高敏感度市场下，协调下低碳产品零售价格大于不协调下的零售价格。这是因为消费者对产品减排量的高度敏感迫使供应商投资减排，但供应商低水平投资使消费者支付了高额费用，低碳供应链协调利润的大幅增长来自于对消费者剩余的攫取，消费者福利受损。低水平投资且中高敏感度市场上，协调供应链下产品零售价格低于不协调下的产品零售价。高水平投资下，高水平投资不仅提升供应链的经济和环境绩效，还能实现"低碳低价"。

图 3-8 和图 3-9 分别验证理论结果 $D^c > D^{RSd} > D^{SD} > D^{MSd} > D^0$ 和 $\Pi_{SC}^c > \Pi_{SC}^{RSd} > \Pi_{SC}^{SD} > \Pi_{SC}^{MSd} > \Pi_{SC}^0$。

为了更直接地展示上述结果，根据定理 3.4 的相关约束条件，分别取 $b_2 = 500(b_{21} < b_2 < b_{22})$，$b_2 = 1500(b_{22} < b_2 < b_{23})$ 和 $b_2 = 2500(b_2 > b_{23})$ 进行算例验证，具体结果如表 3-4 所示。

取 $b_2 = 500$，$h = 6 \times 10^4$，$\lambda = 0.0844$，计算出 $u_L = 0.0578$，$u_U = 0.0812$。如图 3-10 所示，在同一坐标系中绘制出 Π_R^{QD}，Π_R^{MSd}，Π_S^{QD}，Π_S^{MSd}，Π_{SC}^c。在成本分摊比例一定范围内，存在供应商数量折扣系数的某一取值范围，在此范围内供应商可以通过调整数量折扣系数来进行供应链剩余利润的分配，保证供应商和零售商利润的改善，从而激励供应商减排合作。

表 3-4 不同减排投资成本系数下的利润、减排量、价格和需求数据

($h \times 10^4$，利润 $\times 10^6$，价格 $\times 10^3$，需求 $\times 10^3$)

h	类型	Π_R	Π_S	Π_{SC}	e_Δ	w	p	D	说明
0	MS0	1.521	3.042	4.563	0	1.22	1.61	3.9	
0	RS0	3.042	1.521	4.563	0	0.83	1.61	3.9	
$b_2 = 500, h_1 = 2.768, h_2 = 3.780, h_3 = 5.535, h_6 = 3.274$									
3.0 $h_1 < h < h_6$	MSd	3.465	4.592	8.057	8.830	1.264	1.853	5.887	仅达到 MSd 条件
3.5 $h_6 < h < h_2$	MSd	3.011	4.280	7.291	7.055	1.255	1.804	5.487	达到 MSd 和 SD 条件 $\lambda = 0.145$
	SD	3.076	4.597	7.672	8.858	1.264	1.854	5.893	
4.0 $h_2 < h < h_3$	MSd	2.727	4.073	6.800	5.874	1.249	1.772	5.222	达到 MSd， SD 和 RSd 条 件 $\lambda = 0.127$
	SD	2.762	4.283	7.046	7.073	1.255	1.805	5.491	
	RSd	6.161	3.081	9.242	8.886	0.874	1.654	7.899	
6.0 $h > h_3$	MSd	2.201	3.660	5.861	3.519	1.238	1.707	4.692	达到 MSd， SD，RSd 和 协调条件 $\lambda = 0.0844$
	SD	2.208	3.729	5.938	3.916	1.240	1.718	4.781	
	QD			9.183	8.830		1.264	11.774	
	RSd	4.592	2.296	6.888	4.415	0.852	1.632	5.887	
	B	4.592	4.592	9.183	8.830	0.874	1.264	11.774	
$b_2 = 1500, h_1 = 8.218, h_2 = 12.730, h_3 = 16.435, h_5 = 19.475, h_6 = 10.474$									
9.0 $h_1 < h < h_6$	MSd	6.118	6.101	12.219	8.256	1.674	2.456	7.822	仅达到 MSd 条件
11.0 $h_6 < h < h_2$	MSd	4.373	5.158	9.531	5.711	1.534	2.195	6.613	达到 MSd 和 SD 条件 $\lambda = 0.205$
	SD	4.765	6.286	11.051	8.756	1.702	2.508	8.059	
15.0 $h_2 < h < h_3$	MSd	3.111	4.351	7.462	3.533	1.414	1.972	5.578	达到 MSd， SD 和 RSd 条 件 $\lambda = 0.150$
	SD	3.189	4.710	7.898	4.501	1.468	2.071	6.038	
	RSd	7.637	3.818	11.455	6.201	1.171	1.951	9.791	
18.0 $h_3 < h < h_5$	MSd	2.709	4.060	6.769	2.747	1.371	1.892	5.205	达到 MSd， SD，RSd 和 协调条件 $\lambda = 0.125$
	SD	2.743	4.264	7.007	3.299	1.401	1.948	5.467	
	QD			12.202	8.256		1.674	15.643	
	RSd	6.101	3.050	9.151	4.128	1.057	1.837	7.822	
	B	6.101	6.101	12.202	8.256	1.284	1.674	15.643	

续表

h	类型	Π_R	Π_S	Π_{SC}	e_Δ	w	p	D	说明
20.0 $h > h_5$	MSd	2.536	3.928	6.465	2.392	1.352	1.855	5.036	$\lambda = 0.113$
	SD	2.558	4.079	6.638	2.280	1.374	1.897	5.230	
	QD			11.087	6.752		1.591	14.214	
	RSd	5.544	2.772	8.315	3.376	1.016	1.796	7.107	
	B	5.544	5.544	11.087	6.752	1.201	1.591	14.214	
$b_2 = 2500, h_1 = 16.168, h_2 = 26.680, h_3 = 32.335, h_4 = 36.250, h_5 = 51.475, h_6 = 21.424$									
21.0 $h_1 < h < h_6$	MSd	6.099	6.091	12.190	5.392	1.786	2.567	7.809	仅达到 MSd 条件
25.0 $h_6 < h < h_2$	MSd	4.529	5.249	9.779	3.903	1.630	2.303	6.730	达到 MSd 和 SD 条件 $\lambda = 0.210$
	SD	4.985	6.506	11.491	6.126	1.863	2.697	8.341	
30.0 $h_2 < h < h_3$	MSd	3.605	4.683	8.288	2.902	1.525	2.125	6.003	达到 MSd，SD 和 RSd 条件 $\lambda = 0.175$
	SD	3.768	5.289	9.057	3.974	1.637	2.315	6.781	
	RSd	10.168	5.084	15.252	6.301	1.492	2.272	13.036	
35.0 $h_3 < h < h_4$	MSd	3.107	4.348	7.455	2.309	1.462	2.020	5.574	达到 MSd，SD，RSd 和协调条件 $\lambda = 0.150$
	SD	3.184	4.705	7.889	2.941	1.529	2.132	6.032	
	QD			15.237	8.093		2.070	19.535	
	RSd	7.619	3.809	11.428	4.047	1.255	2.035	9.767	
	B	7.619	7.619	15.237	8.093	1.680	2.070	19.535	
40.0 $h_4 < h < h_5$	MSd	2.799	4.126	6.925	1.918	1.421	1.950	5.290	$\lambda = 0.131$
	SD	2.841	4.362	7.202	2.334	1.465	2.024	5.592	
	QD			12.825	5.960		1.846	16.443	
	RSd	6.413	3.206	9.619	2.980	1.143	1.923	8.221	
	B	6.413	6.413	12.825	5.960	1.456	1.846	16.443	
55.0 $h > h_5$	MSd	2.325	3.761	6.086	1.271	1.353	1.836	4.822	$\lambda = 0.0956$
	SD	2.336	3.857	6.193	1.441	1.371	1.866	4.945	
	QD			9.849	3.329		1.570	12.627	
	RSd	4.925	2.462	7.388	1.664	1.005	1.785	6.313	
	B	4.925	4.925	9.849	3.329	1.180	1.570	12.627	

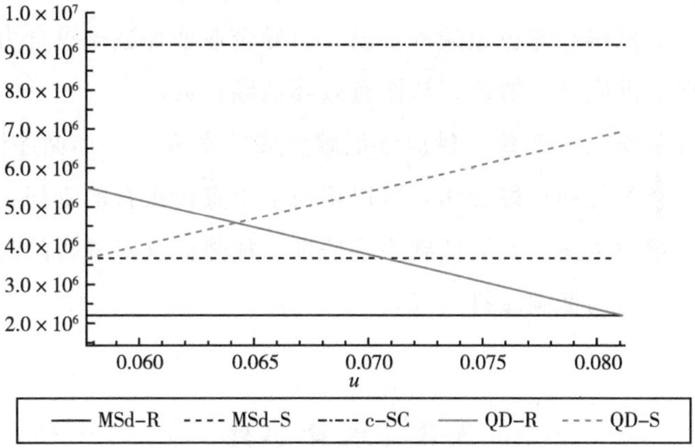

图 3-10 供应商主导供应链分散决策和数量折扣协调利润

3.7 管理启示

早在2011年，国家发改委就开始碳交易试点，全国碳交易市场已在2021年年底启动建设。目前我国碳交易市场正处于不断完善阶段，预计全国碳交易市场的成熟还需要相当长的时间。碳交易市场实际上是政府为了以较低成本实现减排目标而创建的一种市场工具，即是一种由政府创造并由市场运作的制度。根据研究得出供应商的较高减排投资不仅提升了供应链的经济和环境绩效，还能实现“低碳低价”等研究结论。总结启示和建议如下：

（1）对于企业，通过识别和挖掘消费者对低碳产品的偏好，进行精准低碳营销，可以提高消费者对低碳产品的喜好程度。同时，积极关注国家和本省市对碳排放的限制和碳交易市场的政策，为参与全国碳市场做好准备。尽管当前全国碳交易市场存在许多不确定性，但企业不能袖手旁观。企业正处在发展低碳经济的时代背景下，应尽早关注并尝试参与碳交易市场。

（2）对于政府，积极发挥领导作用，大力倡导绿色低碳理念，引导企业实施低碳生产和营销，鼓励个人采用低碳消费方式。可以通过价格补贴机制直接对购买低碳产品进行补贴，从而促进低碳消费意识的形成。政府还应给予减排投资企业有力的支持，可以通过落实财税优惠政策、设立专项基金、发展低碳技术风险投资机构和绿色金融等手段，引导企业增加减排投资力度，构建低碳供应链，促进供应链的协调，从而有效降低碳排放。

(3) 对于社会公益组织，供应链低碳发展的实现是一个循序渐进的过程，需要多主体广泛参与和良好合作。可以积极承担宣传教育的责任，大力倡导社会对碳排放问题的关注，开展低碳主题培训，加强公众对减排的意识，以促进更多企业和个人参与低碳减排实践。

3.8 本章小结

本章建立一个 Stackelberg 博弈模型，分析供应商和零售商分别处于供应链核心地位，研究供应商主导型和零售商主导型的供应链减排投资决策，探讨在供应商主导下的减排投资成本分摊协调策略、供应商主导下的成本分摊—数量折扣协调策略，以及基于 Nash 讨价还价的协调策略。通过这些研究，可以更好地解析供应链中减排投资的决策过程，并提出协调策略，以确保供应链中各方的利益最大化。主要结论包括：

(1) 在考虑消费者对低碳产品的偏好以及供应链企业的利润实现条件的前提下，供应商会进行减排投资。然而，在零售商和供应商之间存在力量不平衡的情况下，双方在分散决策中的利润增量是不同的，这导致双方在各自主导的供应链结构中享有不同的利润。总体而言，零售商主导的低碳供应链的绩效要优于供应商主导的低碳供应链。也就是说，零售商主导的供应链能够实现更高的减排量、更大的市场需求和更高的供应链总利润。

(2) 人们普遍认为，低碳产品通常价格较高，因为减排企业将碳减排成本转嫁给消费者。然而，根据本章定理 3.4，特定条件下集中决策，低碳产品的零售价格低于供应商在分散决策下不进行减排投资时的零售价格。也就是说，通过协调决策，低碳产品的协调价格可以降低到低于非低碳产品的价格。这一结果有助于改变人们对“低碳即高价”普遍认知，为低碳供应链合作减排提供了一种新解释。

（3）针对供应商主导的供应链，成本分摊契约可以改善供应链的绩效，但无法实现低碳供应链的协调。为了解决这个问题，本书基于参与约束和激励相容约束，设计了一种零售商分摊减排投资—数量折扣的契约，实现了低碳供应链的完美协调，相比于单一的批发价契约和成本分摊契约，供应链的绩效有所改善。对于供应商来说，基于成本分摊的数量折扣契约在提高自身利润的同时，自由分配供应链的剩余利润给供应链成员。对于零售商来说，分摊减排成本可以增加供应商投资减排的积极性，改善低碳产品的减排量和市场需求，进而提高自身的利润。此外，零售商可以通过契约约束，促使供应商提供数量折扣协调契约。同时，数量折扣系数越大，供应商的利润越大。

（4）对于零售商主导的供应链，可以采用 Nash 讨价还价博弈模型，通过供应商和零售商的共同决策批发价格来实现供应链的减排合作和利润分配。供应商和零售商可以协商决定批发价格，以达到减排的目标并优化双方的利润，还可以通过协商确定批发价格和通道费，使得供应商和零售商都能从中受益，并实现供应链的减排目标。

第4章

零售商持股供应商减排投资决策与协调策略研究

与前面基于减排投资成本分摊的供应链减排合作策略不同，本章探讨零售商持股供应商的减排投资这一持股合作策略。通过引入股权投资合作策略，探索供应链合作减排的创新模式，以促进供应链减排合作。

4.1 问题型描述

据世界资源研究所（World Resources Institute，WRI）和世界工商业务委员会（World Business Council for Sustainable Development，WBCSD）共同开发的《温室气体核算体系》（称为 GHG Protocol）关于企业碳排放来源划分，主要包括企业自身运营产生的直接排放（范围 1）、企业外购能源带来的间接排放（范围 2）、来自企业价值链上下游的其他间接排放（范围 3）。2024 年 5 月，英特尔发布了《2023～2024 年度企业社会责任报告》介绍，相对于 2019 年，英特尔通过减排项目和采购可再生电力，将范围 1、范围 2 排放减少了 43%。制造业企业进行范围 1、范围 2 的减排，往往需要新购减排技术设备、绿色能用等，带来减排投资压力，导致自愿减排积极性降低，阻碍供应链的低碳发展。如何化解核心企业制造商的减排投资成本压力并促进供应链协调成为供应链低碳发展的重要问题。

供应商（制造企业）投资减排效应会沿着供应链向上下游传递，产生积极的外部效应，有益于零售商实现实现市场目标。但是，供应商的减排成本难以直接转移给零售商，从而导致供应商减排投资受限，达不到供应链协调的程度。来自供应链上游企业间持股合作的实践案例启发了本书提出零售商持股供应商减排投资的构想。例如，2007 年，格力空调供应链上核心经销商格力电器购买持有了格力集团 10% 股权。实际上，股权合作能使追求共同目标的供应链上企业形成稳健的合作关系，是现代企业治理的重要抓手。因此，零售商持股供应商减排投资情形下，需要回答下列问题：（1）集中与分散决策模式下的供应链企业均衡决策及对应的利润水平如何？（2）零售商持股供应商的决策阈值及持股对供应链的影响是什么？（3）如何达到供应链完美协调？对此，本章将零售商持股供应商减排投资合作策略引入推动供应链减排合作场景分析中，构建零售商持股供应商减排投资的供应链决策模型，分析集中与分散模式下供应链企业的最优决策及利润，讨论企业间股权投资合作形成的条件并探讨实施持股策略对供应链企业减排决策及供应链利润的影响，进一步提出一种供应链减排合作协调模式。

4.2　模型、假设及符号定义

建立一个低碳产品供应商和一个零售商构成的两级供应链模型，供应商是主导者，零售商是跟随者，供应商和零售商之间的信息完全对称且他们都是风险中性的理性决策者，即根据自身利润最大化进行主从博弈决策。在自愿减少环境负担意识和政府碳交易政策的推动下，供应商作为具有重要社会责任的主体，积极采取低碳减排策略来改善产品的环境影响。表 4－1 汇总模型符号及定义，进一步假设如下：

假设 4.1：供应商生产普通产品的单位成本为 c，并投资产品减排且产品减排投资变动成本为 $I(\theta_b) = k\theta_b^2/2$，其中，$\theta_b$ 为碳减排量，k 表示减排难度系数，也可理解为供应商减排的能力系数，k 足够大，即减排投资成本高且减排成本随减排量的增加而加速增大，减排成本是边际递增的。此外，供应商减排还投入固定成本为 V，代表重要减排设备和技术的投入。供应链以批发价 w_b 向零售商提供低碳产品。

假设4.2：消费具有低碳偏好属性。低碳产品的市场需求为$D(p,\theta_b) = a - bp_b + \alpha\theta_b$。其中，$a$表示产品潜在市场需求规模，参数$b$、$\alpha$分别表示消费者对低碳产品市场价格$p_b$和碳减排量$\theta_b$的敏感性系数，且$0<b$，$\alpha<1$。

假设4.3：政府最初免费分配给供应商的碳排放权配额为E_g，配额在只能履约期内使用，供应商需要在碳交易市场中以单价t出售（购买）多余（不足）的碳排放权配额；产品初始单位碳排放量为e_0，制造商投资减排后单位产品碳排放为$e_0-\theta_b$，碳排放总量记为$E_{0b} = (e_0-\theta_b)D(p_b,\theta_b)$。若$E_g - E_{0b} > 0$，表示供应商可出售碳排放权配额，否则，供应商则要购买碳排放权配额。

假设4.4：供应商投资减排增加了产品市场需求，但却带来零售商“搭便车”现象。零售商作为受益者为激励供应商进行碳减排并促进企业间协调关系，对供应商减排投资固定成本V进行持股，用于供应商碳减排固定投入（购置减排设备、减排技术等），参考文献［139］关于供应链企业间持股比例不超过50%的阐述，设定零售商的持股比例为ρ，此时股权投资成本为$T(\rho) = \rho V/(1-\rho)$。此外，当持股比例大于50%时，持股公司将控股被持股公司使其不再具有自主决策权，因此，后面设定持股比例$\rho<50\%$。

表4-1　模型符号及定义

符号	定义
E_g	政府分配的免费碳配额总量
e_0	单位产品初始碳排量
t	单位碳配额交易价格
c	单位产品生产成本
k	减排难度系数
V	减排投资固定成本
I	减排投资变动成本
ρ	持股比例

续表

符号	定义
a	产品的潜在需求规模
b	需求关于价格的敏感性系数
α	需求关于减排量的敏感性系数
w_b	单位低碳产品批发价格
θ_b	单位产品减排量
p_b	单位低碳产品市场价格
D	低碳产品市场需求
$\prod_{Mb}$	供应商的利润
$\prod_{Rb}$	零售商的利润
下标 M，R	分别标识供应商和零售商
上标 0，N，Y	分别标识不减排、不持股和持股的情形
上标 C，D	分别标识供应链集中决策和分散决策情况

4.3　供应商减排投资且零售商持股模型

4.3.1　集中决策与分散决策模型

供应商自主减排投资情况下，零售商对供应商减排投资固定成本 V 进行持股，持股比例为 ρ 且成本为 $\rho V/(1-\rho)$，同时享有持股收益分红。供应链的博弈时序为，作为主导者的供应商先决定产品批发价格 w_b 和碳减排量 θ_b，然后，零售商决定产品市场价格 p_b、持股比例 ρ。

集中决策下，供应链的最优决策问题为：

$$\underset{p_b,\theta_b}{Max}\Pi_{SCb}^{YC}=(p_b-c)D(p_b,\theta_b)-\frac{k\theta_b^2}{2}t[(e_0-\theta_b)D(p_b,\theta_b)-E_g]-\frac{\rho V}{1-\rho} \tag{4.1}$$

定理 4.1　集中决策下，供应链的最优均衡决策为（p_b^{YC}，θ_b^{YC}），此时，低

碳产品需求为 D_b^{YC}，供应链最优利润为 Π_b^{YC}。

证明：对式（4.1）分别求关于 θ_b 和 p_b 的一阶、二阶偏导，得到 Π_b^{YC} 的海塞矩阵值 $|H|=2kb-(\alpha+bt)^2$，由于 $\frac{\partial^2\Pi_b^{YC}}{\partial P_b^2}=-2b<0$，故当 $|H|>0$ 时，*Hess* 矩阵呈负定性，供应链存在唯一均衡决策，即最优市场价格和碳减排量分别为 $p_b^{YC}=\frac{k(a+bc+bte_0)-(\alpha+bt)(at+\alpha c+\alpha te_0)}{2kb-(\alpha+bt)^2}$ 和 $\theta_b^{YC}=\frac{(\alpha+bt)(a-bc-bte_0)}{2kb-(\alpha+bt)^2}$。相应地，市场需求为 $D_b^{YC}=\frac{kb(a-bc-bte_0)}{2kb-(\alpha+bt)^2}$，供应链的利润为 $\Pi_{SCb}^{YC}=\frac{(a-bc-bte_0)^2}{2[2kb-(\alpha+bt)^2]}+tE_g-\frac{\rho V}{1-\rho}$。证毕。

分散决策下，供应商和零售商从自身利润最大化目标出发进行决策，供应商和零售商的最优决策问题为：

$$\begin{aligned}\underset{W_b,\theta_b}{Max}\Pi_{Mb}^{YD}=\Pi_M^0+(1-\rho)[&(w_b-c)D(p_b,\theta_b)-(w^0-c)D^0\\&+t(e_0D^0-e_0D(p_b,\theta_b)+\theta_bD(p_b,\theta_b))-k\theta_b^2/2)]\end{aligned}\tag{4.2}$$

$$\begin{aligned}s.t.\ \underset{p_b}{Max}\Pi_{Rb}^{YD}=\rho[&(w_b-c)D(p_b,\theta_b)-(w^0-c)D^0+t(e_0D^0-e_0D(p_b,\theta_b)\\&+\theta_bD(p_b,\theta_b))-k\theta_b^2/2]-\frac{\rho V}{1-\rho}+(p_b-w)D(p_b,\theta_b)\end{aligned}\tag{4.3}$$

目标函数式（4.2）表示供应商自行减排时其最大化决策利润函数，表示零售商对供应商减排投资固定成本进行持股并享有减排利润分红，分红比例与投资比例相等。Π_M^0、w_0、D^0 分别表示供应商不减排下的利润、批发价和需求。供应商进行减排投资后，其利润变化量为 $(w_b-c)D(p_b,\theta_b)-(w^0-c)D^0+t[e_0D^0-e_0D(p_b,\theta_b)+\theta_bD(p_b,\theta_b)]-k\theta_b^2/2$，其中 $(w_b-c)D(p_b,\theta_b)-(w^0-c)D^0$ 表示供应商销售利润的变化量，$t[e_0D^0-e_0D(p_b,\theta_b)+\theta_bD(p_b,\theta_b)]$ 表示供应商出售碳排放权收入（或购买碳排放权支出），$k\theta_b^2/2$ 是减排投资变动成本。式（4.3）表示零售商利润函数，由三部分构成，第一部分是持股分红收入，第二部分是股权成本，第三部分是销售利润。

定理 4.2 分散决策下，供应商减排投资且零售商持股，供应商和零售商的最优策略为（w_b^{YD}，θ_b^{YD}）和 p_b^{YD}，此时产品的需求为 D_b^{YD}，供应商和零售商的利润分别为 Π_{Mb}^{YD} 和 Π_{Rb}^{YD}。

证明：首先，根据定理4.1将Π_M^0、w_0、D^0分别代入式（4.2）、式（4.3）中。采用逆向归纳法对式（4.3）关于p_b求二阶偏导得$\frac{\partial^2 \Pi_{Mb}^{YD}}{\partial p_b^2} = -2b<0$，令$\frac{\partial \Pi_{Mb}^{YD}}{\partial p_b}=0$得到零售商最优的市场价格反应函数$p^*(w_b,\theta_b)=\frac{a+\rho bc+\rho bte_0+(\alpha-\rho bt)\theta_b+(1-\rho)bw_b}{2b}$。将其代入式（4.2）分别对$w_b$、$\theta_b$求偏导，得到$\Pi_{Mb}^{YD}$的Hess矩阵行列式$|H|=4kb(1-\rho)-(\alpha+bt)^2$，由于$\frac{\partial^2 \Pi_{Mb}^{YD}}{\partial w_b^2}=-b(1-\rho)^2<0$，当$4kb(1-\rho)-(\alpha+bt)^2>0$时，Hess矩阵呈负定性，此时，供应商存在唯一的最优批发价格$w_b^{YD}=\frac{2k[a+(1-2\rho)(bc+bte_0)]-(\alpha+bt)(at+\alpha c+\alpha te_0)}{4kb(1-\rho)-(\alpha+bt)^2}$和碳减排量$\theta_b^{YD}=\frac{(\alpha+bt)(a-bc-bte_0)}{4kb(1-\rho)-(\alpha+bc)^2}$，市场价格、需求量、供应商和零售商利润分别为$p_b^{YD}=\frac{k(1-\rho)(3a+bc+bte_0)-(\alpha+bt)(at+\alpha c+\alpha te_0)}{4kb(1-\rho)-(\alpha+bt)^2}$、$D_b^{YD}=\frac{kb(1-\rho)(a-bc-bte_0)}{4kb(1-\rho)-(\alpha+bt)^2}$、$\Pi_{Mb}^{YD}=\frac{(a-bc-bte_0)^2[4kb(1-\rho)(4kb(1-\rho^2)-(1+2\rho)(\alpha+bt)^2))+\rho(\alpha+bt)^4]}{8b[4kb(1-\rho)-(\alpha+bt)^2]^2}+tE_g$和$\Pi_{Rb}^{YD}=\frac{(a-bc-bte_0)^2[4kb(1-2\rho)(2kb(1-\rho^2)+\rho(\alpha+bt)^2)-\rho(\alpha+bt)^4]}{8b[4kb(1-\rho)-(\alpha+bt)^2]^2}-\frac{\rho V}{1-\rho}$。证毕。

4.3.2 零售商持股决策及影响

推论4.1 分散决策下，供应商减排投资且零售商持股，当零售商持股比例ρ小于阈值$\bar{\rho}$时，供应商减排及供应链上下游企业间的交易才会发生。

证明：结合假设条件，确保供应商利润函数*Hess*矩阵呈负定性且供应链决策变量有意义，零售商持股后利润增加等约束，则零售商持股比例ρ要满足条件：

$$
s.t.\begin{cases}
4kb(1-\rho)-(\alpha+bt)^2>0\\
2k[a+(1-2\rho)(bc+bte_0)]-(\alpha+bt)(at+\alpha c+\alpha te_0)]>0\\
k(1-\rho)(3a+bc+bte_0)-(\alpha+bt)(at+\alpha c+\alpha te_0)>0\\
\dfrac{(a-bc-bte_0)^2[8k^2b^2(1-2\rho)(1-\rho)^2+4\rho kb(1-2\rho)(\alpha+bt)^2-\rho(\alpha+bt)^4]}{8b[4kb(1-\rho)-(\alpha+bt)^2]^2}\\
\quad -\dfrac{\rho V}{1-\rho}-\dfrac{k^2b(a-bc-bte_0)^2}{[4kb-(\alpha+bt)^2]^2}>0\\
0<\rho<1/2
\end{cases}
$$

化简得到 $\max(0,\underline{\rho_4})<\rho<\min(\rho_1,\rho_2,\rho_3,\overline{\rho_4},1/2)$。记 $\bar{\rho}=\min(\rho_1,\rho_2,\rho_3,\overline{\rho_4},1/2)$，其中，$\rho_1=1-\dfrac{(\alpha+bt)^2}{4kb}$，$\rho_2=\dfrac{2k(a+bc+bte_0)-(\alpha+bt)(at+\alpha c+\alpha te_0)}{4kb(te_0+c)}$，$\rho_3=1-\dfrac{(\alpha+bt)(at+\alpha c+\alpha te_0)}{k(3a+bc+bte_0)}$。由于 $\underline{\rho_4}$ 和 $\overline{\rho_4}$ 难以用表达式具体表示，后面会通过数值算例进行分析说明。证毕。

推论 4.2 分散决策下，供应商减排投资且零售商持股，产品减排量 θ_b^{YD} 与碳交易价格 t 有如下关系：

①当 $0<e_0<\dfrac{a-bc}{2\sqrt{kb(1-\rho)}-\alpha}$，$0<t<\bar{t}$ 时，θ_b^{YD} 随 t 的升高而增加；

②当 $\dfrac{a-bc}{2\sqrt{kb(1-\rho)}-\alpha}<e_0$，$0<t<\min(t_1,\bar{t})$ 时，θ_b^{YD} 随 t 的升高而增加；

③当 $\dfrac{a-bc}{2\sqrt{kb(1-\rho)}-\alpha}<e_1$，$t_1<t<\max(t_1,\bar{t})$ 时，θ_b^{YD} 随 t 的升高而减少。

其中，$t_1=\dfrac{4kbe_0(1-\rho)-B\alpha-2\sqrt{kb(1-\rho)[4kbe_0^2(1-\rho)-B^2]}}{Bb}$，$B=a-bc+\alpha e_0$。

证明：易得 $\dfrac{\partial\theta_b^{YD}}{\partial t}=\dfrac{Bb^3t^2+2b^2[B\alpha-4kbe_0(1-\rho)]t+Bb\alpha^2+4kb^2(1-\rho)(a-bc-\alpha e_0)}{[4kb(1-\rho)-(\alpha+bc)^2]^2}$。

记 $f_1(t)=Bb^3t^2+2b^2[B\alpha-4kbe_0(1-\rho)]t+Bb\alpha^2+4kb^2(1-\rho)(a-bc-\alpha e_0)$。由于 $Bb^3t^2>0$，$f_1(t)$ 是关于 t 开口向上的一元二次函数，且 $f_1(t)$ 判别式 $\Delta_{f_1(t)}=16kb^5(1-\rho)[4kbe_0^2(1-\rho)-B^2]$。故当 $e_0>\dfrac{a-bc}{2\sqrt{4kb(1-\rho)}-\alpha}$ 时，$\Delta_{f_1(t)}>0$，

方程 $f_1(t)$ 有两个不同的根，分别为：

$$t_1 = \frac{4kbe_0(1-\rho) - B\alpha - 2\sqrt{kb(1-\rho)[4kbe_0^2(1-\rho) - B^2]}}{Bb},$$

$$t_1' = \frac{4kbe_0(1-\rho) - B\alpha - 2\sqrt{kb(1-\rho)[4kbe_0^2(1-\rho) - B^2]}}{Bb}。$$

根据假设可知，$t_1' > \bar{t}$（证明略），故对其不予考虑，其中，$\bar{t}$ 为碳交易价格上界。因此，当 $0 < t < t_1$ 时，$f_1(t) > 0$，即 $\frac{\partial \theta_b^{YD}}{\partial t} > 0$；当 $t > t_1$ 时，$f_1(t) < 0$，即 $\frac{\partial \theta_b^{YD}}{\partial t} < 0$。结合推论 4.1 的结果有，$0 < t < \min(t_1, \bar{t})$ 时，θ_b^{YD} 随 t 的升高而增加；$t_1 < t < \max(t_1, \bar{t})$ 时，θ_b^{YD} 随 t 的升高而减少。当 $e_0 < \frac{a - bc}{2\sqrt{kb(1-\rho)} - \alpha}$ 时，$\Delta_{f_1(t)} < 0$，此时 $f_1(t)$ 的图像与横坐标轴无交点。故只要 t 满足 $0 < t < \bar{t}$，都有 $f_1(t) > 0$，即 $\frac{\partial \theta_b^{YD}}{\partial t} > 0$，此时 θ_b^{YD} 随 t 的升高而增加。证毕。

为联系实际讨论，将初始碳排放量较小$\left(即\ e_0 < \frac{a - bc}{2\sqrt{kb(1-\rho)} - \alpha}\right)$的制造企业称为清洁型供应商，初始碳排放较大的则称为污染型供应商。

据推论 4.2，如果供应商的初始碳排放量较低，则提高碳排放权交易价格会鼓励供应商减少碳排放。理性的供应商为了避免购买昂贵的碳排放权而增加自身的减排投资，会增加产品的碳减排量。相反，如果供应商的初始碳排放量较高，则降低碳排放权交易价格可以促使企业采用低碳生产方式，而提高碳排放权交易价格会削弱企业减排的积极性。因此，对于清洁型供应商而言，较高的碳交易价格能够鼓励它们投资于减排活动；而对于污染型供应商而言，较低的碳交易价格才能激励它们减少碳排放，而价格过高则会抑制企业的减排努力。这一现象也解释了为什么包括荷兰和英国在内的许多国家不开放碳交易市场，而是直接向碳排放企业征收碳税。碳税能够充分体现出企业“多排多付”的原则，具有一定的公平性，并通过政策强制性地促使污染型企业向环保型企业转型。针对中国制造业企业高能耗、高碳排较为普遍的现实问题，通过设计一种“累进”碳排放权价格机制，来诱导污染型供应商更多地减少排放。

推论 4.3 供应商减排投资且零售商持股，产品碳排放量得到提高，产品市场需求量增加同时带来供应商和零售商的利润都增加，零售商持股策略实现了供应链的帕累托改进。

证明：比较零售商持股前后的产品碳减排量、市场需求及供应链企业利润有：

$$\theta_b^{YD}-\theta_b^{ND}=\frac{4\rho kb(\alpha+bt)(a-bc-bte_0)}{[4kb-(\alpha+bt)^2][4kb(1-\rho)-(\alpha+bt)^2]}>0,$$

$$D_b^{YD}-D_b^{ND}=\frac{\rho kb(a-bc-bte_0)(\alpha+bt)^2}{[4kb-(\alpha+bt)^2][4kb(1-\rho)-(\alpha+bt)^2]}>0,$$

$$\Pi_{Mb}^{YD}-\Pi_{Mb}^{ND}=\frac{(a-bc-bte_0)^2\{16\rho(1-\rho)k^2b^2[4kb(1-\rho)-(2-\rho)(\alpha+bt)^2]\}}{8b[4kb-(\alpha+bt)^2][4kb(1-\rho)-(\alpha+bt)^2]^2}+$$

$$\frac{(a-bc-bte_0)^2\{\rho(\alpha+bt)^4[4kb(1-\rho)(1-2\rho)-(\alpha+bt)^2]\}}{8b[4kb-(\alpha+bt)^2][4kb(1-\rho)-(\alpha+bt)^2]^2}+V>0。$$

证毕。

当前，中国消费者对低碳环保的认识逐渐提升，然而在购买低碳产品时，价格仍然是他们考虑的重要因素之一。因此，消费者环保意识和价格敏感因子都是影响低碳产品的重要因素。例如，2017 年 4 ~ 5 月，我国碳交易价格在 20 元/吨 ~ 50 元/吨波动，当 $bt-3\alpha>0$ 时，$p_b^{YD}-p_b^{ND}=-\frac{\rho k(\alpha+bt)(bt-3\alpha)(a-bc-bte_0)}{[4kb-(\alpha+bt)^2][4kb(1-\rho)-(\alpha+bt)^2]}<0$，这说明零售商持股会带来低碳产品价格降低。但是，当消费者环保意识 α 增强到一定程度并使得 $bt-3\alpha<0$ 时，有 $p_b^{YD}-p_b^{ND}>0$，即，零售商持股后低碳产品价格上涨。这是因为，当消费者环保意识逐渐提高，即消费者愿意支付更高价格来购买低碳产品时，供应商会增加产品碳减排水平并提高低碳产品价格。

4.4 基于 Nash 讨价还价的供应链协调

零售商持股策略能起到供应链绩效的帕累托改进作用，但是无法实现供应链完美协调。本书进一步讨论 Nash 讨价还价策略分配供应链利润，实现供应链企业激励相容的同时达到完美协调。

第一步，如表4-2给出供应商和零售商的混合策略收益矩阵，表4-3给出混合策略下供应商和零售商的利润。

表4-2　　　　混合策略下供应商和零售商收益矩阵

		零售商	
		不持股	持股
供应商	不减排	(Π_M^{NN}, Π_R^{NN})	(Π_M^{NY}, Π_R^{NY})
	减排	$(\Pi_{Mb}^{YN}, \Pi_{Rb}^{YN})$	$(\Pi_{Mb}^{YY}, \Pi_{Rb}^{YY})$

注：右上标第一个字母N表示不减排，Y表示减排；第二个字母N表示不持股，Y表示持股。

表4-3　　　　混合策略下供应商和零售商的利润

混合决策＼利润		零售商	
		不持股	持股
供应商	不减排	$\Pi_M^{NN}=\frac{Z^2}{8b}+tE_g$ $\Pi_R^{NN}=\frac{Z^2}{16b}$	$\Pi_M^{NY}=\frac{Z^2}{8b}+tE_g$ $\Pi_R^{NY}=\frac{Z^2}{16b}-T$
	减排	$\Pi_{Mb}^{YN}=\frac{kZ^2}{2[4kb-(\alpha+bt)^2]}+tE_g-h_b-V$ $\Pi_{Rb}^{YN}=\frac{k^2bZ^2}{[4kb-(\alpha+bt)^2]^2}$	$\Pi_{Mb}^{YY}=\frac{Z^2[4kb(1-\rho)(4kb(1-\rho^2)-(1+2\rho)(\alpha+bt)^2]+\rho(\alpha+bt)^4]}{8b[4kb(1-\rho)-(\alpha+bt)^2]^2}+tE_g-h_b$ $\Pi_{Rb}^{YY}=\frac{Z^2[4kb(1-2\rho)(2kb(1-\rho)^2+\rho(\alpha+bt)^2)-\rho(\alpha+bt)^4]}{8b[4kb(1-\rho)-(\alpha+bt)^2]^2}-\frac{\rho V}{1-\rho}$

注：$Z=(a-bc-bte_0)^2$。

第二步，求解该双矩阵博弈的Nash均衡解，并以均衡解作为Nash讨价还价的初始参考点。供应商和零售商均无严格占优策略，设供应商的混合策略为$X=(x, 1-x)$，$x\in[0, 1]$，零售商的混合策略为$Y=(y, 1-y)$，$y\in[0, 1]$。由于$Q=\Pi_M^{NN}-\Pi_M^{NY}-\Pi_{Mb}^{YN}+\Pi_{Mb}^{YY}$，$q=\Pi_{Mb}^{YY}-\Pi_M^{NY}$，$R=\Pi_R^{NN}-\Pi_R^{NY}-\Pi_{Rb}^{YN}+\Pi_{Rb}^{YY}$，$r=\Pi_{Rb}^{YY}-\Pi_R^{NY}$，则$(X, Y)=((x, 1-x), (y, 1-y))$为Nash均衡，满足下面两个不等式组：

$$\begin{cases}x=0, & Qy<q\\ 0<x<1, & Qy=q,\\ x=1, & Qy>q\end{cases}\qquad \begin{cases}y=0, & Rx<r\\ 0<y<1, & Rx=r。\\ y=1, & Rx>r\end{cases}$$

将两个不等式组简单作图（此时假设 $Q>0$，$R<0$），如图 4－1 所示。

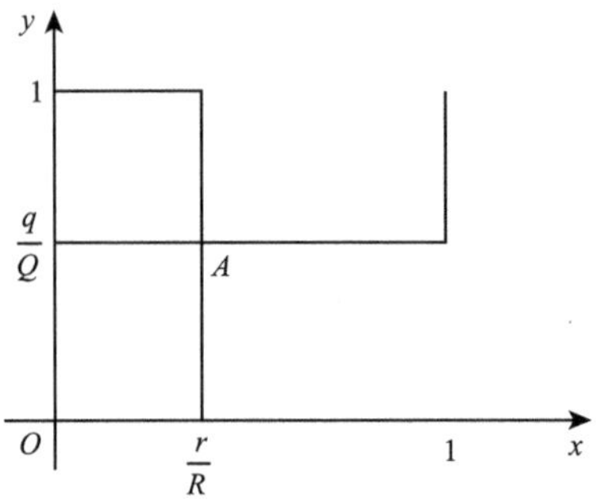

图 4－1　双矩阵博弈 Nash 均衡求解

图 4－1 表明，存在唯一点 $A\left(\frac{r}{R}, \frac{q}{Q}\right)$，同时满足两个不等式组，故该博弈的 Nash 均衡解为$\left(\left(\frac{r}{R}, \frac{R-r}{R}\right), \left(\frac{q}{Q}, \frac{Q-q}{Q}\right)\right)$，相应的均衡结果分别为：

$$u^* = \left(\frac{r}{R}, \frac{R-r}{R}\right)\begin{pmatrix} \Pi_M^{NN} & \Pi_M^{NY} \\ \Pi_{Mb}^{YN} & \Pi_{Mb}^{YY} \end{pmatrix}\left(\frac{q}{Q}, \frac{Q-q}{Q}\right),$$

$$v^* = \left(\frac{r}{R}, \frac{R-r}{R}\right)\begin{pmatrix} \Pi_R^{NN} & \Pi_R^{NY} \\ \Pi_{Rb}^{YN} & \Pi_{Rb}^{YY} \end{pmatrix}\left(\frac{q}{Q}, \frac{Q-q}{Q}\right)。$$

第三步，求解 Nash 讨价还价解 $(\bar{u}, \bar{v})$：

$$\begin{aligned} &\max g(u, v) = (u-u^*)(v-v^*) \\ &s.t.\ (u, v) \in S,\ u \geqslant u^* \end{aligned} \tag{4.4}$$

其中，S 为双矩阵围成的可达集。从可达集的帕累托边界求解式（4.4）的最优解，即为 Nash 讨价还价解 $(\bar{u}, \bar{v})$。

4.5　数值算例分析

下面通过数值算例对不同减排主体情形下零售商持股供应商减排投资决策的定理及推论进行验证，结合前提条件并反复试算，模型参数设定为 $a=200$，

$c=100$，$\alpha=0.4$，$b=0.6$。

4.5.1 零售商持股供应商减排投资的影响分析

考虑资金充足且技术研发能力强的大型供应商，该供应商选择自行购置减排设备和技术进行减排投资。污染型供应商和清洁型供应商分别用角标 H 和 L 标识，政府按供应商历史碳排放为其发放免费碳配额，假定 $E_{gH}=7000$，$E_{gL}=5000$。

（1）碳交易价格对碳减排量的影响分析。

取零售商持股比例 $\rho=0.2$，供应商减排难度系数 $k=0.5$，单位产品初始碳排放量 $e_0<185$ 记为清洁型供应商，$e_0\geqslant185$ 为污染型供应商。取 $e_{0L}=100$，$e_{0H}=250$。图 4－2 和图 4－3 分别绘制了零售商持股前与持股后碳交易价格 t 对清洁型和污染型供应商碳减排量的影响。结构表明，不论零售商是否持股，当碳交易价格上涨时，清洁型供应商的碳减排量会增加，而污染型供应商的碳减排量会先增加后减少（持股前后分别在 A 点和 B 点达到最大值）。因此，为了增加供应商单位产品的碳减排量，政府应该提高清洁型供应商的碳交易价格，同时降低污染型供应商的碳交易价格。这进一步验证了推论 4.2 的观点。此外，清洁型供应商单位产品碳减排量比污染型供应链要多，零售商对供应商持股后的碳减排量比持股前增多，说明零售商持股供应商投资减排提高了产品的绿色低碳水平。

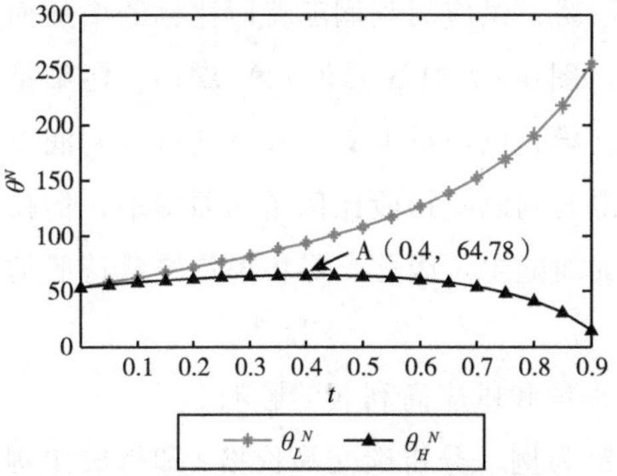

图 4－2　持股前 t 对碳减排量的影响

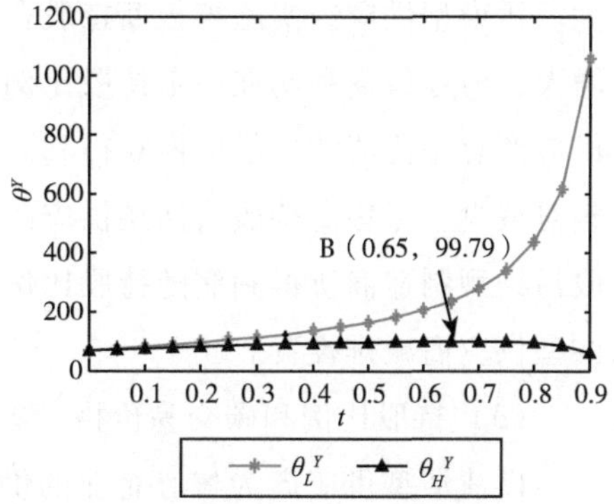

图 4－3　持股后 t 对碳减排量的影响

（2）持股比例对产品需求和供应链成员利润的影响。

取 $t_L=0.9$，$t_H=0.65$（该价格下供应商碳减排量最大），此时，清洁型供应链中零售商持股比例 $\rho_L<0.2637$，污染型供应链中零售商持股比例 $\rho_H<0.4799$，同取零售商持股比例 $\rho\leq 0.2$。结果表明（见图 4-4 及图 4-5），无论零售商是否持股，清洁型产品需求量均大于污染型产品。对于清洁型产品和污染型产品，零售商持股都能促进产品需求增长。这因为零售商持股带来产品碳减排量增加，从而激励消费者对低碳产品的需求。

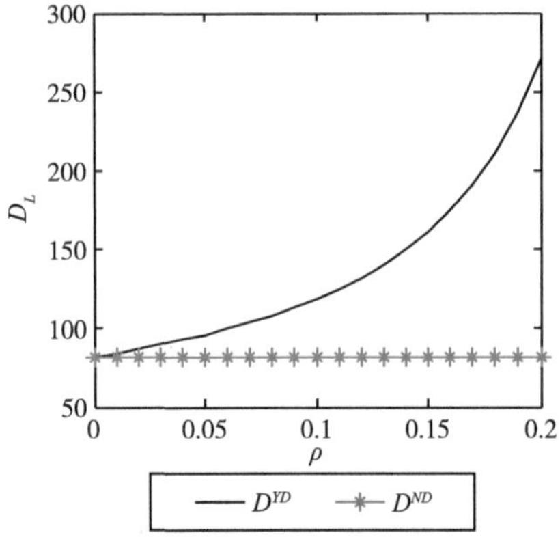

图 4-4 持股比例对清洁型产品需求影响

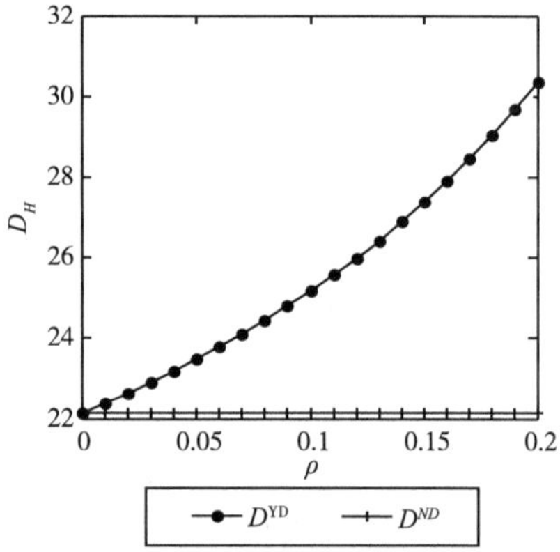

图 4-5 持股比例对污染型产品需求影响

图 4-6 和图 4-7 表明，清洁型供应链实施零售商持股合作策略，供应商和零售商利润都得到提高，且他们的利润都随着零售商持股比例的增加而增大。污染型供应链实施零售商持股合作策略，供应商利润随持股比例的增加而增大，但零售商利润在一定持股比例内（图 4-7 中 N 点所示）增加。污染型供应商总是比清洁型供应商获得利润少，导致供应链上其他成员获得的利润也相对减少。零售商持股清洁型供应商所得的利润随持股比例增加而增多，但持股污染型制造商所得利润随持股比例增加而减少。因此，零售商更愿意持股清洁型供应商减排投资。

（3）持股比例和碳交易价格对碳减排量和供应商利润的影响。

以清洁型供应商为核心企业的供应链为例，分析碳交易价格 t 和持股比例 ρ 共同作用下的碳减排量 θ、供应商利润 Π_M 和零售商利润 Π_R 变化趋势，如

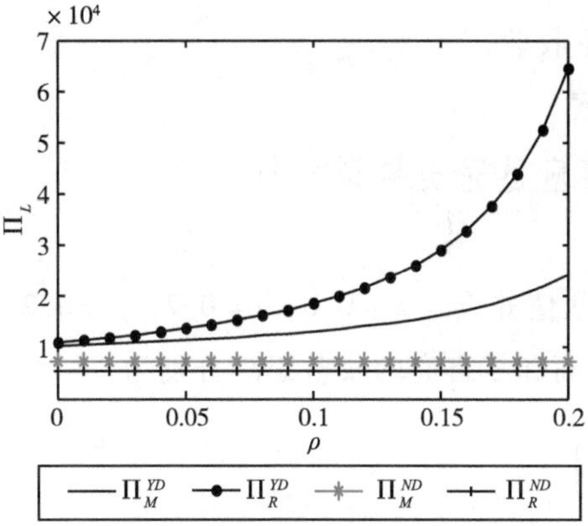

图 4－6　持股比例对清洁型供应链利润的影响

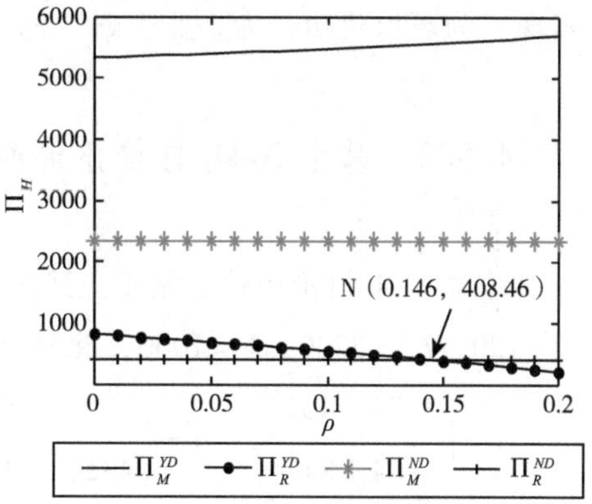

图 4－7　持股比例对污染型供应链利润的影响

图 4－8 和图 4－9 所示，当碳交易价格和持股比例中一个保持不变另一个增大时，碳减排量和供应商利润均增加；当碳交易价格和持股比例同时增加时，碳减排量和供应商利润均加速增加。当碳交易价格较低时，零售商利润随持股比例的增加而减少，碳交易价格较高时，零售商利润随持股比例增加而不断增大。

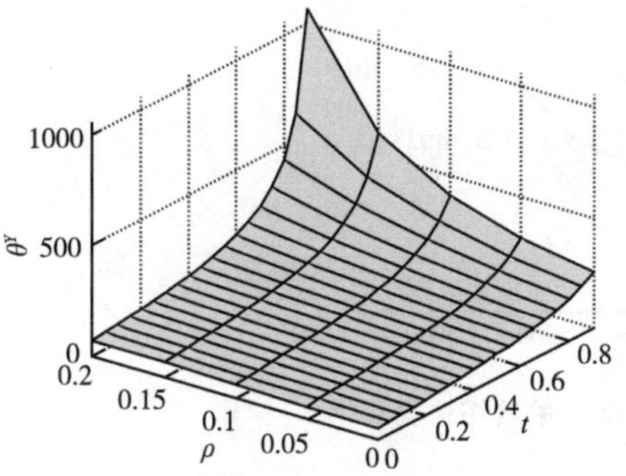

图 4－8　碳交易价格和持股比例对减排量的影响

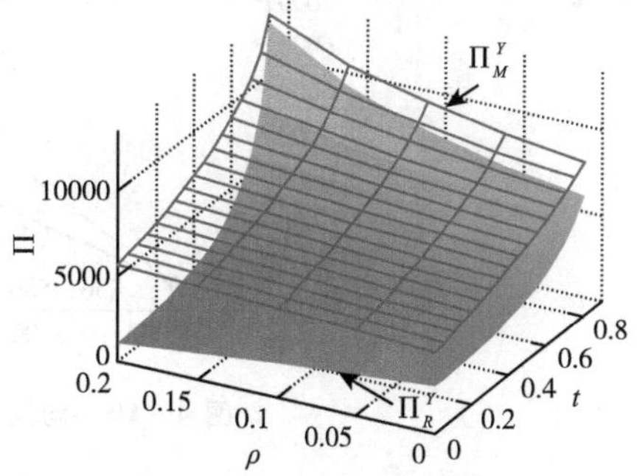

图 4－9　碳交易价格和持股比例对供应链利润的影响

根据上述结论，从生态效益和经济效益两个方面考虑，政府应该制定较高的碳交易价格。同时，政府和供应商可以通过向零售商提供补贴或减免税等方式来鼓励零售商增加持股比例，以提高产品的低碳水平和经济效益。这样可以实现“为环保建功，为企业生财”的双重收益。

4.5.2 基于 Nash 讨价还价的供应链完美协调分析

针对 Nash 讨价还价，基于上述参数数值并设定 $k=0.6$，$t=0.7$，$\rho=0.2$，$e_0=120$，$E_g=3000$，$V=1000$，此时供应商和零售商的收益矩阵分别为：

$$A=\begin{pmatrix}3773 & 4023\\ 4904 & 8464\end{pmatrix}\quad B=\begin{pmatrix}836 & 586\\ 4326 & 5678\end{pmatrix}$$

供应商的第一个策略（不减排）相对于第二个策略（减排）是严格劣策略，故供应商会选择减排策略。同时，理性的零售商会分析出供应商选择这一策略，所以他也会选择第二策略。此时，双方博弈的 Nash 均衡点为（(0，1)，(0，1)），对应的 Nash 均衡解为（8464，5678），记为（u^*，v^*）。如图 4－10 所示，双收益矩阵中（3773，4023），（4904，8464），（836，586）和（4326，5678）四个点围成可达集。

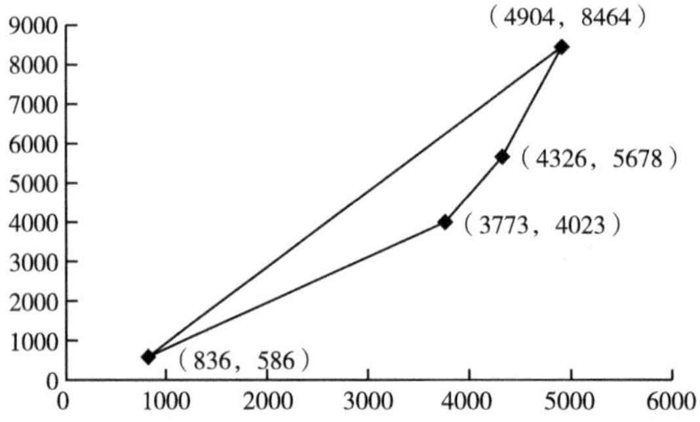

图 4－10 均衡解可达集和帕累托边界

图 4－10 表明，Nash 讨价还价均衡解不在可达集内，故两者同时选择第二策略（供应商减排投资，零售商对供应商减排投资持股）是其他策略组合的严格优策略，在该策略下供应商和零售商联盟决策时供应链的最优利润为 $\Pi_{SCb}^{YC}=86179$，供应商和零售商对盈利增量 $\Delta\Pi=\Pi_{SCb}^{YC}-(\Pi_{Mb}^{YC}+\Pi_{Rb}^{YC})=62037$ 进行分配谈判。假设零售商共有资产价值 60000 元，若其能分到盈利 y，则其增

加的效用为：

$$v(y) = c\ln(60000 + y) - c\ln(60000) = c\ln\frac{60000 + y}{60000} \tag{4.5}$$

其中，c 为一个大于 0 的常数，也可看作供应商的议价能力系数，c 越大，说明供应商的讨价还价能力越强，分配的盈利越多。假设供应商分得的盈利为 x，则其增加的效用为 $u(x) = x$，有 $x + y = 62037$。谈判的初始参考点为两企业均采取第二种策略时的均衡结果（8464，5678），则有：

$$\max g(u,v) = (u - 8464)(v - 5678) = (u - 8464)\left(c\ln\frac{122037 - u}{60000}5678\right) \tag{4.6}$$

则，可达集如图 4－11 中 S 所示，其中，S 帕累托边界 S^0（即右上曲线）为 $v(u) = c \cdot \ln\frac{122037 - u}{60000}$。

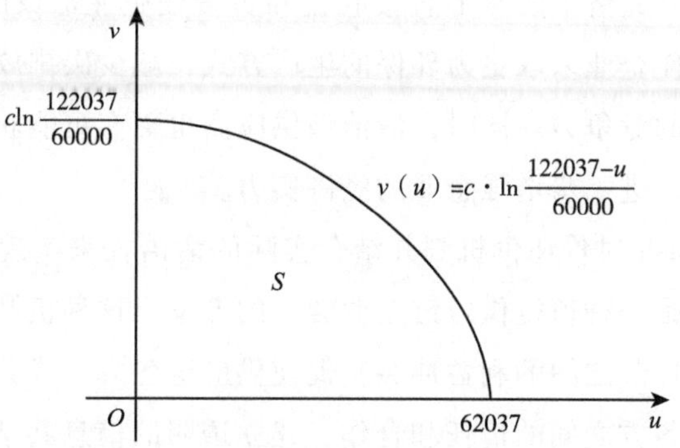

图 4－11　收益增量分配的可达集和帕累托边界

计算 $g(u,v)$ 在 S 中的极大值，得到 u 满足下式：

$$\ln\frac{122037 - u}{60000} - \frac{5678}{c} = \frac{u - 8464}{122037 - u}$$

在 c 合理范围内，供应商分配的盈利区间为［0，37477］，相应地，零售商分配的盈利区间为［0，24560］，供应链企业具体的盈利分配值在于其讨价还价能力因子 c 的大小。

4.6 管理启示

通过理论与算例分析，对比零售商持股供应商减排投资前后的最优决策和最优利润，总结如下三点管理启示。

（1）通过实施零售商持股策略，低碳供应链企业能够优化决策和利润，实现了供应链的帕累托改进。这证明在现实供应链减排中引入持股策略是值得尝试的。实践中，引入持股策略可以激发创新和改进，促进绿色低碳技术的应用和推广，持股策略鼓励供应链成员共同承担责任，提高合作意愿和效率，从而实现资源优化、减少浪费，以及降低碳排放等目标。

（2）供应链实施持股策略，污染型供应商相比于清洁型供应商，其最优决策和利润的优化程度较低。考虑到长远的发展角度，污染型供应商转型为清洁型供应商将带来经济上的有形直接收益和负责任企业形象的无形间接收益。这种转型可以促使企业采取更为环保的生产方式，减少碳排放和资源消耗，提高企业在市场中的竞争力。同时，清洁型供应商也更有可能获得政府补贴、减免税等激励措施，进一步增强企业的经济实力。

（3）采用 Nash 讨价还价机制并结合实际的话语权来实现供应链协调以及公平利润分配，是一种值得供应链企业尝试的方案。这种机制可以通过协商和讨价来解决不同环节之间的利益冲突，促使供应链各方达成共识。然而，具体的实施需要考虑各方之间的信任和合作，建立透明的信息共享机制，以便更好地评估各方的减排和持股决策，并确定最优的协商方案。

4.7 本章小结

在碳交易政策和消费者低碳偏好的背景下，本章研究了将股权合作策略引入低碳供应链中，以促进零售商和供应商在减排投资方面的合作。构建了一个供应链决策模型，分析供应链成员的最优决策和利润情况，探讨了企业间股权投资合作形成的条件，并深入探讨了实施持股策略对供应链企业减排决策和供应链绩效的影响。考虑了碳交易政策的影响，即碳交易价格对供应链企业减排量的影响。研究了实施 Nash 讨价还价协调机制后的持股低碳供应链的协调问题。本章的研究对于理解供应链企业间的股权合作对低碳发展的影响具有重要意义，为供应链成员提供了有针对性的决策支持，以实现可持续发展目标并同时追求经济效益。研究主要结论包括：

（1）供应链中理性的企业往往只会采取能够改善双方利润的决策和策略。因此，在考虑股权合作策略时，最基本也是最主要的条件就是持股后双方的利润能够得到改善。因此，只有当持股后双方的利润得到改善，供应链企业才会愿意参与股权合作策略。这种策略的实施将激励合作伙伴之间积极合作，实现共同利益的追求，并为整个供应链带来更好的发展和绩效。

（2）当碳交易价格上涨时，清洁型企业的碳减排量增加，而污染型企业的碳减排量减少。相反，当碳交易价格下跌时，清洁型企业的碳减排量减少，而污染型企业的碳减排量增加。为推动企业进行碳减排，一方面，政府可以考虑提高清洁型企业的碳价格，以激励它们进一步增加减排努力。通过提高碳价格，清洁型企业将更有动力采取更环保的措施和技术来减少碳排放，从而推动绿色发展和可持续经济增长。另一方面，政府可以降低污染型企业的碳价格，为污染型企业提供更多的经济激励，鼓励它们采取减排措施和技术创新。

（3）零售商持股供应链减排投资合作可以提高产品的减排量，增加低碳产品的市场需求量，并且对供应商和零售商的利润均有增加的效果。此外，持股合作还可以改进供应链决策和绩效，实现帕累托改进。同时，持股后低碳产品的价格也有所降低。这种持股合作模式有助于推动供应链企业向可持续发展的方向转型，促进经济与环境的协调发展。

（4）持股合作策略的实施改善了供应链决策和绩效，实现了帕累托改进。然而，尽管低碳供应链在某种程度上取得了协调，但仍存在双重边际效应。研究提出通过 Nash 讨价还价协调机制实现供应链协调。供应链中的企业双方根据他们的讨价还价能力来分配剩余利润。讨价还价能力越强的企业得到的利润越多，反之则越少。然而，并不会因为供应链双方的讨价还价能力差异而导致一方独占所有剩余利润，而另一方一无所获。供应链双方所能获得的利润都有一定的范围，体现了公平分配的原则。

第 5 章

第三方参与减排的供应链持股决策与协调策略研究

资金不足、研发能力弱的中小型企业，其减排能力往往较弱。这类企业无法独自减排，一般通过专业的第三方节能服务公司（Energy Service Company，简称 ESCO）完成碳减排任务。本章研究第三方参与减排的供应链持股决策与协调策略，为供应链减排合作提供新见解。

5.1 问题描述

低碳转型升级和可持续发展已经成为企业未来发展的必由之路。企业积极助力“双碳”目标的实现，不仅为环境保护作出贡献，还获得长期发展的竞争优势。大型企业对于国家整体低碳转型起着重要的作用，中小企业同样是低碳减排不可或缺的重要参与主体。中小企业虽然规模较小，但由于其数量庞大，具有巨大的减碳潜力。单个中小企业减排量可能不如大型企业那么显著，但当整体考虑中小企业减排时，其减排规模是非常可观的。早在 2010 年，国家工信部印发《关于进一步加强中小企业节能减排工作的指导意见》提出培育和形成一批中小企业节能减排示范企业的目标。《“十四五”促进中小企业发展规划》（工信部联规〔2021〕200 号）提出，将中小企业绿色发展作为一项重点工程来抓。中小企业的低碳减排得到了政府和社会重视和支持。

然而，中小企业减排普遍受到资金实力不足、减排技术欠缺等限制，导致企业在减排和绿色转型方面进展缓慢，给供应链减排带来困难。节能服务公司的出现为中小企业减排提供了技术支持，它是一类提供用能诊断、节能设计、融资、改造以及运行管理等服务的专业化公司，专注于为企业节能提供解决方案。2021 年，阿里巴巴推出 SaaS 产品“能耗宝”，通过数字技术提供供应链及链外企业节能减排和碳管理服务。据中国节能协会节能服务产业委员会（EMCA）统计，2022 年，全国开展节能服务业务的企业达 11835 家，2022 年合同能源管理项目投资新增 1654.1 亿元，形成 4647 万吨标准煤的年节能能力，相对于减排二氧化碳 11432 万吨。中小企业与节能服务公司合作，通过合同能源管理可以更有效地管理能源消耗，减少碳排放。实践中，合同能源管理有节能量保证型、节能效益分享型等多种类型。其中，节能量保证型、节能效益分享型是主要的服务类型。因此，供应链通过引入第三方专业公司减排服务并实施企业间持股策略，可以破解供应链企业自身减排资金和技术的束缚难题。

综上所述，在节能服务公司参与供应链核心企业供应商减排情形下，本章继续深入讨论供应链减排合作的持股策略，提出如下要回答的问题，（1）当供应商独自持股节能服务公司减排投资时，其持股决策的条件是什么？供应链合作减排协调及利润分配方式是什么？（2）相对于供应商单独持股策略，当供应商和零售商共同持股节能服务公司减排投资所带来的影响是什么？（3）基于碳减排量保证型合同，供应商是否持股节能服务公司减排投资对供应链减排和收益的影响是什么？对此，本章构建供应商持股节能服务公司减排投资的供应链决策模型，分析持股减排合作的充分条件，探讨实施持股策略对供应链企业决策及其绩效的影响。进一步构建供应商和零售商共同持股节能服务公司减排投资的供应链决策模型，分析不同联盟方式下的持股策略对供应链决策和利润分配问题。最后，基于能源合同具体模式—减排量保证型合同，比较分析供应商是否持股节能服务公司减排投资的影响。

5.2　模型、假设及符号定义

考虑由一个生产低碳产品的供应商、零售商以及第三方节能服务公司（ESCO）所组成的三级供应链模型。在这个模型中，供应商负责生产低碳产品，零售商负责销售产品，而 ESCO 则提供专业的节能服务和碳减排支持。供应商自愿减排并获得政府免费配额，供应商、零售商以及第三方节能服务公司都是风险中性的理性经济人。供应商相对于零售商来说是供应链的主导者，节能服务公司相对于供应商来说是博弈的先动者。模型符号及定义见表 5-1，进一步假设如下：

假设 5.1：供应商生产普通产品的单位成本为 c，供应商投资减排形成生产低碳产品，低碳产品的市场需求函数为 $D(p,\theta_b) = a - bp_b + \alpha\theta_b$，其中，$a$ 表示低碳产品潜在市场需求规模，b、α 分别表示低碳产品市场需求关于低碳产品市场价格 p_b 和碳减排量 θ_b 的敏感性系数，且 $0<b$，$\alpha<1$。零售商以批发价 w_b 订购低碳产品并以市场价格销售。

假设 5.2：根据边际成本递增原理，供应商减排投资的固定成本为 V，变动成本则设定为 $I(\theta_b) = k\theta_b^2/2$，其中，$k$ 表示减排难度系数，也可理解为供应商减排能力系数，且 k 足够大，表示减排投资成本之高，且投资成本随减排量的增加而加速增加。

假设 5.3：政府最初免费分配给供应商的碳配额为 E_g，配额不可跨期使用，供应商可以在碳交易市场中以价格 t 进行碳排放权交易，补足不足碳配额或者出售多余碳配额；单位产品的初始碳排放量为 e_0，代表着产品的绿色程度，记供应商投资减排使得碳排放总量变为 $E_{0b} = (e_0 - \theta_b)D(p_b,\theta_b)$，若 $E_g - E_{0b} > 0$，表示供应商可以出售碳配额，否则，供应商则要购买碳配额。

假设 5.4：节能服务公司的初始投资为 E，获得一单位碳排放权的净化成本为 c_0，并以价格 β_s 出售给供应商。参考文献［140］，当供应商独自对节能服务公司进行持股投资时，持股比例设定为 λ，持股成本则为 $\lambda E/(1-\lambda)$；当供应商和零售商共同对节能服务公司持股时，记零售商和供应商的持股比例为分别为 ε 和 δ，对应的持股成本分别为 $\varepsilon E/(1-\varepsilon)$ 和 $\delta E/(1-\delta)$。

表 5-1　模型符号及定义

符号	定义
E_g	政府分配的总碳配额
e_0	单位产品初始碳排量
t	碳交易市场单位碳排放权价格

续表

符号	定义
c	单位产品生产成本
k	减排难度系数
V	减排投资固定成本
I	减排投资变动成本
a	低碳产品潜在市场需求规模
b	需求关于价格的敏感性系数
α	需求关于减排量的敏感性系数
β_s	节能服务公司单位碳排放权价格
θ_s	单位产品减排量
w_s	产品批发价格
p_s	碳减排下的产品市场需求
D	低碳产品市场需求量
Π_{Ms}	供应商的利润
Π_{Rs}	零售商的利润
Π_{Ss}	节能服务公司利润
M，R，S	分别标识供应商、零售商和节能服务公司
0、N，Y	分别标识不减排、不持股以及持股情形
C、D	分别标识集中决策和分散决策情形
下标 s	表示供应商单独持股节能服务公司情形
下标 d	表示零售商和供应商共同持股节能服务公司情形

5.3 供应商独自持股节能服务公司模型

5.3.1 模型构建与分析

供应商通过节能服务公司进行减排并独自对其持股，持股比例为 λ，持股成本为 $\lambda E/(1-\lambda)$。供应链商是供应链核心企业，供应链决策时序为，节能服务公司先确定单位碳排放权价格 β_s 及碳减排量 θ_s，供应商随后确定低碳产品批发价格 w_s，零售商最后确定低碳产品市场价格 p_s。此时，节能服务公司、供应商和零售商三主体的均衡决策问题分别为：

$$\underset{\beta_s,\theta_s}{Max}\Pi_{Ss}^{YD}=(1-\lambda)\{(\beta_s-c_0)\theta_s D(p_s,\theta_s)-k\theta_s^2/2\} \tag{5.1}$$

$$s.t.\ \underset{w_s}{Max}\Pi_{Ms}^{YD}=(w_s-c)D(p_s,\theta_s)-\beta_s\theta_s D(p_s,\theta_s)-t[(e_0-\theta_s)D(p_s,\theta_s)-E_g]$$

$$+\lambda\left\{(\beta_s-c_0)\theta_s D(p_s,\theta_s)-\frac{1}{2}k\theta_s^2\right\}-\frac{\lambda E}{1-\lambda} \tag{5.2}$$

$$\underset{p_s}{Max}\Pi_{Rs}^{YD}=(p_s-w_s)D(p_s,\theta_s) \tag{5.3}$$

供应商独自持股节能服务公司情形下，目标式（5.1）最大化主导者ESCO的利润，该利润函数由ESCO为供应商提供减排服务的收益与成本构成，并按持股比例进行利润分配。式（5.2）和式（5.3）分别是供应商和零售商的利润函数。

定理5.1 当 $\lambda=0$ 时，即供应商不持股节能服务公司，节能服务公司、供应商和零售商的最优决策分别为（β_s^{ND}，θ_s^{ND}）、w_s^{ND} 和 p_s^{ND}，低碳产品需求为 D_s^{ND}，供应链成员的利润分别为 Π_{Ss}^{ND}、Π_{Ms}^{ND}和 Π_{Rs}^{ND}。

证明：令 $\lambda=0$，采用逆向归纳法对式（5.3）关于 p_s 求二阶偏导得$\frac{\partial^2\Pi_{Rs}^{ND}}{\partial p_s^2}=-2b<0$，令$\frac{\partial\Pi_{Rs}^{ND}}{\partial p_s}=0$得零售商最优的市场价格反应函数 $p^*(w_s,\theta_s)=\frac{a+bw_s+\alpha\theta_s}{2b}$，将其代入式（5.2）并对 w_s 求导，得到批发价格的反应函数 $w^*(\beta_s,\theta_s)=\frac{a+bc+\alpha\theta_s+b\beta_s e_0}{2b}$，随后将其代入式（5.1）并分别求解关于 β_s 和 θ_s 的一阶、二阶导数，得到 Π_{Ss}^{ND}的 $Hess$ 矩阵为：

$$H=\begin{pmatrix}\frac{\partial^2\Pi_{Ss}^{ND}}{\partial\beta_s^2} & \frac{\partial^2\Pi_{Ss}^{ND}}{\partial\beta_s\partial\theta_s}\\ \frac{\partial^2\Pi_{Ss}^{ND}}{\partial\theta_s\partial\beta_s} & \frac{\partial^2\Pi_{Ss}^{ND}}{\partial\theta_s^2}\end{pmatrix}=\begin{pmatrix}-\frac{be_0^2}{2} & \frac{\alpha e_0}{4}\\ \frac{\alpha e_0}{4} & -k\end{pmatrix}$$

由于$\frac{\partial^2\Pi_{Ss}^{ND}}{\partial\beta_s^2}=-\frac{be_0^2}{2}<0$，当 $|H|=8kb-[\alpha+b(t-c_0)]^2>0$ 时，$Hess$ 矩阵呈负定性，此时节能服务公司存在唯一的最优碳排放权价格 $\beta_s^{ND}=\frac{4k}{\alpha+bt-bc_0}+c_0$

和碳减排量 $\theta_s^{ND}=\dfrac{(a-bc-bte_0)(\alpha+bt-bc_0)}{8kb-[\alpha+b(t-c_0)]^2}$，相应的低碳产品批发价格、市场价格、低碳产品市场需求量、节能服务公司、零售商和供应商的利润分别为 $w_s^{ND}=\dfrac{2k(3a-3bc+bte_0)-b(a-bc)(t-c_0)^2-\alpha[(t-c_0)(a-bc+bte_0)+\alpha te_0]}{8kb-[\alpha+b(t-c_0)]^2}+c$、

$p_s^{ND}=\dfrac{k(7a-7bc+bte_0)-b(a-bc)(t-c_0)^2-\alpha[(t-c_0)(a-bc+bte_0)+\alpha te_0]}{8kb-[\alpha+b(t-c_0)]^2}+c$、

$D_s^{ND}=\dfrac{kb(a-bc-bte_0)}{8kb-[\alpha+b(t-c_0)]^2}$、$\Pi_{Ss}^{ND}=\dfrac{k(a-bc-bte_0)^2}{2\{8kb-[\alpha+b(t-c_0)]^2\}}$、$\Pi_{Ms}^{ND}=\dfrac{k^2b(a-bc-bte_0)^2}{\{8kb-[\alpha+b(t-c_0)]^2\}^2}+tE_g$ 和 $\Pi_{Rs}^{ND}=\dfrac{k^2b(a-bc-bte_0)^2}{\{8kb-[\alpha+b(t-c_0)]^2\}^2}$。证毕。

定理 5.2　当 $\lambda>0$ 时，供应商持股节能服务公司，节能服务公司、供应商和零售商的最优决策分别为（β_s^{YD}，θ_s^{YD}）、w_s^{YD} 和 p_s^{YD}，低碳产品市场需求为 D_s^{YD}，供应链成员利润分别为 Π_{Ss}^{YD}、Π_{Ms}^{YD}和 Π_{Rs}^{YD}。

证明：证明过程类似定理 5.1。当 $\lambda>0$ 时，零售商市场价格反应函数 $p^*(w_s,\theta_s)=\dfrac{a+bw_s+\alpha\theta_s}{2b}$，将其代入式（5.2）并分析得到产品批发价格的反应函数为 $w^*(\beta_s,\theta_s)=\dfrac{a+bc+\lambda bc_0e_0+\alpha\theta_s+(1-\lambda)b\beta_se_0}{2b}$，进一步得到 Π_{Ss}^{YD} 的 *Hess* 矩阵行列式 $|H|=(1-\lambda)^2e_0^2\{8kb(1-\lambda)-[\alpha+b(t-c_0)]^2\}/16$，即当 $8kb(1-\lambda)-[\alpha+b(t-c_0)]^2>0$ 时，*Hess* 矩阵呈负定性，此时节能服务公司存在唯一的最优碳排放权价格 $\beta_s^{YD}=\dfrac{4k}{\alpha+bt-bc_0}+c_0$ 和碳减排量 $\theta_s^{YD}=\dfrac{(a-bc-bte_0)(\alpha+bt-bc_0)}{8kb(1-\lambda)-[\alpha+b(t-c_0)]^2}$，相应的批发价格、订货量、市场价格、节能服务公司、供应商和零售商的利润分别为：

$w_s^{ND}=\dfrac{2k(1-\lambda)(3a-3bc+bte_0)-b(a-bc)(t-c_0)^2-\alpha[(t-c_0)(a-bc+bte_0)+\alpha te_0]}{8kb(1-\lambda)-[\alpha+b(t-c_0)]^2}+c$、

$p_s^{ND}=\dfrac{k(1-\lambda)(7a-7bc+bte_0)-b(a-bc)(t-c_0)^2-\alpha[(t-c_0)(a-bc+bte_0)+\alpha te_0]}{8kb(1-\lambda)-[\alpha+b(t-c_0)]^2}+c$、

$D_s^{ND}=\dfrac{kb(1-\lambda)(a-bc-bte_0)}{8kb(1-\lambda)-[\alpha+b(t-c_0)]^2}$、$\Pi_{Ss}^{YD}=\dfrac{k(1-\lambda)(a-bc-bte_0)^2}{2\{8kb(1-\lambda)-[\alpha+b(t-c_0)]^2\}}$、

$\Pi_{Ms}^{YD} = \dfrac{k^2b(1-\lambda)(1-3\lambda)(a-bc-bte_0)^2}{\{8kb(1-\varepsilon-\delta)-[\alpha+b(t-c_0)]^2\}^2} + tE_g - \dfrac{\lambda E}{1-\lambda} + \dfrac{\lambda\Pi_{Ss}^{YD}}{1-\lambda}$ 和 $\Pi_{Rs}^{YD} = \dfrac{k^2b(1-\lambda)^2(a-bc-bte_0)^2}{\{8kb(1-\lambda)-[\alpha+b(t-c_0)]^2\}^2}$。证毕。

推论 5.1 供应商持股节能服务公司情形下，当供应商持股比例 λ 小于阈值 $\overline{\lambda}$ 时，供应商减排行为及供应链上下游企业间交易才会发生。

证明：供应商持股比例 λ 应满足约束条件：

$$s.t.\begin{cases} 8kb(1-\lambda)-[\alpha+b(t-c_0)]^2>0 \\ 2k(1-\lambda)(3a+bc+bte_0)-\alpha(t-c_0)(a+bc+bte_0)-ab(t-c_0)^2-\alpha^2(te_0+c)>0 \\ \Pi_{Ms}^{YD}-\Pi_{Ms}^{ND}>0 \\ 0<\lambda<1/2 \end{cases}$$

求解得：$\max(0,\underline{\lambda_3})<\lambda<\min(\lambda_1,\lambda_2,\overline{\lambda_3},1/2)$。记 $\overline{\lambda}=\min(\lambda_1,\lambda_2,\overline{\lambda_3},1/2)$，其中，$\lambda_1=1-\dfrac{[\alpha+b(t-c_0)]^2}{8kb}$，$\lambda_2=1-\dfrac{\alpha(t-c_0)(a+bc+bte_0)+ab(t-c_0)^2+\alpha^2(te_0+c)}{2k(3a+bc+bte_0)}$，由于 $\underline{\lambda_3}$ 和 $\overline{\lambda_3}$ 难以用表达式具体表示，后面会通过数值算例具体分析说明。证毕。

推论 5.2 当消费者环保意识增强或供应商持股比例增加时，节能服务公司会加大碳减排量；而产品初始碳排放量越大时，节能服务公司则会降低碳减排量。

证明：$\dfrac{\partial\theta_s^{YD}}{\partial\alpha}=\dfrac{(a-bc-bte_0)\{8kb(1-\lambda)+[\alpha+b(t-c_0)]^2\}}{\{8kb(1-\lambda)-[\alpha+b(t-c_0)]^2\}^2}>0$，说明随着消费者环保意识 α 的增强，节能服务公司会加大碳减排力度推动产品减排量增加；由 $\dfrac{\partial\theta_s^{YD}}{\partial\lambda}=\dfrac{8kb(a-bc-bte_0)(\alpha+bt-bc_0)}{\{8kb(1-\lambda)-[\alpha+b(t-c_0)]^2\}^2}>0$ 可知，供应商的持股比例越大，节能服务公司减排量就越大。又 $\dfrac{\partial\theta_s^{YD}}{\partial e_0}=\dfrac{bt(\alpha+bt-bc_0)}{8kb(1-\lambda)-[\alpha+b(t-c_0)]^2}<0$，可知节能服务公司减排量随初始碳排放量的增大而减小。

推论 5.2 得出了一些有益的管理启示。一是在消费方面，政府可以采取措施加强低碳宣传，提高公众对环保的意识。为了倡导低碳生活方式，政府可以推广共享单车，举办全国节能宣传周和低碳日等活动。这样的举措将有助于激发公众的环保意识，鼓励他们在日常生活中采取低碳行动。二是对于制造企业而言，可以通过增加它们对节能服务公司的持股比例来换取更多的碳排放权。

通过这种方式，制造企业可以参与和支持节能服务行业，从而减少碳排放量，并获得额外的碳排放权作为回报，这将促进制造企业朝着低碳转型迈进。三是对于污染型制造企业，政府应采取一系列强有力的措施来推动其转型为清洁型企业。这些措施可以包括碳排放权累进价格机制，即逐渐提高碳排放权的价格，以鼓励企业减少碳排放。政府还可以对严重超标的企业进行高额罚款，并勒令关闭这些企业，以迫使它们改善环境表现和减少碳排放。这些措施的目的是推动企业转型为清洁型，从而增加整体的碳减排量。四是政府还应制定合理的碳排放配额。这意味着政府要合理分配和管理碳排放权，确保企业面临适当的减排目标和挑战。然而，这些配额不应过高，以免企业减排力度不足甚至避免减排的情况发生。政府需要权衡企业的发展需求和环境保护目标，制定具有可行性和公平性的碳减排目标。

推论 5.3　供应商持股节能服务公司情形下，产品减排量明显提高，低碳产品价格，降低市场需求增加，节能服务公司、供应商和零售商的利润都将提高，持股策略实现了供应链绩效的帕累托改进。

证明：比较供应商是否持股节能服务公司情形下的产品减排量、需求量及节能服务公司、供应商和零售商的利润有：

$$\theta_s^{YD}-\theta_s^{ND}=\frac{8\lambda kb(a-bc-bte_0)(\alpha+bt-bc_0)}{\{8kb-[\alpha+b(t-c_0)]^2\}\{8kb(1-\lambda)-[\alpha+b(t-c_0)]^2\}}>0,$$

$$D_s^{YD}-D_s^{ND}=\frac{\lambda kb(a-bc-bte_0)[\alpha+b(t-c_0)]^2}{\{8kb-[\alpha+b(t-c_0)]^2\}\{8kb(1-\lambda)-[\alpha+b(t-c_0)]^2\}}>0,$$

$$\Pi_{Ss}^{YD}-\Pi_{Ss}^{ND}=\frac{\lambda k(a-bc-bte_0)^2[\alpha+b(t-c_0)]^2}{2\{8kb-[\alpha+b(t-c_0)]^2\}\{8kb(1-\lambda)-[a+b(t-c_0)]^2\}}+\lambda h_s>0,$$

$$\Pi_{Rs}^{YD}-\Pi_{Rs}^{ND}=k^2b(a-bc-bte_0)^2\left\{\frac{(1-\lambda)^2}{\{8kb(1-\lambda)-[\alpha+b(t-c_0)]^2\}^2}-\frac{1}{\{8kb-[\alpha+b(t-c_0)]^2\}^2}\right\},$$

记 $A^2=\dfrac{(1-\lambda)^2}{\{8kb(1-\lambda)-[\alpha+b(t-c_0)]^2\}^2},B^2=\dfrac{1}{\{8kb-[\alpha+b(t-c_0)]^2\}^2}$。

比较 Π_{Rs}^{YD} 和 Π_{Rs}^{ND} 的大小，等价比较 A 与 B 的大小。由于 $A-B=\dfrac{\lambda[\alpha+b(t-c_0)]^2}{\{8kb-[\alpha+b(t-c_0)]^2\}^2\{8kb(1-\lambda)-[\alpha+b(t-c_0)]^2\}^2}>0$，可知，即供应商持股节能服务公司可使供应链决策及其绩效得到改善，实现了帕累托改进。由 $p_s^{YD}-$

$$p_s^{ND}=-\lambda k[\alpha+b(t-c_0)]\frac{bte_0(9\alpha+t-c_0)+(a-bc)[7\alpha+15b(t-c_0)]}{\{8kb-[\alpha+b(c-_0)]^2\}\{8kb(1-\lambda)-[\alpha+b(t-c_0)]^2\}}<0$$

可知，供应商持股节能服务公司情形下低碳产品价格得到降低。证毕。

推论5.3表明，供应商持股节能服务公司的情形下，持股合作可以实现供应链绩效的帕累托改进。通过与节能服务公司的持股合作，供应商可以获得更多的碳排放权，从而减少其自身的碳排放量。供应商能够提供更多低碳产品，这将使供应商的产品在市场上具有竞争优势，因此，低碳产品的需求量增加。低碳产品的需求增加将推动低碳产品价格的下降。随着越来越多的消费者选择购买低碳产品，供应商将能够实现规模经济，并通过规模生产来降低成本，使得低碳产品的价格更具竞争力，进一步促进低碳产品市场需求的增长。供应商持股节能服务公司的模式还带来了供应链利润的提高。供应商通过持有节能服务公司的股份，可以分享节能服务公司的盈利。持股策略的实施可以实现供应链绩效的帕累托改进。通过与节能服务公司合作，供应商能够利用节能服务公司的专业知识和技术，提高生产过程的效率，减少能源消耗和碳排放，同时实现环境效益和经济效益，实现供应链绩效的帕累托改进。

5.3.2 基于Shapley值的减排合作与协调

节能服务公司S、供应商M和零售商R三家单位有4种不同的联盟方式，分别用集合表示为$T_1=\{S\cup M\cup R\}$，$T_2=\{M\cup S,R\}$，$T_3=\{M\cup R,S\}$和$T_4=\{S\cup R,M\}$。三家单位的利润分别为Π_{Ss}^{YD}、Π_{Ms}^{YD}和Π_{Rs}^{YD}，四种联盟方式下的最优决策问题分别为：

（1）节能服务公司、供应商和零售商三家单位形成联盟的决策问题为：

$$\underset{(p_s,\ \theta_s)}{Max}\,\Pi_{(S\cup M\cup R)s}=(p_s-c)D(p_s,\ \theta_s)-c_0\theta_sD(p_s,\ \theta_s)-\frac{1}{2}k\theta_s^2$$

$$-t[(e_0-\theta_s)D(p_s,\ \theta_s)-E_g]-\frac{\lambda E}{1-\lambda}\tag{5.4}$$

对于式（5.4）分别求关于市场价格p_s和碳减排量θ_s的一阶、二阶偏导，得到$\Pi_{(S\cup M\cup R)s}$的海塞矩阵行列式为$|H|=2kb-[\alpha+b(t-c_0)]^2$，又

$\frac{\partial^2 \Pi_{(S \cup M \cup R)s}}{\partial p_s^2} = -2b$，故当 $|H|>0$ 时，$\Pi_{(S \cup M \cup R)s}$ 是关于 p 和 θ 的联合凹函数，联盟存在唯一的最优解，即最优的市场价格和碳减排量分别为 $p_{(S \cup M \cup R)s} = \frac{[k-\alpha(t-c_0)](a+bc+bte_0)-ab(t-c_0)^2-\alpha^2(te_0+c)}{2kb-[\alpha+b(t-c_0)]^2}$ 和 $\theta_{(S \cup M \cup R)s} = \frac{[\alpha+b(t-c_0)](a-bc-bte_0)}{2kb-[\alpha+b(t-c_0)]^2}$，将两者代入式（5.4）得到联盟的利润为 $\Pi_{(S \cup M \cup R)s} = \frac{k[a(a-2bc-2bte_0)+b^2(te_0+c)^2]}{2\{2kb-[\alpha+b(t-c_0)]^2\}} + tE_g - \frac{\lambda E}{1-\lambda}$。

（2）节能服务公司和供应商形成联盟与零售商博弈，此时的最优决策分别为：

$$\underset{(w_s,\theta_s)}{Max}\, \Pi_{(S \cup M)s} = (w_s - c)D(p_s,\theta_s) - c_0\theta_s D(p_s,\theta_s) - \frac{1}{2}k\theta_s^2$$
$$- t[(e_0-\theta_s)D(p_s,\theta_s) - E_g] - \frac{\lambda E}{1-\lambda} \tag{5.5}$$

$$s.t.\ \underset{p_s}{Max}\Pi_{Rs} = (p_s - w_s)D(p_s,\theta_s) \tag{5.6}$$

节能服务公司和供应商的联盟作为主导者，零售商是跟随者。采用逆向归纳法求出最优的批发价格、减排量及市场价格分别为 $w_{(S \cup M)s} = \frac{[2k-\alpha(t-c_0)](a+bc+bte_0)-ab(t-c_0)^2-\alpha^2(te_0+c)}{4kb-[\alpha+b(t-c_0)]^2}$、$\theta_{(S \cup M)s} = \frac{(a-bc-bte_0)[\alpha+b(t-c_0)]}{4kb-[\alpha+b(t-c_0)]^2}$ 和 $p_{(S \cup M)s} = \frac{[k-\alpha(t-c_0)](a+bc+bte_0)+2ka-ab(t-c_0)^2-\alpha^2(te_0+c)}{4kb-[\alpha+b(t-c_0)]^2}$，将它们分别代入式（5.5）、式（5.6），得到联盟的利润及零售商利润分别为 $\Pi_{(S \cup M)s} = \frac{k(a-bc-bte_0)^2}{2\{4kb-[\alpha+b(t-c_0)]^2\}} + tE_g - \frac{\lambda E}{1-\lambda}$ 和 $\Pi_{Rs} = \frac{k^2 b(a-bc-bte_0)^2}{\{4kb-[a+b(t-c_0)]^2\}^2}$。

（3）供应商和零售商形成联盟与节能服务公司进行博弈，此时的最优决策分别为：

$$\underset{(\beta_{Ss},\theta_s)}{Max}\, \Pi_{Ss} = (1-\lambda)[(\beta_{Ss} - c_0)]\theta_s D(p_s,\theta_s) - \frac{1}{2}k\theta_s^2] \tag{5.7}$$

$$s.t.\ \underset{p_s}{Max}\Pi_{(M \cup R)s} = (p_s - c)D(p_s,\theta_s) - \beta\theta_s D(p_s,\theta_s) - t[(e_0-\theta_s)D(p_s,\theta_s) - E_g]$$
$$+ \lambda\left[(\beta_{Ss} - c_0)\theta_s D(p_s,\theta_s) - \frac{1}{2}k\theta_s^2\right] - \frac{\lambda E}{1-\lambda} \tag{5.8}$$

节能服务公司作为主导者，供应商和零售商的联盟作为跟随者，最优的市场价格、碳减排量及碳减排价格分别为：

$$p_{(M\cup R)s}=\frac{[k(1-\lambda)-\alpha(t-c_0)](a+bc+bte_0)+2ka(1-\lambda)-ab(t-c_0)^2-\alpha^2(te_0+c)}{4kb(1-\lambda)-[\alpha+b(t-c_0)]^2}、$$

$\theta_{(M\cup R)s}=\dfrac{(a-bc-bte_0)[\alpha+b(t-c_0)]}{4kb(1-\lambda)-[\alpha+b(t-c_0)]^2}$ 和 $\beta_{(M\cup R)s}=\dfrac{2k+c_0(\alpha+bt-bc_0)}{\alpha+b(t-c_0)}$，相应的节能服务公司利润和供应商与零售商形成的联盟利润分别为 $\Pi_{(M\cup R)s}=\dfrac{k^2b(1-\lambda)(1-3\lambda)(a-bc-bte_0)^2}{\{4kb(1-\lambda)-[\alpha+b(t-c_0)]^2\}^2}+\dfrac{\lambda k(a-bc-bte_0)^2}{2\{4kb(1-\lambda)-[\alpha+b(t-c_0)]^2\}}+tE_g-\dfrac{\lambda E}{1-\lambda}$ 和 $\Pi_{Ss}-\dfrac{k(1-\lambda)(a-bc-bte_0)^2}{2\{4kb(1-\lambda)-[\alpha+b(t-c_0)]^2\}}$。

（4）节能服务公司和零售商形成联盟与供应商博弈，此时的最优决策分别为：

$$\underset{(\beta_s,\theta_s,p_s)}{Max}\ \Pi_{(S\cup R)s}=(1-\lambda)\left[(\beta_S-c_0)\theta_sD(p_s,\theta_s)-\frac{1}{2}k\theta_s^2\right]+(p_s-w_s)D(p_s,\theta_s) \tag{5.9}$$

$$s.t.\ \underset{w_s}{Max}\Pi_{Ms}=(w_s-c)D(p_s,\theta_s)-\beta\theta_sD(p_s,\theta_s)-t[(e_0-\theta_s)D(p_s,\theta_s)-E_g]$$
$$+\lambda\left[(\beta_S-c_0)\theta_sD(p_s,\theta_s)-\frac{1}{2}k\theta_s^2\right]-\frac{\lambda E}{1-\lambda} \tag{5.10}$$

联盟作为主导者，供应商作为跟随者，联盟的最优决策减排价格、减排量和市场价格分别为 $\beta_{(S\cup R)s}=\dfrac{2k+c_0(\alpha+bt-bc_0)}{\alpha+b(t-c_0)}$、$\theta_{(S\cup R)s}=\dfrac{(a-bc-bte_0)[\alpha+b(t-c_0)]}{4kb(1-\lambda)-[\alpha+b(t-c_0)]^2}$ 和 $p_{(S\cup R)s}=\dfrac{[k(1-\lambda)-\alpha(t-c_0)](a+bc+bte_0)+2ka(1-\lambda)-ab(t-c_0)^2-\alpha^2(te_0+c)}{4kb(1-\lambda)-[\alpha+b(t-c_0)]^2}$，

最优决策批发价格为：

$$w_{(S\cup R)s}=\frac{[2k-\alpha(t-c_0)](a+bc+bte_0)-ab(t-c_0)^2-\alpha^2(te_0+c)}{4kb-[\alpha+b(t-c_0)]^2},$$

则相应的联盟利润及供应商的利润分别为：

$$\Pi_{Ms}=\frac{k^2b(1-\lambda)(1-3\lambda)(a-bc-bte_0)^2}{2\{4kb(1-\lambda)-[\alpha+b(t-c_0)]^2\}^2}+\frac{\lambda k(a-bc-bte_0)^2}{2\{4kb(1-\lambda)-[\alpha+b(t-c_0)]^2\}}+tE_g-\frac{\lambda E}{1-\lambda}$$

和 $\Pi_{(S\cup R)s}=\dfrac{2k(1-\lambda)(a-bc-bte_0)^2}{\{4kb(1-\lambda)-[\alpha+b(t-c_0)]^2}$。

基于四种联盟最优解，按 Shapley 值法来分配供应链单个企业的利润，供应商 M、节能服务公司 S 及零售商 R 的利润分配 $\varphi_i(v)$ 见表 5 - 2 ~ 表 5 - 4，其中，i 表示 M、S 和 R。

表 5 - 2　　供应商利润分配

Z_M	M	$S\cup M$	$R\cup M$	$S\cup M\cup R$
$v(z)$	Π_{Ms}^{YD}	$\Pi_{(S\cup M)s}$	$\Pi_{(R\cup M)s}$	$\Pi_{(S\cup M\cup R)s}$
$v(z/M)$	0	Π_{Ss}^{YD}	Π_{Rs}^{YD}	$\Pi_{(S\cup R)s}$
$v(z)-v(z/M)$	Π_{Ms}^{YD}	$\Pi_{(S\cup M)s}-\Pi_{Ss}^{YD}$	$\Pi_{(R\cup M)s}-\Pi_{Rs}^{YD}$	$\Pi_{(S\cup M\cup R)s}-\Pi_{(S\cup R)s}$
$\|z\|$	1	2	2	3
$w(z)$	1/3	1/6	1/6	1/3
$w(z)[v(z)-v(z/M)]$	$1/3\Pi_{Ms}^{YD}$	$1/6(\Pi_{(S\cup M)s}-\Pi_{Ss}^{YD})$	$1/6(\Pi_{(R\cup M)s}-\Pi_{Rs}^{YD})$	$1/3(\Pi_{(S\cup M\cup R)s}-\Pi_{(S\cup R)s})$

表 5 - 3　　节能服务公司利润分配

Z_S	S	$S\cup M$	$S\cup R$	$S\cup M\cup R$
$v(z)$	Π_{Ss}^{YD}	$\Pi_{(S\cup M)s}$	$\Pi_{(S\cup R)s}$	$\Pi_{(S\cup M\cup R)s}$
$v(z/S)$	0	Π_{Ms}^{YD}	Π_{Rs}^{YD}	$\Pi_{(M\cup R)s}$
$v(z)-v(z/S)$	Π_{Ss}^{YD}	$\Pi_{(S\cup M)s}-\Pi_{Ms}^{YD}$	$\Pi_{(S\cup R)s}-\Pi_{Rs}^{YD}$	$\Pi_{(S\cup M\cup R)s}-\Pi_{(M\cup R)s}$
$\|z\|$	1	2	2	3
$w(z)$	1/3	1/6	1/6	1/3
$w(z)[v(z)-v(z/S)]$	$1/3\Pi_{Ss}^{YD}$	$1/6(\Pi_{(S\cup M)s}-\Pi_{Ms}^{YD})$	$1/6(\Pi_{(S\cup R)s}-\Pi_{Rs}^{YD})$	$1/3(\Pi_{(S\cup M\cup R)s}-\Pi_{(M\cup R)s})$

表 5 - 4　　零售商利润分配

Z_R	R	$R\cup M$	$R\cup S$	$S\cup M\cup R$
$v(z)$	Π_{Rs}^{YD}	$\Pi_{(R\cup M)s}$	$\Pi_{(R\cup S)s}$	$\Pi_{(S\cup M\cup R)s}$
$v(z/R)$	0	Π_{Ms}^{YD}	Π_{Ss}^{YD}	$\Pi_{(S\cup M)s}$
$v(z)-v(z/R)$	Π_{Rs}^{YD}	$\Pi_{(R\cup M)s}-\Pi_{Ms}^{YD}$	$\Pi_{(R\cup S)s}-\Pi_{Ss}^{YD}$	$\Pi_{(S\cup M\cup R)s}-\Pi_{(S\cup M)s}$
$\|z\|$	1	2	2	3
$w(z)$	1/3	1/6	1/6	1/3
$w(z)[v(z)-v(z/R)]$	$1/3\Pi_{Rs}^{YD}$	$1/6(\Pi_{(R\cup M)s}-\Pi_{Ms}^{YD})$	$1/6(\Pi_{(R\cup S)s}-\Pi_{Ss}^{YD})$	$1/3(\Pi_{(S\cup M\cup R)s}-\Pi_{(S\cup M)s})$

将表中最后一行相加，得到供应商的利润分配 $\varphi_M(v)=\frac{1}{6}[2\Pi_{Ms}^{YD}+(\Pi_{(S\cup M)s}-\Pi_{Ss}^{YD})+(\Pi_{(R\cup M)s}-\Pi_{Rs}^{YD})+2(\Pi_{(S\cup M\cup R)s}-\Pi_{(S\cup R)s})]$，同理可得节能服

务公司和零售商分配的利润分别为 $\varphi_S(v)=\frac{1}{6}[2\Pi_{Ss}^{YD}+(\Pi_{(S\cup M)s}-\Pi_{Ms}^{YD})+(\Pi_{(S\cup R)s}-\Pi_{Rs}^{YD})+2(\Pi_{(S\cup M\cup R)s}-\Pi_{(M\cup R)s})]$，$\varphi_R(v)=\frac{1}{6}[2\Pi_{Rs}^{YD}+(\Pi_{(R\cup M)s}-\Pi_{Ms}^{YD})+(\Pi_{(R\cup S)s}-\Pi_{Ss}^{YD})+2(\Pi_{(S\cup M\cup R)s}-\Pi_{(S\cup M)s})]$。

容易验证，三家单位联盟得到的利润比一家公司单独经营或两家公司联盟所得的利润要多，因此，三家单位有意愿进行联盟，且联盟供应链稳定性更好。

5.3.3 案例与分析

规模较小的制造企业由于资金不足、研发能力较弱等原因无法自行减排，需要借助节能服务公司进行减排。制造企业的相关参数设定为：$a=200$，$c=100$，$\alpha=0.4$，$b=0.6$，$k=0.8$，$t=0.7$，$c_0=0.5$，$e_0=150$，$E=3000$。下面首先通过具体案例说明节能服务公司在现实生活中的应用，其次讨论持股策略对产品减排量、供应链成员决策及利润的影响，最后算例验证 Shapley 值法实现供应链的完美协调。

（1）桂林两江机场候机楼通过节能服务公司完成节能改造案例分析。

案例描述：甲方（桂林市两江国际机场）候机楼每年耗电约 300 万度。为了降低能耗，甲方与乙方（佩尔优节能科技股份有限公司，以下简称佩尔优公司）合作对制冷设备进行节能改造。乙方投资了 380 万元，合同固定利润分享期限为 11 年。根据合同约定，甲方从乙方投运并产生节能收益时起，每月支付收益的 75% 给乙方，剩余部分归甲方所有。据核算，相对于改造前，每年节省了 116700 度空调电量，节约了近 130 万元电费。根据合同规定，乙方每年将获得约 100 万元的节能收益，甲方每年将获得 30 万元的节能收益①。

案例分析：根据案例描述，每年乙方所获利润为 $100-\frac{380}{11}=65.45$ 万元（成本按每年均摊计算），甲方获净利润为 30 万元。项目的实施减少了能耗，降低了碳排放，提升了环境效益。但由于合同利润分享期限长达 11 年，导致佩尔优公司资金回收缓慢，后续也会出现诸如合作、资金和技术等不可预见的

① 案例来源：《新产经》，2010，118（8）。

风险。实际上，节能服务公司普遍存在融资难、回款难的问题①，这将阻碍节能服务公司规模的进一步发展壮大。针对节能服务公司融资难、回款难等发展瓶颈问题，下面从企业间持股的角度对供应链成员的决策进行分析。

（2）持股比例对产品减排量、供应链成员利润的影响分析。

设定情景为：通过节能服务公司减排的供应商规模较小，因此其产品产量也相对较少，政府分配的碳配额较少，假设 $E_g = 1500$。据推论 5.1，供应商持股比例范围为 $0 < \lambda < 0.121$。研究取持股比例 $0 < \lambda < 0.35$，可保持图形清晰直观。比较供应商对节能服务公司持股与不持股两种情况下的产品减排量、供应链成员利润，如图 5-1～图 5-4 所示。

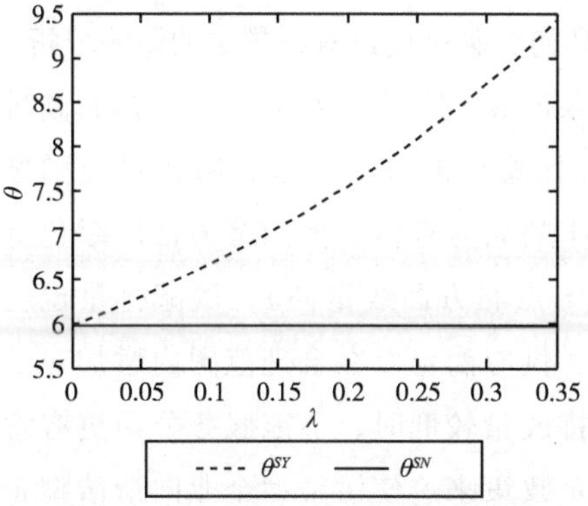

图 5-1 持股比例对减排量的影响

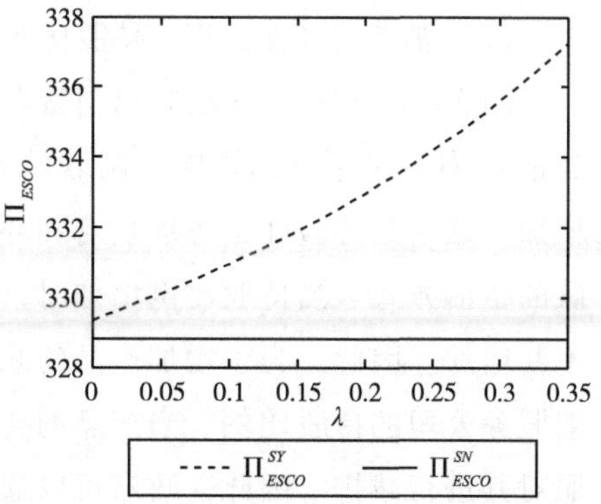

图 5-2 持股比例对 ESCO 利润的影响

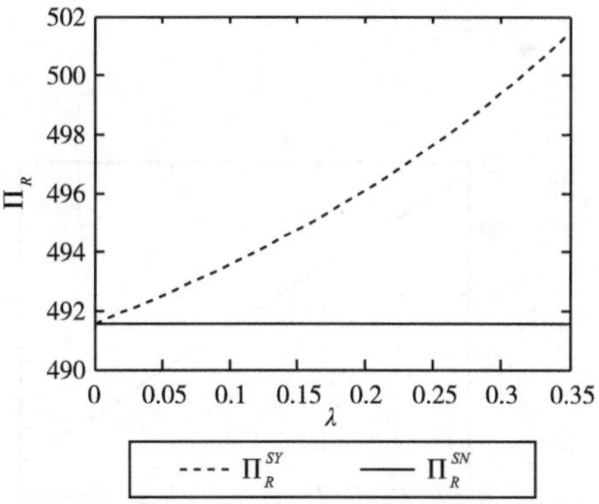

图 5-3 持股比例对零售商利润的影响

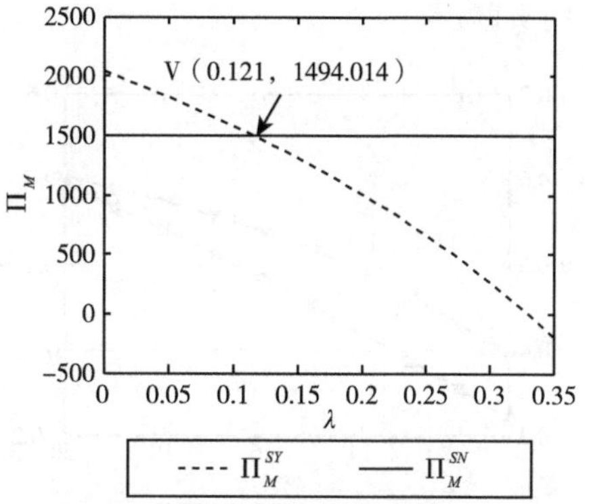

图 5-4 持股比例对供应商利润的影响

① http：//news. bjx. com. cn/html/20140626/522177. shtml.

供应商持股节能服务公司，产品减排量、节能服务公司利润及零售商利润均增加，且都随持股比例的增加而加速增加。此时，供应商利润在一定持股比例内较之前增加，但随着增加而不断减少。当持股比例 $\lambda > 0.121$ 时，供应商利润低于其不持股节能服务公司时的利润。因此，供应商会将持股比例控制在12.1%以内。一方面，如果供应商有较强的环保意识和社会责任感，他们可能会牺牲自身利益来增加持股比例，以增加产品的碳排放量。这将带来供应链中其他成员的利润增加。其他企业可以通过收益分享的方式来激励供应商增加持股比例。另一方面，如果供应商的环保意识较弱，他们更可能考虑自身利益而降低持股比例，导致产品的碳减排量增加，导致其他成员的利润相应减少。在这种情况下，零售商和节能服务公司可以考虑通过收益分享来激励供应商增加持股比例。

（3）消费者环保意识、持股比例及产品初始碳排放量对减排量的影响分析。

图5－5和图5－6绘制出消费者环保意识 α、持股比例 λ 和产品初始碳排放量 e_0 对减排量 θ 的影响。随着消费者环保意识的日益增强，减排量也随之增加。这一趋势验证了各级政府和环保人士的大力宣传，他们努力推广绿色低碳的生活方式。当持股比例增加时（观察S点右方曲线走向），碳减排量也会不断增加。因此，为了增加产品的减排量，供应商可以在合理范围内增加对节能服务公司的持股比例。当产品的初始碳排放量较低时，节能服务公司更有意愿对其进行减排。因此，政府可以通过制定政策来迫使污染型企业向清洁型企业转型，以实现更多的碳减排目标。通过这种方式，能够为环境保护作出更大的贡献。

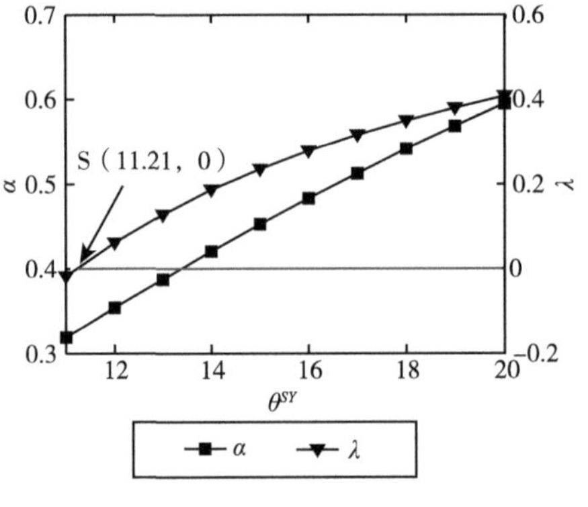

图5－5　环保意识和持股比例对减排量的影响

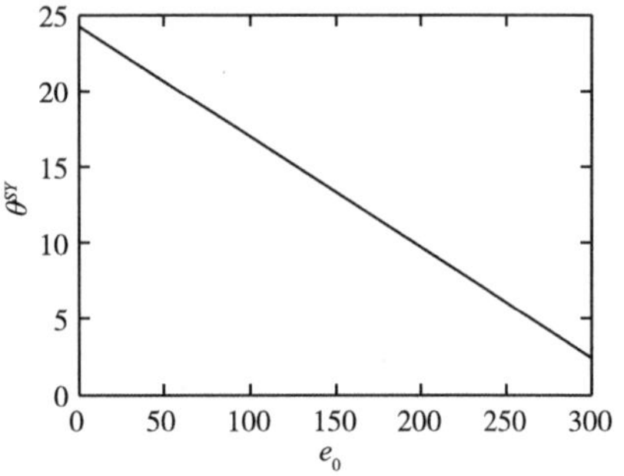

图5－6　产品初始碳排放对减排量的影响

（4）持股比例和碳交易价格对供应链决策及利润的影响分析。

据图 5-7 和图 5-8 可知，随着持股比例不断增加，我们可以观察到产品的减排量、需求量、节能服务公司利润以及零售商利润的增加。然而，令人惊讶的是，供应商的利润却减少了。这验证了供应商对节能服务公司的持股比例必须在一定范围内控制。当碳交易价格增加时，供应商为了避免购买高价碳，会增加自身的减排量。然而，由于减排研发活动的边际成本递增性质，增加减排量会增加成本，并将这部分成本转嫁到产品市场价格上。这导致产品市场需求减少，进而使得节能服务公司和零售商的利润下降。然而，与此同时，供应商的利润却增加了。这可能是因为供应商除了从自身利润中获益外，还从节能服务公司获得分红。

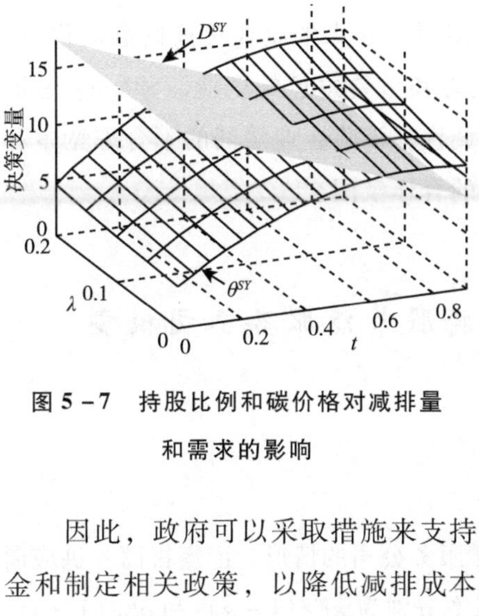

图 5-7　持股比例和碳价格对减排量和需求的影响

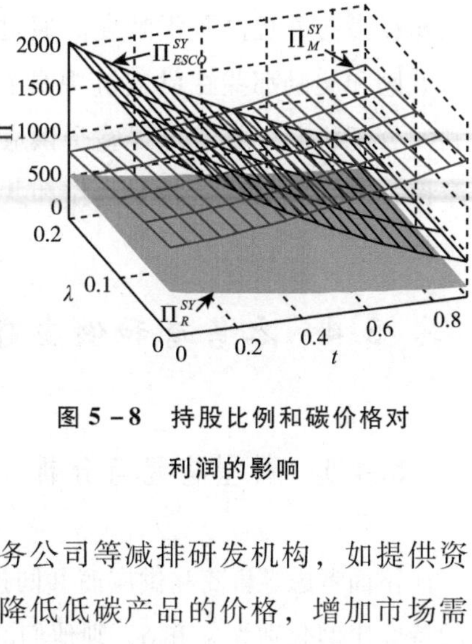

图 5-8　持股比例和碳价格对利润的影响

因此，政府可以采取措施来支持节能服务公司等减排研发机构，如提供资金和制定相关政策，以降低减排成本。通过降低低碳产品的价格，增加市场需求，可以实现环保红利、提升消费者福利，并同时提高企业的效益。政府积极为供应链企业低碳减排创造更多的机会，可以实现经济繁荣和环境保护的双赢局面。

（5）基于 Shapley 值法的供应链利润分配及协调分析。

如表 5-5 所示，通过运用兼顾效率与公平的 Shapley 值法来分配各企业的收益，可以实现供应链整体利润的增加，并提高各企业的积极性，进而提升供应链的效率。在这种方法下，分配的利润会根据供应链上各企业的贡献大小而有所不同，强调了“能者多劳”和“多劳多得”的原则，从而达到一定的公平性。值得一提的是，Shapley 值法分配后各企业的利润之和与三个企业共同联盟情况下的利润相等，实现了供应链的协调。

表 5－5　　Shapley 值法的供应链利润分配

获利形式 / 利润	独立决策	自由联盟	Shapley 值法	利润增量
Π	$\Pi_{Ss}^{YD}=1509.36$ $\Pi_{Ms}^{YD}=1386.41$ $\Pi_{Rs}^{YD}=479.22$	$\Pi_{(M\cup S)s}=7093.28$ $\Pi_{(M\cup R)s}=4752.30$ $\Pi_{(S\cup R)s}=6396.43$ $\Pi_{(S\cup M\cup R)s}=17296.36$	$\varphi_S(v)=9048.17$ $\varphi_M(v)=6286.14$ $\varphi_R(v)=1962.05$	$\Delta\Pi_S=7538.81$ $\Delta\Pi_M=4899.73$ $\Delta\Pi_R=1482.83$

Shapley 值法能够使得每个企业在供应链中获得公平的回报，同时激励企业积极参与并提高其贡献度。通过给予更多贡献较大的企业更高的利润份额，以鼓励和奖励那些在供应链中具有核心能力和重要角色的企业。Shapley 值法利润分配机制也能够增强整个供应链的协调性，消除企业之间的不合理竞争和摩擦，取而代之的是相互合作和共同发展的合作氛围。

5.4　零售商和供应商共同持股节能服务公司模型

5.4.1　模型构建与分析

下面考虑零售商和供应商共同持股节能服务公司的情形，记零售商和供应商的持股比例分别为 ε 和 δ，则他们的持股成本分别为 $\varepsilon E/(1-\varepsilon)$ 和 $\delta E/(1-\delta)$。供应链博弈的时序为，首先节能服务公司确定碳排放权价格 β_d 及减排量 θ_d，其次供应商确定产品批发价格 w_d，最后零售商确定产品市场价格 p_d 及订货需求量 D，这种情形下，节能服务公司、供应商和零售商的最优决策问题分别为：

$$\underset{\beta_d,\theta_d}{Max}\Pi_{Sd}^{YD}=(1-\varepsilon-\delta)[(\beta_d-c_0)\theta_d D(p_d,\theta_d)-k\theta_d^2/2] \tag{5.11}$$

$$s.t.\ \underset{w_d}{Max}\Pi_{Md}^{YD}=(w_d-c)D(p_d,\theta_d)-\beta_d\theta_d D(p_d,\theta_d)-t[(e_0-\theta_d)D(p_d,\theta_d)-E_g]$$
$$+\delta[(\beta_d-c_0)\theta_d D(p_d,\theta_d)-k\theta_d^2/2]-\delta E/(1-\delta) \tag{5.12}$$

$$\underset{p_d}{Max}\Pi_{Rd}^{YD}=(p_d-w_d)D(p_d,\theta_d)+\varepsilon[(\beta_d-c_0)\theta_d D(p_d,\theta_d)-k\theta_d^2/2]-\varepsilon E/(1-\varepsilon)$$

(5.13)

式（5.11）描述了节能服务公司的利润函数，该函数考虑了节能服务公司为供应商提供减排服务的收益和成本，减去了零售商和供应商持股分红。第一项表示节能服务公司通过向供应商提供减排服务而获得的收益。这些减排服务包括技术支持、能源管理咨询和减少排放的措施。第二项表示节能服务公司为提供减排服务而承担的成本。这些成本可能包括技术研发、培训员工、购买设备和执行减排措施等。第三项表示零售商从持有节能服务公司股份中获得的分红收益。这是作为零售商和供应商参与节能服务公司股权投资的回报。在式（5.12）中，第一项表示供应商通过批发低碳产品给零售商所得的利润，这是供应商销售产品的基本收入来源。第二项表示供应商购买减排服务的成本，这是为了改善产品的低碳性能并满足市场需求。第三项表示供应商在碳交易市场上出售或购买碳排放收益或支出。同时，供应商还需要考虑持股分红和持股成本。第四项表示供应商从持有节能服务公司股份中获得的分红收益。第五项表示供应商持有节能服务公司股份所需承担的成本，这包括购买股权和持有股权的资金成本。式（5.13）中，第一项表示零售商通过销售低碳产品所得的利润，这是零售商的主要收入来源。第二项表示零售商从持有节能服务公司股份中获得的分红收益，作为对其股权投资的回报。第三项表示零售商持有节能服务公司股份所需承担的成本，包括购买股权和持有股权的资金成本。通过对式（5.11）、式（5.12）和式（5.13）的描述，更全面地理解节能服务公司、供应商和零售商的利润函数，并考虑到其中的收益、成本和持股分红等因素。

定理5.3　当 $\varepsilon=0$，$\delta=0$ 时，零售商和供应商都不对节能服务公司持股，低碳产品的需求量为 D_d^{ND}，节能服务公司、供应商和零售商的最优决策分别为（β_d^{ND}，θ_d^{ND}）、w_d^{ND} 和 p_d^{ND}，对应的利润分别为 Π_{Sd}^{ND}、Π_{Md}^{ND}和 Π_{Rd}^{ND}。

证明：采用逆向归纳法求解得，节能服务公司的最优碳排放权价格为 $\beta_d^{ND}=\dfrac{4k}{\alpha+bt-bc_0}+c_0$ 和碳减排量为 $\theta_d^{ND}=\dfrac{(a-bc-bte_0)[\alpha+b(t-c_0)]}{8kb-[\alpha+b(t-c_0)]^2}$，相应的产品批发价格、市场价格、订货需求、节能服务公司、零售商和供应商的利润分别为 $w_d^{ND}=\dfrac{(a+bc+bte_0)[2k-\alpha(t-c_0)]+4ka-ab(t-c_0)^2-\alpha^2(e_0t+c)}{8kb-[\alpha+b(t-c_0)]^2}$、

$p_d^{ND}=\frac{(a+bc+bte_0)[k-\alpha(t-c_0)]+6ka-ab(t-c_0)^2-\alpha^2(e_0t+c)}{8kb-[\alpha+b(t-c_0)]^2}$、$D_d^{YD}=\frac{kb(a-bc-bte_0)}{8kb-[\alpha+b(t-c_0)]^2}$、

$\Pi_{Sd}^{YD}=\frac{k(a-bc-bte_0)^2}{2\{8kb-[\alpha+b(t-c_0)]^2\}}$、$\Pi_{Md}^{YD}=\frac{k^2b(a-bc-bte_0)^2}{\{8kb-[\alpha+b(t-c_0)]^2\}^2}+tE_g$ 和 $\Pi_{Rd}^{ND}=$

$\frac{k^2b(a-bc-bte_0)^2}{\{8kb-[\alpha+b(t-c_0)]^2\}^2}$。证毕。

定理 5.4 当 $\varepsilon>0$，$\delta>0$ 时，零售商和供应商共同持股节能服务公司，低碳产品订货需求为 D_d^{YD}，节能服务公司、供应商和零售商的最优决策分别为（β_d^{YD}，θ_d^{YD}）、w_d^{YD} 和 p_d^{YD}，对应的利润分别为 Π_{Sd}^{YD}、Π_{Md}^{YD}和 Π_{Rd}^{YD}。

证明：采用逆向归纳法，节能服务公司的最优碳排放权价格为 $\beta_d^{YD}=\frac{4k}{\alpha+bt-bc_0}+c_0$ 和碳减排量为 $\theta_d^{YD}=\frac{(a-bc-bte_0)[\alpha+b(t-c_0)]}{8kb(1-\varepsilon-\delta)-[\alpha+b(t-c_0)]^2}$，相应的批发价格、市场价格、订货需求、节能服务公司、零售商和供应商的利润分别为

$w_d^{YD}=\frac{(a+bc+bte_0)[2k(1-\varepsilon-\delta)-\alpha(t-c_0)]+4k[a(1-\delta)-\varepsilon(bc+bte_0)]-ab(t-c_0)^2-\alpha^2(e_0t+c)}{8kb(1-\varepsilon-\delta)-[\alpha+b(t-c_0)]^2}$、

$p_d^{YD}=\frac{(a+bc+bte_0)[k(1-\varepsilon-\delta)-\alpha(t-c_0)]+6ka(1-\varepsilon-\delta)-ab(t-c_0)^2-\alpha^2(e_0t+c)}{8kb(1-\varepsilon-\delta)-[\alpha+b(t-c_0)]^2}$、

$D_d^{YD}=\frac{kb(1-\varepsilon-\delta)(a-bc-bte_0)}{8kb(1-\varepsilon-\delta)-[\alpha+b(t-c_0)]^2}$、$\Pi_{Sd}^{YD}=\frac{k(1-\varepsilon-\delta)(a-bc-bte_0)^2}{2\{8kb(1-\varepsilon-\delta)-[\alpha+b(t-c_0)]^2\}}$、

$\Pi_{Md}^{YD}=\frac{k^2b(1-\varepsilon-\delta)(1-5\varepsilon-\delta)(a-bc-bte_0)^2}{\{8kb(1-\varepsilon-\delta)-[\alpha+b(t-c_0)]^2\}^2}+tE_g-\frac{\delta E}{1-\delta}+\frac{\delta\Pi_{Sd}^{YD}}{1-\varepsilon-\delta}$和 $\Pi_{Rd}^{YD}=$

$\frac{k^2b(1-\varepsilon-\delta)(1-5\varepsilon-\delta)(a-bc-bte_0)^2}{\{8kb(1-\varepsilon-\delta)-[\alpha+b(t-c_0)]^2\}^2}-\frac{\varepsilon E}{1-\varepsilon}+\frac{\varepsilon\Pi_{Sd}^{YD}}{1-\varepsilon-\delta}$。证毕。

5.2 章节已经分析零售商不持股、供应商单独持股节能服务公司情形。一种可能的情形是供应商不持股而零售商单独持股节能服务公司。这种情况下，零售商将独立与节能服务公司持股合作。然而，第一种情况在理论和实践上的动机可能不足，供应商可能没有足够的动力与零售商合作，也可能无法充分发挥其专业知识和技能。因此，本书不再讨论供应商不持股而零售商单独持股节能服务公司的情形。

推论 5.4 零售商和供应商共同持股节能服务公司，产品碳减排量 θ_d^{YD}、

市场需求量 D_d^{YD} 及节能服务公司利润 Π_{Sd}^{YD} 均得到增加，且随两者持股比例和的增加而增大。同时，低碳产品市场价格 p_d^{YD} 得到降低。

证明：由定理5.3和定理5.4知，$\theta_d^{ND} < \theta_d^{YD}$，$D_d^{ND} < D_d^{YD}$，$p_d^{ND} > p_d^{YD}$，$\Pi_{Sd}^{ND} < \Pi_{Sd}^{YD}$，$\frac{\partial \theta_d^{YD}}{\partial \varsigma} > 0$（为方便表示，令 $\varsigma = \varepsilon + \delta$），$\frac{\partial D_d^{YD}}{\partial \varsigma} > 0$，$\frac{\partial \Pi_{Sd}^{YD}}{\partial \varsigma} > 0$。证毕。

比较供应商单独持股节能服务公司和零售商和供应商共同持股节能服务公司这两种情形，得到推论5.5。

推论5.5　零售商和供应商共同持股节能服务公司较供应商单独持股来说，提高了供应链鲁棒性，实现了真正意义上的供应链企业大联盟，增强了供应链企业整体竞争力。比较两种情况下的持股比例，得到：

（1）若 $\lambda > \varepsilon + \delta$，则 $\theta_d^{YD} < \theta_s^{YD}$、$D_d^{YD} < D_s^{YD}$、$\Pi_{Sd}^{YD} < \Pi_{Ss}^{YD}$，此时供应商单独持股节能服务公司情形下对产品绿色程度、产品市场需求及节能服务公司收益较为有利，供应链企业可以在短期内获得较好发展；

（2）若 $\lambda < \varepsilon + \delta$，则 $\theta_d^{YD} > \theta_s^{YD}$、$D_d^{YD} > D_s^{YD}$、$\Pi_{Sd}^{YD} > \Pi_{Ss}^{YD}$，此时零售商和供应商同时对节能服务公司持股情形下对产品绿色程度、产品市场需求及节能服务公司收益较为有利，供应链企业能够得到长远发展；

（3）若 $\lambda = \varepsilon + \delta$，两种持股情形下对供应链企业决策及节能服务公司利润的影响相同，但对零售商和供应商利润的影响视其各自持股比例而异。

证明：由定理4.2易知上述推论的正确性。此外，由章节5.2可知，供应商单独对节能服务公司持股时会使供应链决策及绩效得到帕累托改进，但也会带来零售商“搭便车”现象，这种持股模式可使供应链企业在中短期内得到较好发展，但很难得到长久发展。而零售商和供应商同时对节能服务公司持股不仅会消除“搭便车”现象，而且整个供应链稳定性增强，使单个企业决策更加趋向于供应链最优决策，各企业均能得到长远发展。但在这种情况下，节能服务公司应采取措施激励零售商和供应商提高其持股比例，优化供应链决策。

5.4.2　算例分析

下面对零售商、供应商持股比例分别变化时对供应链决策及企业利润的影响进行分析。相关参数假设与5.2.4章节保持一致，$a=200$，$c=100$，$\alpha=0.4$，$b=0.6$，$k=0.8$，$t=0.7$，$c_0=0.5$，$e_0=150$，$E_g=4000$，$E=3000$。

（1）零售商、供应商持股比例对供应链决策的敏感性分析。

观察图5－9和图5－10可知，碳减排量θ_d^{YD}、市场需求量D_d^{YD}和市场价格p_d^{YD}都随零售商和供应商持股比例ε和δ的增加而不断增多，且受两者持股比例变化的影响相同。供应商为提高产品绿色水平、增加产品市场占有率，会增加其对节能服务公司的持股比例δ，同时会鼓励零售商增加持股比例ε。但这会导致低碳产品价格提高，降低消费者福利水平。对此，政府或受益较多一方企业应考虑采取相关措施，给予消费者一定补贴，鼓励其购买、使用低碳产品的同时，提高消费者福利水平。

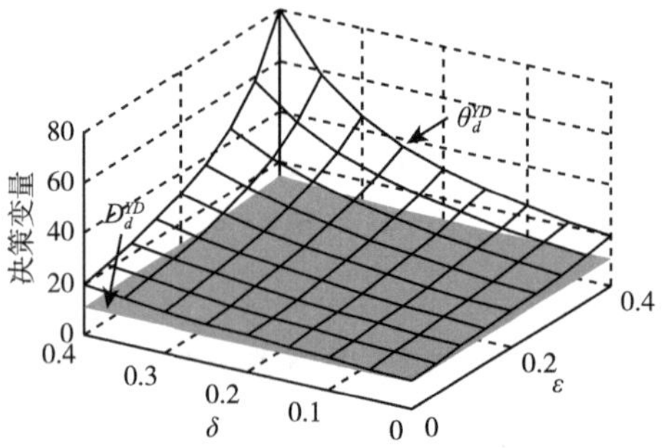

图5－9　ε、δ对θ_d^{YD}和D_d^{YD}的影响

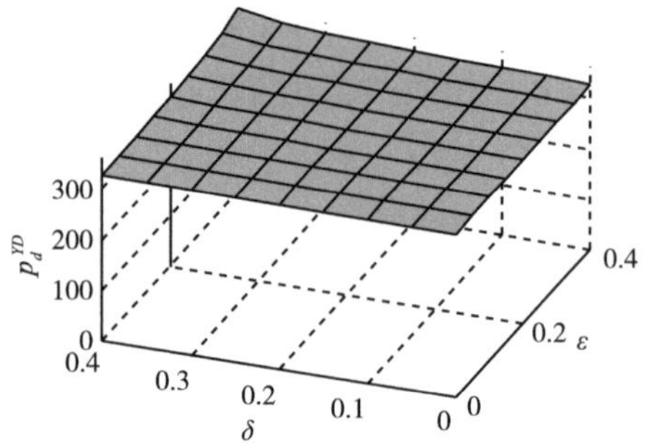

图5－10　ε、δ对p_d^{YD}的影响

（2）零售商、供应商持股比例对企业利润的敏感性分析。

观察图5－11发现，节能服务公司利润随零售商和供应商持股比例的增加而不断增加，这个结论是显然的，因为零售商和供应商的股权投资成本不仅可以缓解节能服务公司的减排成本压力，还可以为其购买更高效的节能技术和设备增加资金动力，使产品碳排放得到更多的减排，使其利润得到增加。由图5－12可知，供应商利润随两企业持股比例的增加而不断减少，且较零售商持股比例来说，其随自身持股比例的增加利润减少更多。因此，对于供应商来说，其会在碳减排量、低碳产品市场需求量和自身利润之间进行衡量，从而作出最优的股权投资决策；供应商也可以通过经济手段鼓励零售商增加持股比例，平衡决策优化和利润优化。观察图5－13可知，零售商利润随其自身持股比例增加而加速减少，当持股比例达到一定比例，利润减少为负数，但随供应商持股比例的增加零售商利润缓慢增加（见图 5－14）。因此，从零售商角度来说，其会考虑不对节能服务公司持股或以很小的比例持股。

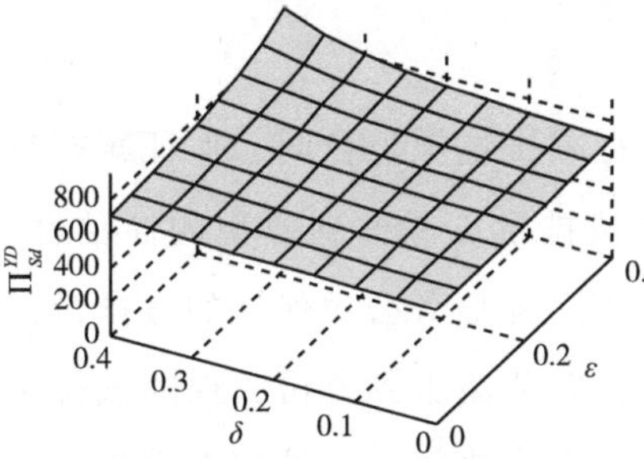

图 5－11　ε、δ 对节能服务公司利润的影响

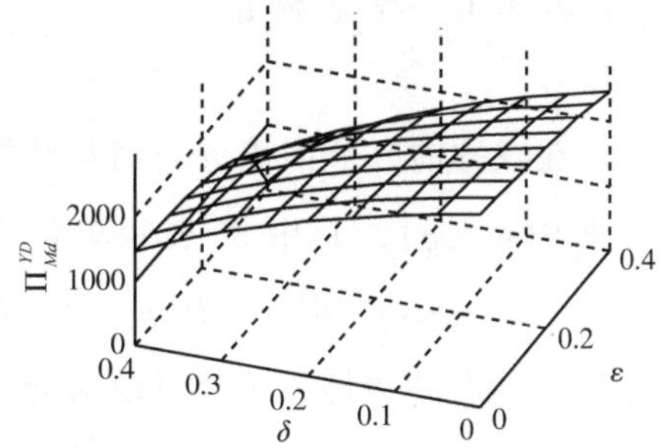

图 5－12　ε、δ 对供应商利润的影响

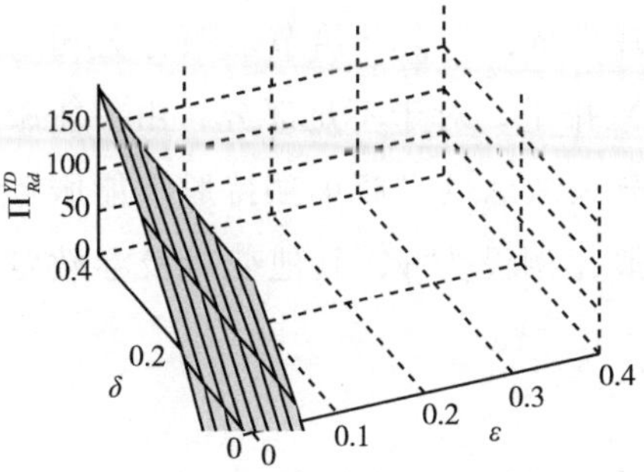

图 5－13　ε、δ 对零售商利润的影响

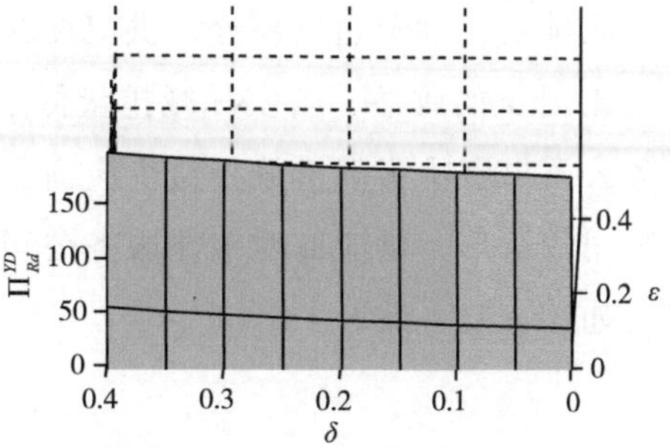

图 5－14　δ 对 Π_{Rd}^{YD} 的影响

显然，零售商和供应商共同持股节能服务公司能增强企业之间的鲁棒性，提高供应链整体竞争性，但企业决策与利润的协调问题影响了股权投资策略能否顺利实施。

5.5　研究拓展——减排量保证合同

5.2 节从企业间持股的角度对节能服务公司参与供应商减排进行分析，此时碳减排量内生。下面探讨持股对合同能源管理（Energy Management Contracting，简称 EMC）的另一种减排模式—减排量保证模式（此种模式下碳减排量外生）。

5.5.1 模型构建

在减排前，节能服务公司与减排企业签订减排量保证合同，保证减排量为 $\theta_g D(p_s,\theta)$，其中 θ_g 表示单位产品保证减排量，考虑到模型的简洁性，这里假设 $\theta_g D(p_s,\theta)=e_0 D(p_s,\theta)-E_g$，即表示节能服务公司保证的减排量正好等于其产品碳排放量超过政府配额部分，此时节能服务公司实现的减排量 $\theta_g D(p_s,\theta)$ 不需要制造企业再进行购买或出售碳排放权，这是较为理想的碳减排量。但由于节能服务公司减排技术的差异，这种情况较难实现，往往会出现实际减排量 $\theta D(p_s,\theta)$ 大于或小于保证减排量。若实际减排量超出保证减排量，对于超出部分，供应商获得该减排量，但会分给节能服务公司一定比例 σ 的收益；若实际减排量低于保证减排量，对于不足部分，由节能服务公司出资购买碳排放权给供应商。该部分只考虑供应商单独持股节能服务公司的情形，供应商对节能服务公司的持股比例设为 γ，其他变量及参数定义如 5.1 节一致。

5.5.2 减排量保证下供应商持股节能服务公司决策

考虑实际减排量大于保证减排量、实际减排量小于保证减排量及实际减排量等于保证减排量三种情况，引入 0－1 变量 y，三种情况下各企业的最优决策模型为（决策顺序与 5.2 章节相同）：

$$\begin{aligned}\underset{\beta_s}{Max}\Pi_S=&(1-\gamma)\{(\beta_s-c_0)\theta D(p_s,\theta)-\frac{1}{2}k\theta^2+y(1-\sigma)t(\theta-\theta_g)D(p_s,\theta)\\&-(1-y)t(\theta_g-\theta)D(p_s,\theta)\}\end{aligned}\tag{5.14}$$

$$\begin{aligned}\text{s. t. }\underset{w_s}{Max}\Pi_M=&(w_s-c)D(p_s,\theta)-\beta_s\theta D(p_s,\theta)+y\sigma t(E_g-(e_0-\theta))\\&+\gamma\{(\beta_s-c_0)\theta D(p_s,\theta)-\frac{1}{2}k\theta^2+y(1-\sigma)t(\theta-\theta_g)D(p_s,\theta)\end{aligned}$$

$$-(1-y)t(\theta_g-\theta)D(p_s,\theta)\}-\frac{\gamma T}{1-\gamma} \tag{5.15}$$

$$\underset{p_s}{Max}\Pi_R=(p_s-w_s)D(p_s,\theta) \tag{5.16}$$

$$\theta_g=\frac{e_0D(p_s,\theta)-E_g}{D(p_s,\theta)} \tag{5.17}$$

$$y=\begin{cases}1, & \theta>\theta_g\\0, & 其他\end{cases} \tag{5.18}$$

在该模型中引入 0－1 变量 y，y 取 1 时，表示实际减排量大于保证减排量（$\theta>\theta_g$），将 $y=1$ 代入得到该条件下三个企业的最优决策模型；y 取 0 时，此时有 $\theta<\theta_g$ 和 $\theta=\theta_g$，将其代入模型中分别得到实际减排量小于保证减排量和实际减排量等于保证减排量两种情况下三个企业的最优决策模型。当 $\gamma=0$ 时，表示供应商不持股节能服务公司，$\gamma>0$ 则表示供应商对节能服务公司持股。于是，根据企业实际运营决策，上述模型包括以下六种情况。

（1）供应商不持股节能服务公司情形下，供应链企业的最优决策模型。

供应商不对节能服务公司持股时，节能服务公司实际减排量与保证减排量有以下三种关系。

①实际减排量大于保证减排量（$\theta>\theta_g$）。

由式（5.14）～式（5.18）得出供应链成员此种情形下的最优决策（$\beta^{ND}_{s(\theta>\theta_g)}$，$w^{ND}_{s(\theta>\theta_g)}$，$p^{ND}_{s(\theta>\theta_g)}$）分别为 $\beta^{ND}_{s(\theta>\theta_g)}=\frac{a-bc+(\alpha+bc_0)\theta+(1-2\sigma)bt(e_0-\theta)}{2b\theta}$、$w^{ND}_{s(\theta>\theta_g)}=\frac{3a+bc+(3\alpha+bc_0)\theta+bt(e_0-\theta)}{4b}$、$p^{ND}_{s(\theta>\theta_g)}=\frac{7a+bc+(7\alpha+bc_0)\theta+bc(e_0-\theta)}{8b}$，相应的市场需求量 $D^{ND}_{s(\theta>\theta_g)}=\frac{a-bc-bte_0+(\alpha+bt-bc_0)\theta}{8}$，供应链成员的利润分别为 $\Pi^{ND}_{Ss(\theta>\theta_g)}=\frac{[a-bc-bte_0+(\alpha+bt-bc_0)\theta]^2}{16b}+(1-\sigma)tE_g-\frac{1}{2}k\theta^2$、$\Pi^{ND}_{Ms(\theta>\theta_g)}=\frac{[a-bc-bte_0+(\alpha+bt-bc_0)\theta]^2}{32b}+\sigma tE_g$ 和 $\Pi^{ND}_{Rs(\theta>\theta_g)}=\frac{[a-bc-bte_0+(\alpha+bt-bc_0)\theta]^2}{64b}$。

②实际减排量小于保证减排量（$\theta<\theta_g$）。

由式（5.14）～式（5.18）得出供应链成员此种情形下的最优决策

($\beta^{ND}_{s(\theta<\theta_g)}$, $w^{ND}_{s(\theta<\theta_g)}$, $p^{ND}_{s(\theta<\theta_g)}$)分别为 $\beta^{ND}_{s(\theta<\theta_g)}=\dfrac{a-bc+bte_0+(\alpha+bc_0-bt)\theta}{2b\theta}$、$w^{ND}_{s(\theta<\theta_g)}=\dfrac{3a+bc+(3\alpha+bc_0)\theta+bt(e_0-\theta)}{4b}$、$p^{ND}_{s(\theta<\theta_g)}=\dfrac{7a+bc+(7\alpha+bc_0)\theta+bc(e_0-\theta)}{8b}$，相应的市场需求量 $D^{ND}_{s(\theta<\theta_g)}=\dfrac{a-bc-bte_0+(\alpha+bt-bc_0)\theta}{8}$，供应链成员的利润分别为 $\Pi^{ND}_{Ss(\theta<\theta_g)}=\dfrac{[a-bc-bte_0+(\alpha+bt-bc_0)\theta]^2}{16b}-\dfrac{1}{2}k\theta^2+tE_g$、$\Pi^{ND}_{Ms(\theta<\theta_g)}=\dfrac{[a-bc-bte_0+(\alpha+bt-bc_0)\theta]^2}{32b}$、$\Pi^{ND}_{Rs(\theta<\theta_g)}=\dfrac{[a-bc-bte_0+(\alpha+bt-bc_0)\theta]^2}{64b}$。

③实际减排量等于保证减排量（$\theta=\theta_g$）。

由式（5.14）~式（5.18）得出供应链成员此种情形下的最优决策($\beta^{ND}_{s(\theta=\theta_g)}$, $w^{ND}_{s(\theta=\theta_g)}$, $p^{ND}_{s(\theta=\theta_g)}$)分别为 $\beta^{ND}_{s(\theta=\theta_g)}=\dfrac{a-bc+(\alpha+bc_0)\theta}{2b\theta}$、$w^{ND}_{s(\theta=\theta_g)}=\dfrac{3a+bc+(3\alpha+bc_0)\theta}{4b}$和 $p^{ND}_{s(\theta=\theta_g)}=\dfrac{7a+bc+(7\alpha+bc_0)\theta}{8b}$，相应的市场需求量 $D^{ND}_{s(\theta=\theta_g)}=\dfrac{a-bc+(\alpha-bc_0)\theta}{8}$，供应链成员的利润分别为 $\Pi^{ND}_{Ss(\theta=\theta_g)}=\dfrac{[a-bc+(\alpha-bc_0)\theta]^2}{16b}-\dfrac{1}{2}k\theta^2$、$\Pi^{ND}_{Ms(\theta=\theta_g)}=\dfrac{[a-bc+(\alpha-bc_0)\theta]^2}{32b}$和 $\Pi^{ND}_{Rs(\theta=\theta_g)}=\dfrac{[a-bc+(\alpha-bc_0)\theta]^2}{64b}$。

（2）供应商不持股节能服务公司情形下，供应链企业的最优决策模型。

供应商对节能服务公司持股时，节能服务公司实际减排量与保证减排量同样有以下三种关系。

①实际减排量大于保证减排量（$\theta>\theta_g$）。

由式（5.14）~式（5.18）得出供应链成员此种情形下的最优决策($\beta^{YD}_{s(\theta>\theta_g)}$, $w^{YD}_{s(\theta>\theta_g)}$, $p^{YD}_{s(\theta>\theta_g)}$)分别为 $\beta^{YD}_{s(\theta>\theta_g)}=\dfrac{a-bc+\alpha\theta+(1-2\gamma)bc_0\theta+[(1-2\sigma-2\gamma(1-\sigma)]bt(e_0-\theta)}{2(1-\gamma)b\theta}$、$w^{YD}_{s(\theta>\theta_g)}=\dfrac{3a+bc+bte_0+(3\alpha+bc_0-bt)\theta}{4b}$和 $p^{YD}_{s(\theta>\theta_g)}=\dfrac{7a+bc+bte_0+(7\alpha+bc_0-bt)\theta}{8b}$，相应的市场需求量 $D^{YD}_{s(\theta>\theta_g)}=\dfrac{a-bc-bte_0+(\alpha+bt-bc_0)\theta}{8}$，供应链成员的利润

分别为 $\Pi_{Ss(\theta>\theta_g)}^{YD}=\dfrac{[a-bc-bte_0+(\alpha+bt-bc_0)\theta]^2}{16b}-(1-\gamma)\left[\dfrac{1}{2}k\theta^2-(1-\sigma)tE_g\right]$、$\Pi_{Ms(\theta>\theta_g)}^{YD}=\dfrac{[a-bc-bte_0+(\alpha+bt-bc_0)\theta]^2}{32b}+\sigma tE_g-\gamma\left[\dfrac{1}{2}k\theta^2-(1-\sigma)tE_g\right]-\dfrac{\gamma T}{1-\gamma}$和 $\Pi_{Rs(\theta>\theta_g)}^{YD}=\dfrac{[a-bc-bte_0+(\alpha+bt-bc_0)\theta]^2}{64b}$。

②实际减排量小于保证减排量（$\theta<\theta_g$）。

由式（5.14）~式（5.18）得出供应链成员此种情形下的最优决策（$\beta_{s(\theta<\theta_g)}^{YD}$，$w_{s(\theta<\theta_g)}^{YD}$，$p_{s(\theta<\theta_g)}^{YD}$）分别为 $\beta_{s(\theta<\theta_g)}^{YD}=\dfrac{a-bc+\alpha\theta+(1-2\gamma)b(te_0+c_0\theta-t\theta)}{2(1-\gamma)b\theta}$、$w_{s(\theta<\theta_g)}^{YD}=\dfrac{3a+bc+(3\alpha+bc_0)\theta+bt(e_0-\theta)}{4b}$、$p_{s(\theta<\theta_g)}^{YD}=\dfrac{7a+bc+(7\alpha+bc_0)\theta+bc(e_0-\theta)}{8b}$，相应的市场需求量 $D_{s(\theta<\theta_g)}^{YD}=\dfrac{a-bc-bte_0+(\alpha+bt-bc_0)\theta}{8}$，供应链成员的利润分别为 $\Pi_{Ss(\theta<\theta_g)}^{YD}=\dfrac{[a-bc-bte_0+(\alpha+bt-bc_0)\theta]^2}{16b}-(1-\gamma)\left(\dfrac{1}{2}k\theta^2-tE_g\right)$、$\Pi_{Ms(\theta<\theta_g)}^{YD}=\dfrac{[a-bc-bte_0+(\alpha+bt-bc_0)\theta]^2}{32b}-\gamma\left(\dfrac{1}{2}k\theta^2-tE_g\right)-\dfrac{\gamma T}{1-\gamma}$ 和 $\Pi_{Rs(\theta<\theta_g)}^{YD}=\dfrac{[a-bc-bte_0+(\alpha+bt-bc_0)\theta]^2}{64b}$。

③实际减排量等于保证减排量（$\theta=\theta_g$）。

由式（5.14）~式（5.18）得出供应链成员此种情形下的最优决策（$\beta_{s(\theta=\theta_g)}^{YD}$，$w_{s(\theta=\theta_g)}^{YD}$，$p_{s(\theta=\theta_g)}^{YD}$）分别为 $\beta_{s(\theta=\theta_g)}^{YD}=\dfrac{a-bc+(\alpha+bc_0)\theta-2\gamma bc_0\theta}{2(1-\gamma)b\theta}$、$w_{s(\theta=\theta_g)}^{YD}=\dfrac{3a+bc+(3\alpha+bc_0)\theta}{4b}$和 $p_{s(\theta=\theta_g)}^{YD}=\dfrac{7a+bc+(7\alpha+bc_0)\theta}{8b}$，相应的市场需求量 $D_{s(\theta=\theta_g)}^{YD}=\dfrac{a-bc+(\alpha-bc_0)\theta}{8}$，供应链成员的利润分别为 $\Pi_{Ss(\theta=\theta_g)}^{YD}=\dfrac{[a-bc+(\alpha-bc_0)\theta]^2}{16b}-\dfrac{1}{2}(1-\gamma)k\theta^2$、$\Pi_{Rs(\theta=\theta_g)}^{YD}=\dfrac{[a-bc+(\alpha-bc_0)\theta]^2}{64b}$ 和 $\Pi_{Ms(\theta=\theta_g)}^{YD}=\dfrac{[a-bc+(\alpha-bc_0)\theta]^2}{32b}-\dfrac{1}{2}\gamma k\theta^2-\dfrac{\gamma T}{1-\gamma}$。

5.5.3 减排量保证下供应链比较分析

对持股前后企业决策变量及利润值进行比较，见表 5－6。观察表中持股前后比较一栏，“＝”和“不确定”居多，持股后，决策值和利润很少有得到优化的。这说明持股策略对于减排量保证型的供应链系统意义不大，因此，对于运用此种减排模式的供应链系统，不建议企业间实施持股策略。

表 5－6　持股前后供应链决策及利润比较

持股情况 / θ 与 θ_g 的关系		不持股（$\gamma=0$）	持股前后比较		持股（$0<\gamma<1/2$）
实际减排量大于保证减排量 $\theta>\theta_g$	决策	$\beta_{s(\theta>\theta_g)}^{ND}$	不确定	决策	$\beta_{s(\theta>\theta_g)}^{YD}$
		$w_{s(\theta>\theta_g)}^{ND}$	=		$w_{s(\theta>\theta_g)}^{YD}$
		$p_{s(\theta>\theta_g)}^{ND}$	=		$p_{s(\theta>\theta_g)}^{YD}$
		$D_{s(\theta>\theta_g)}^{ND}$	=		$D_{s(\theta>\theta_g)}^{YD}$
	利润	$\Pi_{Ss(\theta>\theta_g)}^{ND}$	不确定	利润	$\Pi_{Ss(\theta>\theta_g)}^{YD}$
		$\Pi_{Ms(\theta>\theta_g)}^{ND}$	不确定		$\Pi_{Ms(\theta>\theta_g)}^{YD}$
		$\Pi_{Rs(\theta>\theta_g)}^{ND}$	=		$\Pi_{Rs(\theta>\theta_g)}^{YD}$
实际减排量小于保证减排量 $\theta<\theta_g$	决策	$\beta_{s(\theta<\theta_g)}^{ND}$	不确定	决策	$\beta_{s(\theta<\theta_g)}^{YD}$
		$w_{s(\theta<\theta_g)}^{ND}$	=		$w_{s(\theta<\theta_g)}^{YD}$
		$p_{s(\theta<\theta_g)}^{ND}$	=		$p_{s(\theta<\theta_g)}^{YD}$
		$D_{s(\theta<\theta_g)}^{ND}$	=		$D_{s(\theta<\theta_g)}^{YD}$
	利润	$\Pi_{Ss(\theta<\theta_g)}^{ND}$	<	利润	$\Pi_{Ss(\theta<\theta_g)}^{YD}$
		$\Pi_{Ms(\theta<\theta_g)}^{ND}$	不确定		$\Pi_{Ms(\theta<\theta_g)}^{YD}$
		$\Pi_{Rs(\theta<\theta_g)}^{ND}$	=		$\Pi_{Rs(\theta<\theta_g)}^{YD}$
实际减排量等于保证减排量 $\theta=\theta_g$	决策	$\beta_{s(\theta=\theta_g)}^{ND}$	<	决策	$\beta_{s(\theta=\theta_g)}^{YD}$
		$w_{s(\theta=\theta_g)}^{ND}$	=		$w_{s(\theta=\theta_g)}^{YD}$
		$p_{s(\theta=\theta_g)}^{ND}$	=		$p_{s(\theta=\theta_g)}^{YD}$
		$D_{s(\theta=\theta_g)}^{ND}$	=		$D_{s(\theta=\theta_g)}^{YD}$
	利润	$\Pi_{Ss(\theta=\theta_g)}^{ND}$	<	利润	$\Pi_{Ss(\theta=\theta_g)}^{YD}$
		$\Pi_{Ms(\theta=\theta_g)}^{ND}$	>		$\Pi_{Ms(\theta=\theta_g)}^{YD}$
		$\Pi_{Rs(\theta=\theta_g)}^{ND}$	=		$\Pi_{Rs(\theta=\theta_g)}^{YD}$

5.6　管理启示

将持股策略引入节能服务公司参与供应商减排（减排量为内生变量）模型中，分别探讨了供应商单独持股节能服务公司和零售商、供应商同时持股节能服务公司两种情形下，持股策略对供应链成员最优决策及最优利润的影响。此外，还将模型拓展至减排量保证型合同（减排量为外生变量）中，同样分析了持股策略对该种减排模式的影响。通过上述分析，主要得到以下管理启示。

（1）在减排量内生情形下，供应商对节能服务公司在一定比例范围内进行持股，可使供应链企业的最优决策和最优利润都得到优化，建议此种减排模式下的供应链企业实施持股策略；但若节能服务公司采取减排量保证型合同，企业间持股策略对各企业决策及利润无明显改善，因此，这种减排模式下不建议企业采取股权策略。

（2）在减排量内生情形下，供应商单独持股节能服务公司时，供应商增加持股比例会增加产品碳减排量、链条上其他成员利润，同时产品市场价格降低，使环保红利、消费者福利及企业效益均得到增加，政府及企业可以对供应商采取诸如税收减免、资金补贴等经济手段鼓励其增加持股比例；零售商和供应商同时持股节能服务公司时，两公司增加持股比例同样会使供应链企业决策和利润得到优化，增强供应链企业竞争性，实现真正意义上的供应链企业大联盟，但该种情形下应采取一定措施协调企业决策与利润的关系，鼓励企业增加持股比例。

（3）运用兼顾效率与公平的Shapley值法实现了供应链协调，该方法将各企业的贡献考虑进来，在一定程度上体现了“多劳多得”原则，企业在实际运营中可考虑采用该方法分配收益。

5.7　本章小结

本章同样在供应链企业间股权合作的基础上，研究了不具有减排能力的制造企业通过节能服务公司减排的问题。主要研究内容包括，求解供应链各企业最优决策及利润，研究企业间股权合作形成的条件，相关外生变量对碳减排量的敏感性分析以及股权合作策略对供应链企业决策及绩效的影响。随后，运用Shapley值法对持股后低碳供应链的协调问题进行研究。与此同时，对零售商和供应商同时持股节能服务公司时，持股策略对企业决策和利润的影响进行简要分析。此外，将模型扩展到产品碳减排量保证型合同中，研究持股策略对该种减排模式的影响。

根据本章的理论结果及数值分析，主要结论可概括为：

（1）理性的供应链企业达成股权合作策略的最基本也是最主要的条件就是持股后双方利润均得到改善，否则，该策略很难实施。

（2）研究消费者环保意识、持股比例和产品初始碳排放量对产品减排量的影响发现，消费者环保意识越强、企业间持股比例越大，产品减排量越多，而产品初始碳排放量越多，碳减排量越少。从中得到的管理启示有：为增加产品碳减排量，政府及企业应该采取有效的措施提高消费者环保意识；被持股企业可通过降低产品价格或收益分享的方式鼓励投资企业增加持股比例；此外，政府应通过制定相关法律法规倒逼高碳排放企业向低碳排放企业转型等。

（3）通过对比企业间股权合作前后发现，股权合作策略能够提高产品绿色程度，增加低碳产品市场需求量，使得供应链成员的利润均得到增加，实现供应链决策及绩效的帕累托改进，同时，持股后低碳产品价格降低，消费者福利也得到增加。

（4）股权合作策略虽然实现了供应链决策及绩效的帕累托改进，但双重边际效应问题依然存在，低碳供应链并未实现协调。本章最后一小节通过Shapley值法对低碳供应链协调问题进行研究，兼顾各企业投资比例、核心竞争力等贡献因素，在体现效率和公平的基础上，实现了供应链协调。

（5）将模型拓展至持股策略下减排量保证型合同中，通过对模型求解分析发现，在供应链企业实施该合同时，持股策略对其最优决策及最优利润的优化并不明显，故此减排方式下不建议采取企业间股权策略。

第 6 章

消费者异质性且零售商主导供应链减排合作决策研究

本章构建新的问题场景，讨论消费者是非同质的且对低碳产品和普通产品的估值不同，供应链结构变成一个零售商和两个竞争性供应商所组成，拓展了前面基于同质性消费者的研究领域。通过不同合作联盟的分析，解释消费者异质性特征对供应链减排与定价决策及企业利润的影响机理。

6.1 问题描述

习近平总书记在党的二十大报告中指出："推动经济社会发展绿色化、低碳化是实现高质量发展的关键环节。"面向"双碳"目标，越来越多的企业意识到绿色低碳发展对企业的重要意义。企业通过引入低碳技术并生产低碳产品，可以更好地满足消费者对环保和可持续发展的需求，获得消费者认可和信任，从而获得低碳竞争优势。例如，东风汽车早在 2010 年成立新能源事业平台，在生产燃油汽车同时推出新能源汽车。海尔通过实施 6G（6 - Green）战略推出一系列绿色、低碳新产品，其中，冷媒变流海尔空调相对入门级空调每年可减排 387 千克二氧化碳。行业领军企业低碳示范推进形成企业低碳发展的行业共识，也成为众多企业发展的必然选择。同时，温室气体效应和不断强化的低碳宣传，促进了消费者低碳认知、行为的改变。2023 年 12 月，中国环保基金会在《联合国气候变化框架公约》第二十八次缔约方大会（COP28）"低碳消费与绿色供应链减碳”边会上发布2023年《中国公众低碳意识与低碳行为网络调查报告》。该报告指出，公众低碳意识与低碳行为整体水平得到提升，但在食、住、行、办公、购物等领域存在一定差异。公众对气候变化和低碳生活知晓率分别为81.1%和86.7%，而对新概念如“双碳”目标、“碳普惠”机制的知晓率分别为75%和75.6%，公众的低碳意识存在差异。

公众低碳意识提高和低碳行为不仅带来企业供应链管理挑战，也为企业提供了低碳转型发展的机遇，激励企业不断进行低碳供应链管理创新。企业低碳供应链管理促使低碳产品大幅增加，与非低碳产品共存于市场中共同发展，将形成一种同类产品竞争新趋势。企业对某类产品减排投入并形成低碳产品差异化的同时，也导致低碳产品价格高于同类非低碳的普通产品。面对功能相似且价值存在差异的低碳产品和普通产品，消费者购买选择行为存在明显差异。据英国RSA保险集团发布2009年的《可持续商业发展全球态度报告》称，60%受访的中国消费者倾向购买低碳排放汽车且愿意为环保产品和服务支付5%～10%的溢价。《2022中国可持续消费报告》指出，消费者更愿意购买日常生活中使用频率高且低碳属性可直接带来价值和效益的产品，近50%的受访者低碳产品消费占比为20%～50%。可见，当低碳产品价格超出其估价，消费者就会转向购买普通产品。

消费者对低碳—非低碳这两类产品的偏好因消费效用原因而表现出异质性偏好。这种异质性偏好带来共存于市场中的低碳产品和普通普通产品需求结构的不同，为零售商合作策略选择提供机遇，也产生了供应链定价决策难题。此外，供应链上企业横向合作、纵向合作形成竞争力，有助于供应链绩效的改善。在此背景下，本章立足零售商主导供应链减排情景并提出如下研究问题：(1) 面向消费者异质性下的低碳产品—普通产品的需求函数如何刻画，以及分散决策下的供应链减排与定价均衡决策是什么？(2) 零售商与低碳产品供应商、普通产品供应商在不同合作模式下，供应链减排与定价均衡决策是什么？(3) 不同合作模式对供应链减排与定价均衡决策的影响如何？对此，本章构建一个包括核心企业零售商、低碳产品供应商和普通产品供应商所组成的供应链模型，在零售商主导供应链情形下，讨论四种合作模式下的供应链减排与定价决策，分析不同合作模式和消费者异质性特征对供应链减排与定价决策及企业利润的影响机理，为供应链内部合作模式选择及减排决策决策提供理论参考。

6.2 模型、假设及符号定义

面向异质性偏好的消费者，考虑由一个零售商和两个供应商所组成的两级供应链，其中，两个供应商分别生产低碳产品和普通产品（非低碳产品）。零售商是供应链核心企业，主导供应链决策并同时销售低碳产品和普通产品。两个供应商和零售商都是风险中性的理性经济人。模型符号及定义见表6-1，进一步假设如下：

假设6.1：市场中普遍存在使用功能相近或相同，但碳排放水平不同的低碳产品和非低碳的普通产品。供应商 M_L 和供应商 M_o 分别生产低碳产品和普通产品，低碳产品与普通产品的边际生产成本都记为 c，供应商 M_L 在普通生产产品的基础上进行减排投资来减少碳排放，其减排投资成本 $I=Ke_\Delta^2/2$，其中，K 为减排投资成本系数，相对于单位普通产品碳排放量 e_o 来说，e_Δ 为单位低碳产品的碳减排量，且 $e_\Delta<e_o$。

假设6.2：低碳产品和普通产品的批发价分别为 w_L、w_o，他们的市场价格分别为 p_L、p_o 且 $p_L>p_o$，对应的边际利润分别为 m_L、m_o，且 $p_L=w_L+m_L$、$p_o=w_o+m_o$。

假设6.3：在碳交易制度下，政府提供给供应商单个生产周期的免费碳配额为 N。当生产过程中碳排放总量大于 N，供应商需要从碳交易市场上购买碳排放权，反之，供应商可在碳交易市场上出售多余的碳排放权并获得相应收益。

假设6.4：记 P 为单位碳排放权交易价格。参考文献［63］关于碳配额与交易制度的刻画，多余或不足的碳配额需通过碳交易市场进行交易。供应商 M_L 生产低碳产品碳排放权收入为 $P[N-(e_o-e_\Delta)D_L^M]$，供应商 M_o 生产普通产品的碳排放权收入为 $P(N-e_oD_o^M)$，供应链的碳排放总量为 $E=e_oD_o^M+(e_o-e_\Delta)D_L^M$。

假设6.5：参考文献［35］关于消费者具有异质性偏好的刻画，设消费者的支付意愿为一随机变量 θ 并服从（0，1）上的均匀分布。市场潜在需求规模为标准为 1。按照细分市场角度对消费者进行类型划分为低碳消费者和普通消费者。低碳消费者所占消费者比例为 $\rho(\rho \in (0,\ 1))$，认为普通产品和低碳产品存在消费效用差异，他们对普通产品和低碳产品的估值分别为 θ 与 $(1+\sigma)\theta$，其中，σ 为低碳溢价因子，表示低碳消费者对低碳产品估值相较于普通产品估值的溢价。普通消费者所占消费者比例为 $1-\rho$，他们认为产品碳排放量并不影响产品的功能，产品价格是购买决策的关键影响因素，因此，普通消费者只购买普通产品，不会购买低碳产品。根据消费者购买效用理论，低碳消费者购买低碳产品的效用为 $U_L^L=(1+\sigma)\theta-p_L$，购买普通产品的效用为 $U_L^o=\theta-p_o$；普通消费者购买普通产品的效用则为 $U_o^o=\theta-p_o$。

表 6-1　　模型符号及定义

符号	定义
c	产品边际生产成本
k	减排成本系数
e_Δ	单位低碳产品的减排量
I	供应商 M_L 减排投资成本
N	供应商单个生产周期内获得政府免费分配碳排放配额
P	碳交易价格
θ	消费者对普通产品的估值
σ	低碳消费者对低碳产品相较于普通产品的估值溢价因子
ρ	低碳消费者占消费比例
w_L	单位低碳产品批发价
w_o	单位普通产品批发价格
p_L	低碳产品市场价格
p_o	普通产品市场价格
m_L	低碳产品边际利润
m_o	普通产品边际利润
D	产品的市场需求
Π	标识为利润
上标 L、O	分别标识低碳偏好消费者、普通消费者
下标 L、O	分别标识低碳产品、普通产品
M_L、M_o 和 R	分别标识低碳产品供应商、普通产品供应商以及零售商

根据消费者的异质性特征，基于消费效用分析两类产品的市场需求，分两种情况进行讨论。

情况1：当 $\frac{p_L}{1+\sigma} > p_o$ 时，有 $\frac{p_L - p_o}{\sigma} > p_o$。若 $\frac{p_L - p_o}{\sigma} < \theta$，则 $U_L^L > U_L^o$ 且 $U_L^L > 0$，表明低碳偏好消费者更愿意购买低碳产品，他们对低碳产品的需求为 $D_L^L = \rho\int_{\frac{p_L-p_o}{\sigma}}^{1} f(\theta)d(\theta) = \rho\left(1 - \frac{p_L - p_o}{\sigma}\right)$。若 $p_o < \theta < \frac{p_L - p_o}{\sigma}$，则 $U_L^o > U_L^L$ 且 $U_L^o > 0$，此时，低碳偏好消费者更愿意购买普通产品，对普通产品的需求为 $D_L^o = \rho\int_{p_o}^{\frac{p_L-p_o}{\sigma}} f(\theta)d(\theta) = \rho\left(\frac{p_L - (1+\sigma)p_o}{\sigma}\right)$。由于普通消费者只购买普通产品，当 $p_o < \theta < 1$ 时，有 $U_o^o > 0$，他们对普通产品产生的需求为 $D_o^o = (1-\rho)\int_{p_o}^{1} f(\theta)d(\theta) = (1-\rho)(1-p_o)$。

因此，低碳产品和普通产品的市场需求分别为 $D_L^M = \rho\left(1 - \frac{p_L - p_o}{\sigma}\right) = \rho - Xp_L + Xp_o$ 和 $D_o^M = \rho\left(\frac{p_L - (1+\sigma)p_o}{\sigma}\right) + (1-\rho)(1-p_o) = 1 - \rho + Xp_L - Yp_o$。其中，记 $X = \frac{\rho}{\sigma}$，$Y = \frac{(1+\sigma)\rho}{\sigma} + (1-\rho) = X + 1$。

两类产品需求函数说明，市场细分情形下，两类产品的交叉价格弹性相同，低碳产品市场需求受两类产品市场价格影响程度相同，但是普通产品市场需求受普通产品市场价格比低碳产品市场价格的影响更显著。

情况2：当 $\frac{p_L}{1+\sigma} < p_o$ 时，有 $\frac{p_L - p_o}{\sigma} < p_o$。若 $\frac{p_L}{1+\sigma} < \theta$，则 $U_L^L > U_L^o$ 且 $U_L^L > 0$。

此情形下，具有低碳偏好的消费者只选择低碳产品，低碳产品与普通产品的市场需求相互独立。这种情形退化到简单场景。

因此，下面仅对低碳产品和普通产品形成的竞争替代情况1进行研究，此时，供应链、零售商以及两个供应商的利润函数分别为：

$$\Pi_{SC} = (p_L - c)D_L^M + (p_o - c)D_o^M + P[2N - (e_o - e_\Delta)D_L^M - e_oD_o^M] - \frac{K}{2}e_\Delta^2 \tag{6.1}$$

$$\Pi_R = (p_L - w_L)D_L^M + (p_o - w_o)D_o^M \quad (6.2)$$

$$\Pi_{M_L} = (w_L - c)D_L^M + P[N - (e_o - e_\Delta)D_L^M] - \frac{K}{2}e_\Delta^2 \quad (6.3)$$

$$\Pi_{M_o} = (w_o - c)D_o^M + P(N - e_oD_o^M) \quad (6.4)$$

6.3 分散决策下供应链减排定价决策

在碳交易政策下，首先分析零售商主导、低碳产品供应商和普通产品供应商竞争且跟随的供应链分散决策模型，即零售商作为核心企业主导供应链并首先宣布低碳产品市场定价 p_L 和普通产品市场定价 p_o，供应商 M_L 和 M_o 然后依据零售商产品的边际利润 $m_L(m_o)$ 和产品的市场价格 $p_o(p_L)$ 来制定产品的批发价 $w_L(w_o)$ 以及低碳产品减排量 e_Δ。供应链企业各自利润最大化决策分别为：

$$Max_{(p_L,p_o)}\Pi_R = (p_L - w_L)D_L^M(p_L,p_o) + (p_o - w_o)D_o^M(p_L,p_o) \quad (6.5)$$

$$s.t.\ Max_{(w_L,e_\Delta)}\Pi_{M_L} = (w_L - c)D_L^M(w_L,p_o) + P[N - (e_o - e_\Delta)D_L^M(w_L,p_o)] - \frac{K}{2}e_\Delta^2 \quad (6.6)$$

$$Max_{(w_o)}\Pi_{M_o} = (w_o - c)D_o^M(w_o,p_L) + P[N - e_oD_o^M(w_o,p_L)] \quad (6.7)$$

下面用上标 ** 标识零售商 R、供应商 M_L、M_o 进行分散决策的均衡结果。

定理 6.1 在碳交易政策下，零售商 R 主导供应商 M_L 和供应商 M_o 跟随的分散决策下，供应链存在唯一的均衡决策为：

两类产品市场定价：

$$p_L^{**} = \frac{XY(3K - XP^2)(Pe_o + c + 1) + 2[K(3Y - X) - XP^2(2Y - X)]\rho + 2X(K - XP^2)}{2X[K(4Y - X) - XP^2(2Y - X)]} \quad (6.8)$$

$$p_o^{**} = \frac{[K(2Y + X) - XYP^2](Pe_o + c + 1) - K\rho + 2(2K - XP^2)}{2[K(4Y - X) - XP^2(2Y - X)]} \quad (6.9)$$

单位低碳产品的减排量：

$$e_\Delta^{**} = \frac{[X[1-(Pe_o+c)]+(2Y-X)\rho]P}{2[K(4Y-X)-XP^2(2Y-X)]} \tag{6.10}$$

两类产品批发价：

$$w_L^{**} = Pe_o + c + \frac{(K-XP^2)((2Y-X)\rho - X(1-(Pe_o+c)))}{2X(K(4Y-X)-XP^2(2Y-X))} \tag{6.11}$$

$$w_o^{**} = Pe_o + c + \frac{(2K-XP^2)[1-(Pe_o+c)]-K\rho}{2[K(4Y-X)-XP^2(2Y-X)]} \tag{6.12}$$

两类产品边际利润：

$$m_L^{**} = \frac{1-(Pe_o+c)}{2} + \frac{\sigma}{2} \tag{6.13}$$

$$m_o^{**} = \frac{1-(Pe_o+c)}{2} \tag{6.14}$$

两类产品市场需求：

$$D_L^{**} = \frac{K[(2Y-X)\rho + X[1-(Pe_o+c)]]}{2[K(4Y-X)-XP^2(2Y-X)]} \tag{6.15}$$

$$D_o^{**} = \frac{Y[(2K-XP^2)[1-(Pe_o+c)]-K\rho]}{2[K(4Y-X)-XP^2(2Y-X)]} \tag{6.16}$$

供应链碳排放总量：

$$E^{**} = \frac{2e_o[K(4Y-X)-XP^2(2Y-X)][(K(2Y+X)-XYP^2)[1-(Pe_o+c)]+K\rho]}{4(K(4Y-X)-XP^2(2Y-X))^2} + \frac{-KP[(2Y-X)\rho+X[1-(Pe_o+c)]]^2}{4[K(4Y-X)-XP^2(2Y-X)]^2} \tag{6.17}$$

零售商 R、供应商 M_L、供应商 M_o 以及供应链 SC 的利润分别为：

$$\Pi_R^{**} = (p_L^{**} - w_L^{**})D_L^{M**} + (p_o^{**} - w_o^{**})D_o^{M**} \tag{6.18}$$

$$\Pi_{M_L}^{**} = (w_L^{**} - c)D_L^{M**} + P_t[N - (e_o - e_\Delta)D_L^{M**}] - \frac{K}{2}(e_\Delta^{**})^2 \tag{6.19}$$

$$\Pi_{M_o}^{**} = (w_o^{**} - c)D_o^{M} + P_t(N - e_oD_o^{M**}) \tag{6.20}$$

$$\Pi_{SC}^{**} = (p_L^{**} - c)D_L^{M**} + (p_o^{**} - c)D_o^{M**} + P_t[2N - (e_o - e_\Delta)D_L^{M**} - e_oD_o^{M**}] - \frac{K}{2}(e_\Delta^{**})^2 \tag{6.21}$$

说明：定理6.1～定理6.5的证明都采用逆向归纳法，并且使用主从博弈模型进行推导。为了简洁起见，省略了具体的证明过程。

6.4 零售商主导供应链企业间合作减排定价决策

6.4.1 零售商与低碳产品供应商合作主导供应链减排定价决策

碳交易政策下，零售商R与供应商M_L合作并主导供应链决策，即零售商R和供应商M_L作为合作主体首先宣布低碳产品市场定价p_L、低碳产品减排量e_Δ和普通产品市场定价p_o，供应商M_o然后依据普通产品边际利润m_o和低碳产品市场价格p_L制定普通产品批发价w_o。供应链企业利润最大化决策问题为：

$$Max_{(p_L,p_o,e_\Delta)}\Pi_{R+M_L} = (p_L - c)D_L^M(p_L,p_o) + (p_o - w_o)D_o^M(p_L,p_o) + P[N - (e_o - e_\Delta)D_L^M(p_L,p_o)] - \frac{K}{2}e_\Delta^2 \tag{6.22}$$

$$s.t. Max_{(w_o)}\Pi_{M_o} = (w_o - c)D_o^M(w_o,p_L) + P[N - e_oD_o^M(w_o,p_L)] \tag{6.23}$$

下面用上标$(R + M_L)^*$标识零售商R、供应商M_L合作决策下的供应链均衡决策。

定理6.2 碳交易政策下，零售商R与供应商M_L合作主导供应链决策，供应链存在唯一的均衡决策为：

两类产品市场定价为：

$$p_L^{(R+M_L)*} = \frac{XY(4K - XP^2)(Pe_o + c + 1) + 2[2KY - XP^2(2Y - X)]\rho - 2X^2P^2}{2X[4KY - XP^2(2Y - X)]} \tag{6.24}$$

$$p_o^{(R+M_L)*} = \frac{[2K(Y + X) - XYP^2](Pe_o + c + 1) - 2K\rho + 2(2K - XP^2)}{2[4KY - XP^2(2Y - X)]} \tag{6.25}$$

低碳产品减排量：

$$e_\Delta^{(R+M_L)*} = \frac{[X[1 - (Pe_o + c)] + (2Y - X)\rho]P}{4KY - XP^2(2Y - X)} \tag{6.26}$$

普通产品批发价：

$$w_o^{(R+M_L)*} = \frac{[2K(3Y+X) - XP^2(3Y-X)](Pe_o + c) - 2K\rho + 2K - XP^2}{2[4KY - XP^2(2Y-X)]} \tag{6.27}$$

普通产品边际利润：

$$m_o^{(R+M_L)*} = \frac{1-(Pe_o+c)}{2} \tag{6.28}$$

两类市场需求：

$$D_L^{(R+M_L)*} = \frac{K((2Y-X)\rho + X(1-(Pe_o+c)))}{4KY - XP^2(2Y-X)} \tag{6.29}$$

$$D_o^{(R+M_L)*} = \frac{Y[(2K-XP^2)[1-(Pe_o+c)] - 2K\rho]}{2[4KY - XP^2(2Y-X)]} \tag{6.30}$$

供应链碳排放总量：

$$E^{(R+M_L)*} = \frac{e_o[4KY - XP^2(2Y-X)][[2K(Y+X) - XYP^2][1-(Pe_o+c)] + 2K\rho]}{2[4KY - XP^2(2Y-X)]^2} + \frac{-2KP[(2Y-X)\rho + X[1-(Pe_o+c)]]^2}{2[4KY - XP^2(2Y-X)]^2} \tag{6.31}$$

零售商 R 与低碳产品供应商 M_L 利润、普通产品供应商 M_o 利润及供应链 SC 利润分别为：

$$\Pi_{R+M_L}^{(R+M_L)*} = (p_L^{(R+M_L)*} - c)D_L^{(R+M_L)*} + (p_o - w_o^{(R+M_L)*})D_o^{(R+M_L)*} + P[N - (e_o - e_\Delta^{(R+M_L)*})D_L^{(R+M_L)*}] - \frac{K}{2}(e_\Delta^{(R+M_L)*})^2 \tag{6.32}$$

$$\Pi_{M_o}^{(R+M_L)*} = (w_o^{(R+M_L)*} - c)D_o^{(R+M_L)*} + P(N - e_o D_o^{(R+M_L)*}) \tag{6.33}$$

$$\Pi_{SC}^{(R+M_L)*} = (p_L^{(R+M_L)*} - c)D_L^{(R+M_L)*} + (p_o^{(R+M_L)*} - c)D_o^{(R+M_L)*} + P_t(2N - (e_o - e_\Delta^{(R+M_L)*})D_L^{(R+M_L)*} - e_o D_o^{(R+M_L)*}) - \frac{K}{2}(e_\Delta^{(R+M_L)*})^2 \tag{6.34}$$

6.4.2　零售商与普通产品供应商合作主导供应链减排定价决策

碳交易政策下，零售商 R 与供应商 M_o 合作主导供应链决策。零售商 R 和供应商 M_o 首先宣布低碳产品市场定价 p_L 和普通产品市场定价 p_o，供应商 M_L 依据零售商 R 低碳产品边际利润 m_L 和普通产品市场价格 p_o 制定低碳产品批发

价 w_L 以及低碳产品减排量 e_Δ。供应链企业利润最大化决策问题为：

$$Max_{(p_L,p_o)}\Pi_{R+M_o} = (p_L - w_L)D_L^M(p_L,p_o) + (p_o - c)D_o^M(p_L,p_o) + P[N - e_oD_o^M(p_L,p_o)] \tag{6.35}$$

$$s.t.\ Max_{(w_L,e_\Delta)}\Pi_{M_L} = (w_L - c)D_L^M(w_L,p_o) + P[N - (e_o - e_\Delta)D_L^M(w_L,p_o)] - \frac{K}{2}e_\Delta^2 \tag{6.36}$$

下面用上标 $(R+M_o)^*$ 标识零售商 R 和供应商 M_o 合作下的供应链决策均衡解。

定理 6.3 碳交易政策下，零售商 R 与供应商 M_o 合作主导供应链决策，供应链存在唯一的均衡决策为：

两类产品市场定价：

$$p_L^{(R+M_o)*} = \frac{Pe_o + c + 1}{2} + \frac{(3K - 2XP^2)\rho}{2X(2K - XP^2)} \tag{6.37}$$

$$p_o^{(R+M_o)*} = \frac{Pe_o + c + 1}{2} \tag{6.38}$$

单位低碳产品减排量：

$$e_\Delta^{(R+M_o)*} = \frac{\rho P}{2(2K - XP^2)} \tag{6.39}$$

低碳产品批发价：

$$w_L^{(R+M_o)*} = Pe_o + c + \frac{(K - XP^2)\rho}{2X(2K - XP^2)} \tag{6.40}$$

低碳产品边际利润：

$$m_L^{(R+M_o)*} = \frac{1 - (Pe_o + c)}{2} + \frac{\sigma}{2} \tag{6.41}$$

两类产品市场需求：

$$D_L^{(R+M_o)*} = \frac{K\rho}{2(2K - XP^2)} \tag{6.42}$$

$$D_o^{(R+M_o)*} = \frac{1 - (Pe_o + c)}{2} - \frac{K\rho}{2(2K - XP^2)} \tag{6.43}$$

供应链碳排放总量：

$$E^{(R+M_o)*} = \frac{[1 - (Pe_o + c)]e_o}{2} - \frac{2K(2K - XP^2)\rho e_o + KP\rho^2}{4(2K - XP^2)^2} \tag{6.44}$$

零售商 R 与普通产品供应商 M_o 利润和、低碳产品供应商 M_L 利润及供应链 SC 的利润分别为：

$$\Pi_{R+M_o}^{(R+M_o)M*} = (p_L^{(R+M_o)*} - w_L^{(R+M_o)*})D_L^{(R+M_o)*} + (p_o^{(R+M_o)*} - c)D_o^{(R+M_o)*} + P(N - e_oD_o^{(R+M_o)*}) \tag{6.45}$$

$$\Pi_{M_L}^{(R+M_o)*} = (w_L^{(R+M_o)*} - c)D_L^{(R+M_o)*} + P[N - (e_o - e_L^{(R+M_o)*})D_L^{(R+M_o)*}] - \frac{K}{2}(e_\Delta^{(R+M_o)*})^2 \tag{6.46}$$

$$\Pi_{SC}^{(R+M_o)*} = \frac{[1 - (Pe_o + c)]^2}{4} + \frac{3K\rho^2}{8(2K - XP^2)} + 2PN \tag{6.47}$$

6.4.3 低碳产品供应商与普通产品供应商合作减排定价决策

碳交易政策下，供应商 M_L 和 M_o 合作跟随零售商 R 决策，即零售商 R 首先宣布低碳产品市场边际利润 m_L 和普通产品市场边际利润 m_o，供应商 M_L 和供应商 M_o 依据零售商 R 关于两类产品边际利润 m_L 和 m_o 共同制定批发价 w_L 和 w_o 以及低碳产品减排量 e_Δ。供应链企业利润最大化决策为：

$$Max_{(m_L,m_o)}\Pi_R = (m_L)D_L^M(m_L,m_o) + (m_o)D_o^M(m_L,m_o) \tag{6.48}$$

$$s.t.\ Max_{(w_L,w_o,e_\Delta)}\Pi_{M_L+M_o} = (w_L - c)D_L^M(w_L,w_o) + (w_o - c)D_o^M(w_L,w_o) + P[2N - (e_o - e_\Delta)D_L^M(w_L,w_o) - e_oD_o^M(w_L,w_o)] - \frac{K}{2}e_\Delta^2 \tag{6.49}$$

下面用上标 $(M_L + M_o)^*$ 标识供应商 M_L 和 M_o 合作且跟随零售商决策的均衡解。

定理 6.4 碳交易政策下，供应商 M_L 和 M_o 合作且跟随零售商 R 决策，供应链系存在唯一的均衡决策为：

两类产品市场价格：

$$p_L^{(M_L+M_o)*} = \frac{Pe_o + c + 3}{4} + \frac{(3K - 2XP^2)\rho}{2X(2K - XP^2)} \tag{6.50}$$

$$p_o^{(M_L+M_o)*} = \frac{Pe_o + c + 3}{4} \tag{6.51}$$

单位低碳产品减排量：

$$e_{\Delta}^{(M_L+M_o)*} = \frac{\rho P}{2(2K - XP^2)} \tag{6.52}$$

两类产品的批发价：

$$w_L^{(M_L+M_o)*} = \frac{3(Pe_o + c) + 1}{4} + \frac{(K - XP^2)\rho}{2X(2K - XP^2)} \tag{6.53}$$

$$w_o^{(M_L+M_o)*} = \frac{3(Pe_o + c) + 1}{4} \tag{6.54}$$

两类产品市场需求：

$$D_L^{(M_L+M_o)*} = \frac{K\rho}{2(2K - XP^2)} \tag{6.55}$$

$$D_o^{(M_L+M_o)*} = \frac{1 - (Pe_o + c)}{4} - \frac{K\rho}{2(2K - XP^2)} \tag{6.56}$$

两类产品边际利润：

$$m_L^{(M_L+M_o)*} = \frac{1 - (Pe_o + c)}{2} + \frac{\sigma}{2} \tag{6.57}$$

$$m_o^{(M_L+M_o)*} = \frac{1 - (Pe_o + c)}{2} \tag{6.58}$$

供应链碳排放总量：

$$E^{(M_L+M_o)M*} = \frac{[1 - (Pe_o + c)]e_o}{4} - \frac{KP\rho^2}{4(2K - XP^2)^2} \tag{6.59}$$

零售商 R 利润、供应商 M_L 与 M_o 利润之和及供应链 SC 利润分别为：

$$\Pi_R^{(M_L+M_o)*} = \frac{[1 - (Pe_o + c)]^2}{8} + \frac{K\rho^2}{4X(2K - XP^2)} \tag{6.60}$$

$$\Pi_{M_L+M_o}^{(M_L+M_o)*} = \frac{[1 - (Pe_o + c)]^2}{4} + \frac{K\rho^2}{2X(2K - XP^2)} + 2PN \tag{6.61}$$

$$\Pi_{SC}^{(M_L+M_o)*} = \frac{3[1 - (Pe_o + c)]^2}{16} + \frac{3K\rho^2}{8(2K - XP^2)} + 2PN \tag{6.62}$$

6.4.4 零售商、低碳产品供应商与普通产品供应商合作减排定价决策

碳交易政策下，零售商 R 选择和供应商 M_L、M_o 共同合作实现供应链集中

式决策，其利润最大化决策问题为：

$$Max_{(p_L,p_o,e_\Delta)}\Pi_{SC} = (p_L - c)D_L^M(p_L,p_o) + (p_o - c)D_o^M(p_L,p_o) + P_t[2N - (e_o - e_\Delta)D_L^M(p_L,p_o) - e_oD_o^M(p_L,p_o)] - \frac{K}{2}e_\Delta^2 \tag{6.63}$$

下面用上标 * 标示 R、M_L 和 M_o 共同合作决策下均衡解。

定理 6.5 碳交易政策下，零售商 R、供应商 M_L、M_o 形成合作共同体进行决策，供应链存在唯一的均衡决策为：

两类产品市场定价为：

$$p_L^* = \frac{Pe_o + c + 1}{2} + \frac{(K - XP^2)\rho}{X(2K - XP^2)} \tag{6.64}$$

$$p_o^* = \frac{Pe_o + c + 1}{2} \tag{6.65}$$

单位低碳产品减排量：

$$e_\Delta^* = \frac{\rho P}{2K - XP^2} \tag{6.66}$$

两类产品的市场需求：

$$D_L^* = \frac{K\rho}{2K - XP^2} \tag{6.67}$$

$$D_o^* = \frac{1 - (Pe_o + c)}{2} - \frac{K\rho}{2K - XP^2} \tag{6.68}$$

供应链碳排放总量：

$$E^* = \frac{[1 - (Pe_o + c)]e_o}{2} - \frac{KP\rho^2}{(2K - XP^2)^2} \tag{6.69}$$

供应链总利润：

$$\Pi_{SC}^* = \frac{[1 - (Pe_o + c)]^2}{4} + \frac{K\rho^2}{2X(2K - XP^2)} + 2PN \tag{6.70}$$

6.5 数值算例分析

下面将使用数值算例来研究不同合作模式下，碳交易价格、政府碳限额、低碳消费者比例以及低碳产品的溢价因子等因素对供应链决策和利润的影响。模型基本参数设定如为 $c=0.2$，$e_o=0.2$，$0.2<\rho<0.8$，$K=0.3$。

（1）不同合作模式下的供应链总利润分析。

研究结果表明，碳交易价格并非总是对供应链利润产生负面影响，但也并非总是对其产生积极影响。当碳交易价格较低时，随着消费者低碳比例上升，不同合作模式的供应链利润都会增加（见图 6－1 和图 6－2）。在一定范围内，消费者低碳比例和低碳产品的溢价因子都对供应链利润产生正向影响（见图 6－3 和图 6－4）。碳限额一直都在影响着供应链的总利润，在一定程度上，随着碳限额的增加，供应链总利润也会增加（见图 6－3 和图 6－4）。

①当碳交易价格较低时，取 $P=0.02$。存在临界值 $\rho^{1M*}=0.3894$ 使得 $\Pi_{SC}^{(R+M_o)M*}=\Pi_{SC}^{M**}$，当 $0.2<\rho\leqslant\rho^{1M*}$，有 $\Pi_{SC}^{(R+M_L+M_o)M*}>\Pi_{SC}^{(R+M_o)M*}>\Pi_{SC}^{M**}>\Pi_{SC}^{(R+M_L)M*}>\Pi_{SC}^{(M_L+M_o)M*}$；存在临界值 $\rho^{2M*}=0.4022$ 使得 $\Pi_{SC}^{(R+M_o)M*}=\Pi_{SC}^{(R+M_L)M*}$，当 $\rho^{1M*}<\rho\leqslant\rho^{2M*}$ 有 $\Pi_{SC}^{(R+M_L+M_o)M*}>\Pi_{SC}^{M**}>\Pi_{SC}^{(R+M_o)M*}>\Pi_{SC}^{(R+M_L)M*}>\Pi_{SC}^{(M_L+M_o)M*}$，零售商 R 与供应商 M_o 合作利润高于与供应商 M_L 合作。存在临界值 $\rho^{3M*}=0.4512$ 使得 $\Pi_{SC}^{M**}=\Pi_{SC}^{(R+M_L)M*}$，当 $\rho^{2M*}<\rho\leqslant\rho^{3M*}$ 有 $\Pi_{SC}^{(R+M_L+M_o)M*}>\Pi_{SC}^{M**}>\Pi_{SC}^{(R+M_L)M*}>\Pi_{SC}^{(R+M_o)M*}>\Pi_{SC}^{(M_L+M_o)M*}$；当 $\rho^{3M*}<\rho\leqslant0.8$，$\Pi_{SC}^{(R+M_L+M_o)M*}>\Pi_{SC}^{(R+M_o)M*}>\Pi_{SC}^{(R+M_L)M*}>\Pi_{SC}^{M**}>\Pi_{SC}^{(M_L+M_o)M*}$，即零售商 R 与供应商 M_L 合作的利润高于与供应商 M_o 合作。

②当低碳消费者对低碳产品估值溢价比例较低时，取 $\sigma=0.05$，存在临界值 $\rho^{4M*}=0.3011$ 使得 $\Pi_{SC}^{(R+M_o)M*}=\Pi_{SC}^{M**}$，当 $0.2<\rho\leqslant\rho^{4M*}$，有 $\Pi_{SC}^{(R+M_L+M_o)M*}>\Pi_{SC}^{(R+M_o)M*}>\Pi_{SC}^{M**}>\Pi_{SC}^{(R+M_L)M*}>\Pi_{SC}^{(M_L+M_o)M*}$；存在临界值 $\rho^{5M*}=0.3954$ 使得 $\Pi_{SC}^{(R+M_o)M*}=\Pi_{SC}^{(R+M_L)M*}$，当 $\rho^{4M*}<\rho\leqslant\rho^{5M*}$ 有 $\Pi_{SC}^{(R+M_L+M_o)M*}>\Pi_{SC}^{M**}>\Pi_{SC}^{(R+M_o)M*}>\Pi_{SC}^{(R+M_L)M*}>\Pi_{SC}^{(M_L+M_o)M*}$，零售商 R 与供应商 M_o 合作利润高于与供应商 M_L 合作。存在临界值 $\rho^{6M*}=0.5013$ 使得 $\Pi_{SC}^{M**}=\Pi_{SC}^{(R+M_L)M*}$，当 $\rho^{5M*}<\rho\leqslant\rho^{6M*}$ 有 $\Pi_{SC}^{(R+M_L+M_o)M*}>\Pi_{SC}^{M**}>\Pi_{SC}^{(R+M_L)M*}>\Pi_{SC}^{(R+M_o)M*}>\Pi_{SC}^{(M_L+M_o)M*}$；当 $\rho^{6M*}<\rho\leqslant0.8$，$\Pi_{SC}^{(R+M_L+M_o)M*}>\Pi_{SC}^{(R+M_o)M*}>\Pi_{SC}^{(R+M_L)M*}>\Pi_{SC}^{M**}>\Pi_{SC}^{(M_L+M_o)M*}$，即零售商 R 与供应商 M_L 合作利润高于与供应商 M_o 合作。

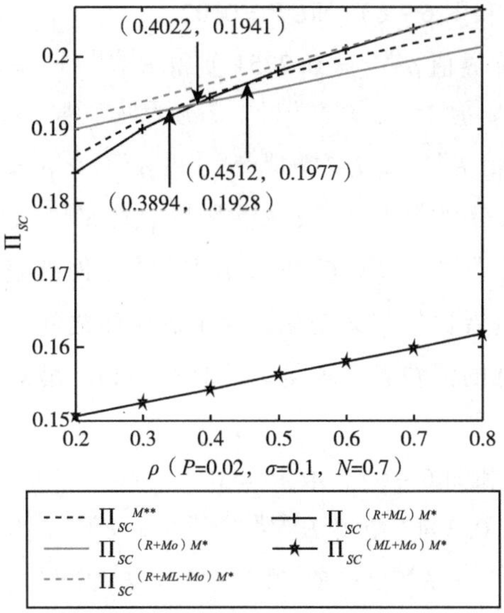

图 6－1　ρ 对供应链利润的影响

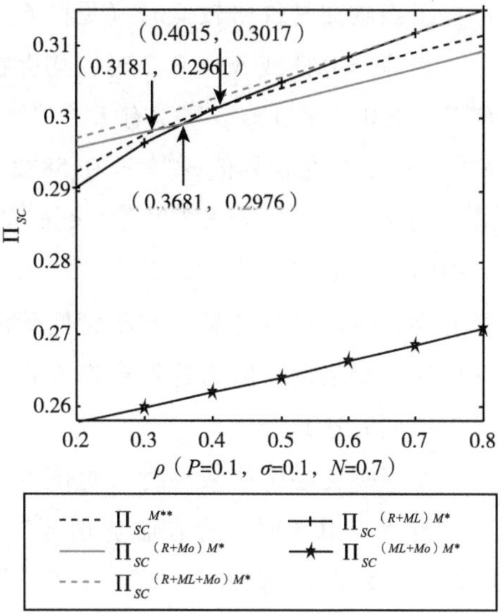

图 6－2　ρ 对供应链利润的影响

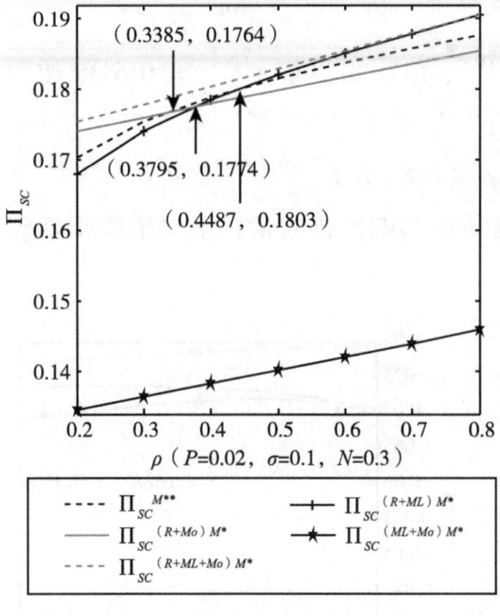

图 6－3　ρ 对供应链利润的影响

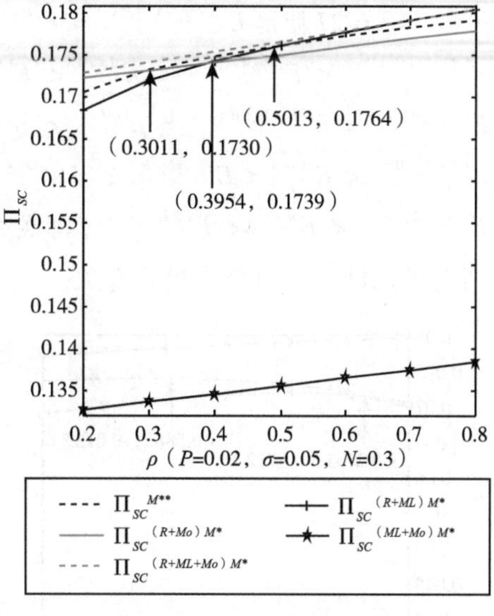

图 6－4　ρ 对供应链利润的影响

（2）不同合作模式下供应链碳排放总量分析。

碳限额并不影响碳排放总量（见图 6－5 和图 6－6），而碳交易价格影响碳排放量（见图 6－7 和图 6－8），且与低碳消费者比例和合作模式有关。

①当碳交易价格较低时（见图6-5和图6-6），取 $P=0.02$。

当 $N=0.3$ 或 $N=0.7$ 时，均存在临界值 $\rho^{7M*}=0.2751$ 使得 $E^{(R+M_L)M*}=E^{M**}$，当 $0.2<\rho\leqslant\rho^{7M*}$，有 $E^{(M_L+M_o)M*}<E^{M**}<E^{(R+M_L)M*}<E^{(R+M_L+M_o)M*}<E^{(R+M_o)M*}$；存在临界值 $\rho^{8M*}=0.5882$ 使得 $E^{M**}=E^{(R+M_L+M_o)M*}$，当 $\rho^{7M*}<\rho\leqslant\rho^{8M*}$ 有 $E^{(M_L+M_o)M*}<E^{(R+M_L)M*}<E^{M**}<E^{(R+M_L+M_o)M*}<E^{(R+M_o)M*}$；当 $\rho^{8M*}<\rho\leqslant0.8$，有 $E^{(M_L+M_o)M*}<E^{(R+M_L)M*}<E^{(R+M_L+M_o)M*}<E^{M**}<E^{(R+M_o)M*}$，即碳限额并不影响碳排放总量，并不管低碳消费者比例怎么变化，两个供应商之间合作碳排放量最低，因为这种合作方式降低的消费者需求量，此时经济和环境效益不能同时达到最优。

②当碳交易价格较高时（见图6-5和图6-6），取 $P=0.1$。

当 $N=0.3$ 时，存在临界值 $\rho^{9M*}=0.3947$ 使得 $E^{(R+M_L+M_o)M*}=E^{M**}$，当 $0.2<\rho\leqslant\rho^{9M*}$，有 $E^{(M_L+M_o)M*}<E^{(R+M_L)M*}<E^{M**}<E^{(R+M_L+M_o)M*}<E^{(R+M_o)M*}$；存在临界值 $\rho^{10M*}=0.6161$ 使得 $E^{(R+M_L+M_o)M*}=E^{(R+M_L)M*}$，当 $\rho^{9M*}<\rho\leqslant\rho^{10M*}$ 有 $E^{(M_L+M_o)M*}<E^{(R+M_L)M*}<E^{(R+M_L+M_o)M*}<E^{M**}<E^{(R+M_o)M*}$；存在临界值 $\rho^{11M*}=0.6227$ 使得 $E^{(R+M_L+M_o)M*}=E^{(M_L+M_o)M*}$，当 $\rho^{10M*}<\rho\leqslant\rho^{11M*}$ 有 $E^{(M_L+M_o)M*}<E^{(R+M_L+M_o)M*}<E^{(R+M_L)M*}<E^{M**}<E^{(R+M_o)M*}$；存在临界值 $\rho^{12M*}=0.6435$ 使得 $E^{(R+M_L)M*}=E^{(M_L+M_o)M*}$，当 $\rho^{11M*}<\rho\leqslant\rho^{12M*}$ 有 $E^{(R+M_L+M_o)M*}<E^{(M_L+M_o)M*}<E^{(R+M_L)M*}<E^{M**}<E^{(R+M_o)M*}$；当 $\rho^{12M*}<\rho\leqslant0.8$，有 $E^{(R+M_L+M_o)M*}<E^{(R+M_L)M*}<E^{(M_L+M_o)M*}<E^{M**}<E^{(R+M_o)M*}$，即碳交易价格影响碳排放量，不仅依赖于低碳消费者比例，还与合作模式有关。

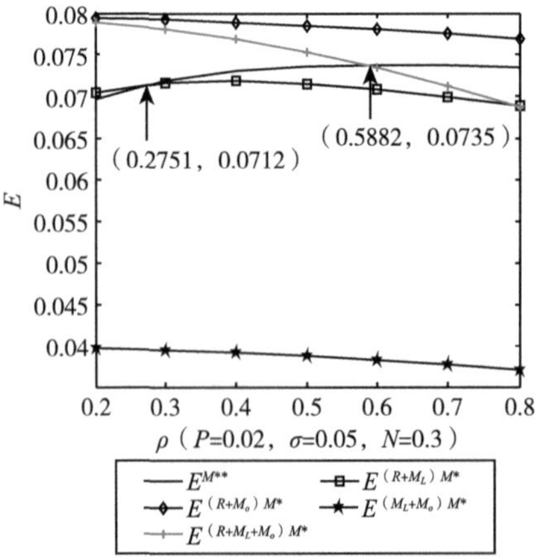

图6-5　ρ对碳排放总量的影响

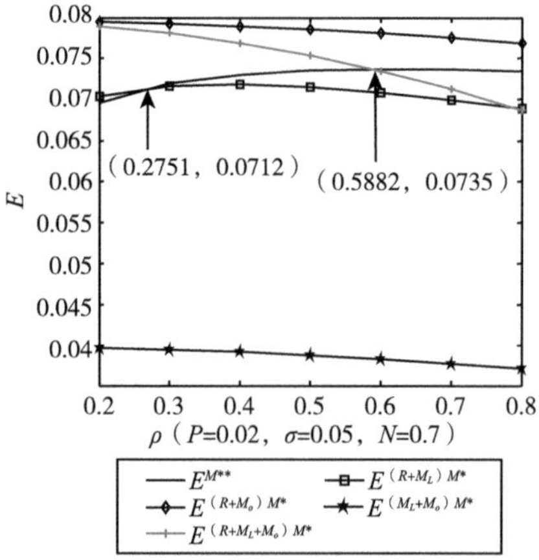

图6-6　ρ对碳排放总量的影响

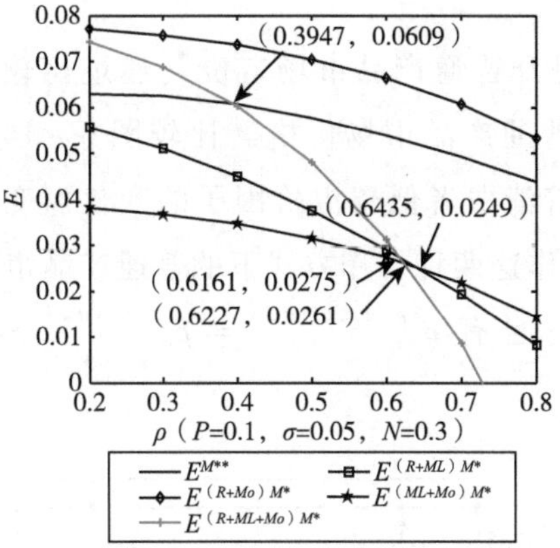

图 6-7　ρ 对碳排放总量的影响

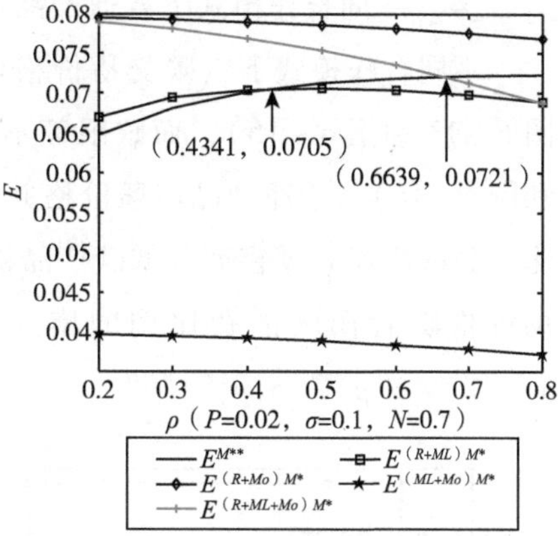

图 6-8　ρ 对碳排放总量的影响

(3) 不同合作模式下低碳产品定价分析。

当 $N=0.3$ 或 $N=0.7$ 时，均存在 $p_L^{(R+M_L+M_o)M*}=p_L^{(R+M_L)M*}>p_L^{(R+M_o)M*}>p_L^{M**}>p_L^{(M_L+M_o)M*}$，即，有 R + M_L 合作定价等同集中决策最优定价，R + M_o 合作定价低于分散决策定价，而 M_L + M_o 合作定价却高于分散决策定价。随低碳消费者比例 ρ 增加，R + M_L 合作作为主导者为吸引更多消费者购买低碳产品，利用合作和主导力量优势通过降低低碳产品市场定价使低碳消费者对低碳产品接受程度逐渐增加赢得更多的低碳产品市场份额，以实现供应链企业绩效的增加；而其他合作模式下的低碳产品市场定价并不受低碳消费者比例的影响；比较图 6-9 和图 6-12 可以发现，消费者低碳溢价因子正向影响低碳产品市场定价。比较图 6-10 和图 6-11 可以发现，碳交易价格与低碳产品市场定价正相关。

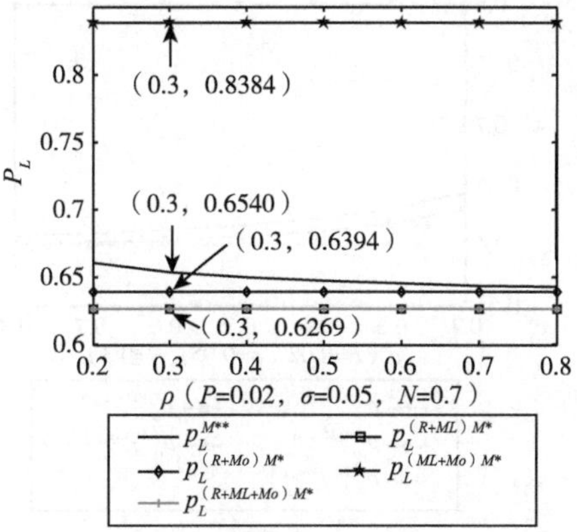

图 6-9　ρ 对低碳产品定价的影响

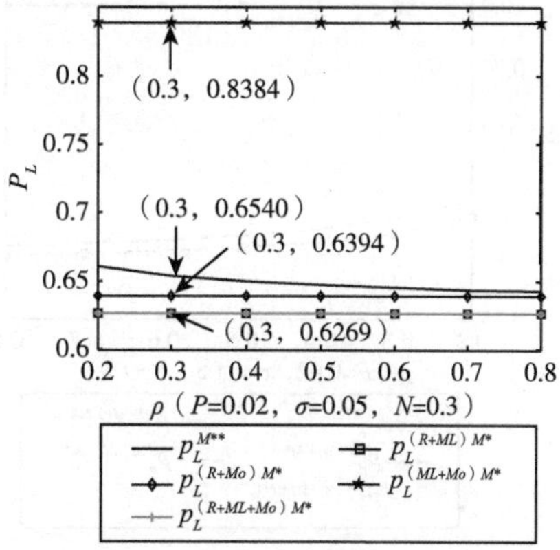

图 6-10　ρ 对低碳产品定价的影响

（4）不同合作模式下普通产品定价分析。

不同合作模式下，碳交易价格增加会提升普通产品市场定价（通过比较图 6－13 和图 6－15），而碳限额不会影响普通产品市场价格（比较图 6－14 和图 6－16）。普通产品市场价格并不会随着消费者低碳溢价因子的变化而变化。分散决策和零售商与低碳产品供应商合作这两种合作方式下的普通产品市场价格随着低碳消费比例的增加而降低，且有 $p_o^{(R+M_L+M_o)M*} = p_o^{(R+M_o)M*} > p_o^{(R+M_L)M*} > p_o^{M**} > p_o^{(M_L+M_o)M*}$。

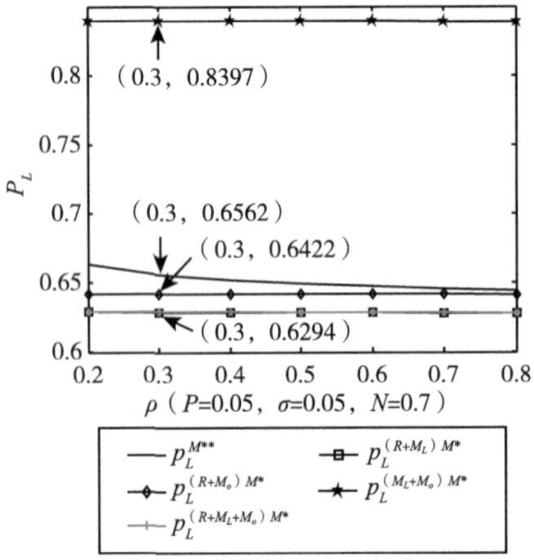

图 6－11　ρ 对低碳产品定价的影响

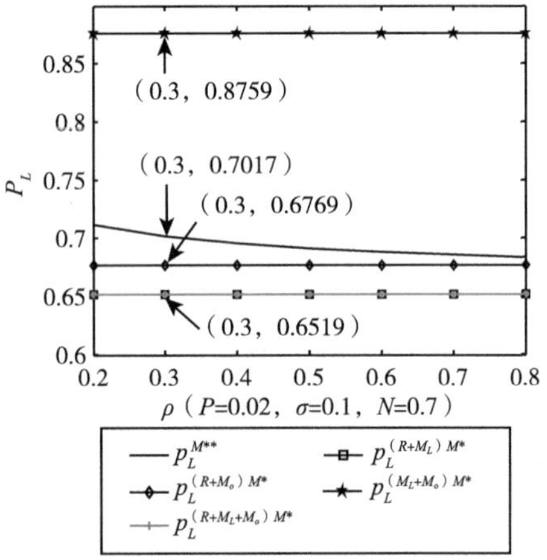

图 6－12　ρ 对低碳产品定价的影响

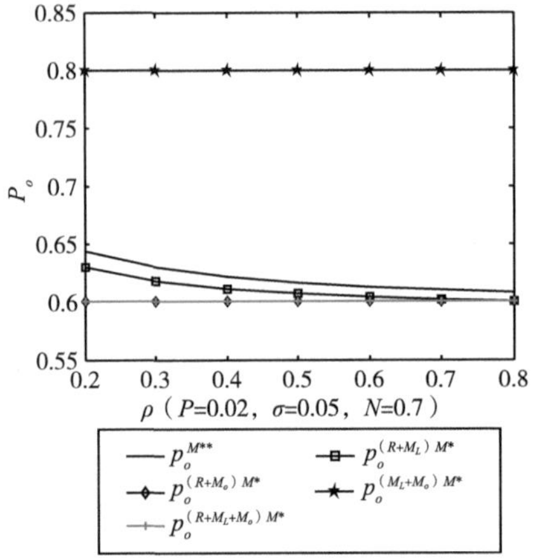

图 6－13　ρ 对普通产品定价的影响

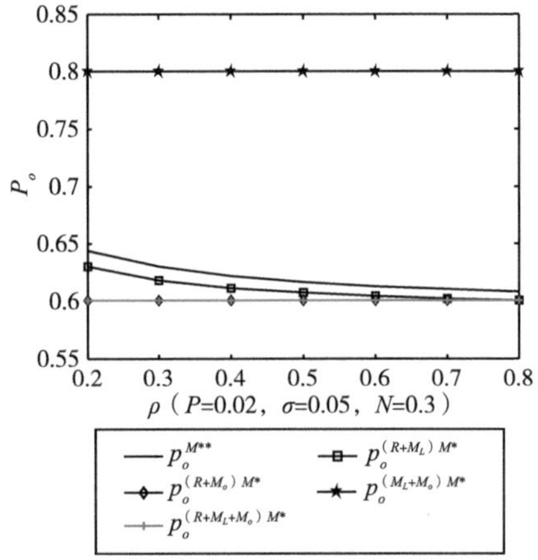

图 6－14　ρ 对普通产品定价的影响

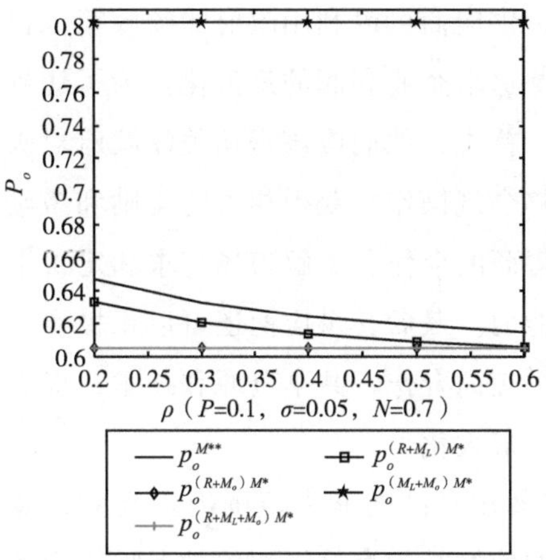

图 6－15　ρ 对普通产品定价的影响

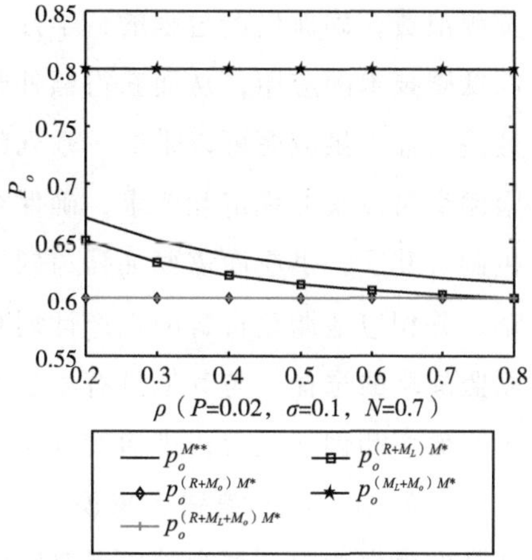

图 6－16　ρ 对普通产品定价的影响

6.6　管理启示

面向消费者的异质性且在碳交易政策下，针对零售商为主导的供应链系统，研究不同供应链成员合作模式对供应链产品定价决策、供应链企业利润的影响，进而讨论供应链企业合作选择问题，并得出以下几点管理启示。

（1）对于供应链领导者零售商而言，消费者的低碳偏好行为直接影响着企业的定价策略和绩效表现。与此同时，政府设定的碳限额对于两类产品联盟的定价决策没有直接影响，但会对企业的绩效产生影响。因此，零售商应该通过多渠道及时收集最新、最有效的消费者购买产品数据，并运用大数据分析方法来预测未来消费者的消费行为。通过准确把握市场机会，零售商可以进行精准营销，将低碳产品和普通产品针对性地推向消费者，并在适当的时机制定最佳产品定量和科学定价策略。此外，零售商可以利用自身的主导地位，灵活选择具有竞争优势的伙伴联盟，以实现企业绩效的最大化。

（2）对于供应商而言，他们需要积极应对政府的碳限额交易政策，并在此基础上考虑零售商领导者对低碳产品和普通产品的市场定价以及选择合适的联盟战略，以建立高效的企业生产组织管理体系。为了满足政府的碳限额交易政策，供应商需要尽量减少产品批发价格与产量之间的误差，避免设备闲置和资源浪费，确保生产过程的科学性。同时，供应商可以利用政府的碳政策来提高低碳技术的应用，从而获得额外收益，并追求企业利润的最大化。为了达到这些目标，供应商可以采取一系列的策略。首先，他们应该密切关注政府对碳限额交易政策的规定和要求，确保企业能够合规操作并获得相关的奖励和激励机制。其次，供应商需要加强与领导者零售商的合作，了解市场需求和定价策略，并相应地调整自身的生产计划和供应能力。最后，供应商还可以积极参与联盟战略的选择，与其他具有竞争优势的供应商合作，共享资源和技术，提高生产效率和创新能力，进而实现企业利润的最大化。

（3）对于不同消费者来说，消费者应该在自己的能力范围内提高对低碳产品的消费意识，因为消费者对低碳产品的偏好行为直接影响领导者零售商的营销决策以及供应链企业的绩效，对环境绩效产生显著的影响。消费者也应该主动寻找并选择符合自己低碳价值观的产品和服务。通过这种方式，消费者能够直接促使领导者零售商调整其营销策略，增加低碳产品的供应，并鼓励供应链企业采取更环保的生产方式。

（4）对政府来说，在推动低碳绿色理念方面扮演着举足轻重的角色。为了促进企业和个人采取低碳行动，政府需要积极发挥主导作用，并加强宣传工作。同时，政府还应该着手完善和执行碳信息披露和碳排放监督机制，以确保透明度和公正性，营造全面、公平、公正、信息透明的市场经济环境。为了减轻消费者在购买低碳产品时可能面临的价格上升而导致的福利损失，政府可以考虑引入价格补贴机制，直接对消费者进行价格补贴。这样可以更好地普及低碳消费理念，推动低碳产品在整个社会中的普及和推广。此外，企业在进行低碳减排方面需要进行高成本的投入。为了鼓励企业进行减排投资，政府可以大力弘扬低碳减排的重要性，并提供一定程度的财政补贴。这将帮助企业减轻负担，促进更多企业积极参与低碳运营。

6.7 本章小结

在碳交易政策的背景下，研究面向异质性消费者的供应链合作减排定价决策问题，涉及核心企业零售商、低碳产品供应商和普通产品供应商之间的合作关系，构建一个包括这些参与方的供应链模型。通过讨论零售商主导的四种合作模式下的供应链减排定价决策，揭示不同合作模式和消费者异质性特征对供应链减排定价和利润的影响机理。主要结论包括：

（1）碳交易价格的影响并不总是对供应链的利润产生负面影响。事实上，当碳交易价格较低时，逐步提高交易碳价格可以对不同合作模式的供应链利润产生积极影响。在一定的价格区间内，消费者低碳比例和低碳产品估值溢价因子都会对供应链利润产生正向影响。碳限额的设立始终会对供应链总利润产生影响，在一定范围内，随着碳限额的增加，供应链总利润也会提升，这表明在合适的条件下，碳交易制度可以为供应链带来经济效益和环境效益。

（2）当低碳消费者比例较低时，主导者零售商会与普通产品供应商合作，以实现普通产品在市场上的定价水平，与低碳产品供应商合作相比，普通产品的利润更高，这种合作策略会增加普通产品在市场上的占有份额，从而提升供应链利润。在不同的市场情景下，供应链可以通过与不同类型产品的供应商合作，适应碳交易价格的变化并优化利润。低碳消费者比例的增加对于碳交易价格的影响仍然至关重要，因此，需要综合考虑碳交易价格、低碳消费者比例以及合作模式等因素。

（3）当低碳消费者比例较高时，主导者零售商会选择与低碳产品供应商合作，以实现低碳产品在市场上的定价水平与集中决策相等。这种合作模式能够增加低碳产品在市场上的份额，从而提高供应链的利润。相比之下，与普通产品供应商合作，利润会较低。低碳消费者比例对供应链利润的影响不仅取决于低碳溢价因子，还与合作模式有关。低碳消费者比例越高，意味着消费者对低碳产品的需求越大，从而提高了低碳产品的市场定价。因此，低碳溢价因子总是会对低碳产品的市场定价产生正向影响。

（4）碳交易政策推动了供应链企业之间的减排合作，但供应商之间的竞争在一定程度上有助于降低产品的批发价格。相比之下，供应商合作会导致产品的批发价格上升，这将使得在供应商合作模式下的两类产品的市场价格提高，从而导致产品需求降低，对供应链利润产生负面影响，但这种合作模式对环境的影响是积极的。因此，在追求最优经济效益和环境效益之间，供应链需要作出权衡和取舍。

第7章

供应商主导供应链减排合作技术选择决策研究

供应链企业选择低碳技术，不仅要考虑技术类型与产品的匹配，还要考虑低碳技术实施的政策和市场环境，以及协调供应链上下游企业的利益问题。本章进一步拓展供应商主导供应链减排合作，以创新的方法描述了产品生产和使用两个环节的碳排放和低碳技术减排特征，采用微分博弈模型及分析实现减排和收益双赢的必要条件，并通过改变市场和碳交易条件来选择供应链低碳技术，研究解决供应链在产品生产和使用环节中的碳排放问题，有力支撑供应链企业低碳减排技术的选择。

7.1 问题描述

碳排放权交易试点及全国统一碳排放权交易市场的建立，是经济低碳发展的动力之一，正推动着我国制造业供应链从成本收益型管理向低碳管理转型。同时，越来越多的企业由被动减排向主动减排转变，也促进企业由独立减排向供应链层面合作减排转变，并更加趋向长期稳定。阿里云、沃尔玛和 IBM 等行业巨头纷纷主动采取低碳发展策略，最大限度减少产品碳足迹。碳足迹是表征产品碳放量的核心指标，是记录产品从原材料加工、运输、生产及销售等过程所产生的碳排放总量。2024 年 1 月，包括西门子电气、力神电池等 10 家天津企业完成编制碳足迹报告。近年来，不少企业开始编制企业碳足迹报告。披露产品碳足迹，企业不仅向社会表明其进行环境保护并履行社会责任，也是企业开展减排的重要依据。

碳足迹报告也表示，产品的生产环节、使用环节都有碳排放发生。例如，燃油汽车在制造过程、使用过程中都会产生大量的碳排放。制造企业进行低碳减排的关键措施之一是选择合适的低碳技术。同时，企业常常也有多种低碳技术可选。但是，即使同一减排技术在不同碳交易政策、市场环境下也会带来不同的减排效果。实践上，产品生产工艺、设计方案的不同为不同低碳技术选择提供了可能，针对性减少不同环节的碳排放。例如，以汽车制造为例，改进汽车装配工艺可减少生产环节碳排放，而改进发动机设计可降低使用碳排放。实践案例表明，制造企业不仅可以通过低碳技术改进生产工艺来减少产品生产环节碳排放，还可优化产品设计方案来减少产品使用环节碳排放。然而，企业选择何种低碳技术需要考虑技术类型与产品的匹配，以及技术实施的市场、政策、环境等因素。

基于上述分析，本章提出如下问题：（1）针对产品生产环节、使用环节的减排，制造企业如何进行低碳技术选择决策？（2）采用何种协调策略，供应链上下游企业来协同促进制造企业采用低碳减排技术？对此，本章将制造企业产品碳排放划分成生产、使用两个环节，在碳交易制度和消费者低碳偏好下讨论供应商低碳技术选择问题。首先，对技术减排和产品排放的特征进行区分，建立长期供应链低碳决策动态优化模型，利用微分博弈方法求解长期最优低碳决策下企业利润和碳排放影响的轨迹。其次，利用轨迹函数研究碳交易和市场条件下使企业同时实现减排和收益的两环节低碳技术特征条件。最后，考虑现实中技术选择的限制，研究如何通过调整企业在给定技术特征下实现减排和收益的双赢。

7.2　模型、假设及符号定义

如图7-1所示，在碳交易政策下，本章建立由单个供应商 S 和单个零售商 R 组成的两级供应链模型，供应商生产一种低碳产品并由零售商进行销售，其中，供应商和零售商都是风险中性的理性经济人。消费者具有低碳偏好，且消费者根据产品碳排放水平进行购买决策。

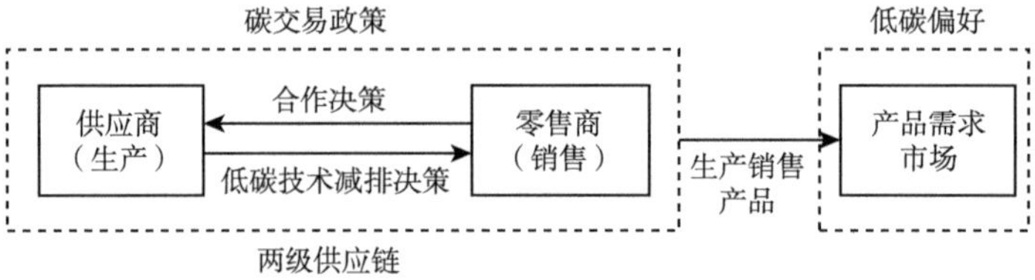

图 7－1　两级供应链减排合作示意

产品的碳排放可以分为生产环节排放和使用环节排放。供应链企业可以通过采用生产环节低碳技术和使用环节低碳技术来减少这两个环节的碳排放。具体而言，假设生产环节低碳技术只能减少产品在生产环节的碳排放，而使用环节低碳技术只能减少产品在使用环节的碳排放（因为在很多领域中，低碳技术的应用有针对性，例如改善燃煤效率只能减少钢铁生产环节的排放）。这些新的低碳技术的采用是技术创新的一种形式，它们可以通过减排效率和成本来描述。模型符号及定义见表 7－1，进一步假设如下：

假设 7.1：供应商是供应链主导者，零售商是跟随者，且供应商与零售商决策问题构成斯塔克伯格博弈，即供应商先根据两个环节低碳技术进行减排投入决策，然后零售商根据供应商的减排投入决策来进行合作分摊决策。

假设 7.2：参考文献［176］关于产品碳足迹来源分析，产品碳排放来源于供应商生产环节碳排放 $E_Z(t)$ 和使用环节碳排放 $E_K(t)$ 。参照文献［74］微分博弈方法，记供应商投入生产环节低碳技术和使用环节低碳技术进行减排的努力程度分别是 $Z(t)$ 和 $K(t)$，且这两个环节减排的微分演化过程为：

$$\frac{dE_Z(t)}{dt}=\eta_S^Z D(t)-\theta_Z Z(t),\ \frac{dE_K(t)}{dt}=\eta_S^K D(t)-\theta_K K(t) \tag{7.1}$$

其中，$\theta_Z \geqslant 0$ 和 $\theta_K \geqslant 0$ 是两个环节减排努力对碳排放的影响参数，代表减排技术的减排效率特征。$D(t)$ 为时刻 t 的产品市场需求，η_S^Z 和 η_S^K 分别表示生产、使用两个环节产品需求对排放增加影响的强度，代表产品不同环节的排放特征（如钢铁使用过程碳排放远小于生产过程，即 $\eta_S^Z \gg \eta_S^K$）。记初始时刻（$t=0$）生产环节排放 $E_Z(0)=E_Z^0 \geqslant 0$ 和使用环节排放 $E_K(0)=E_K^0 \geqslant 0$。

假设 7.3：供应商生产环节和使用环节进行减排的成本分别设为：

$$C_Z(t)=\frac{\beta_Z}{2}Z(t)^2,\ C_K(t)=\frac{\beta_K}{2}K(t)^2 \tag{7.2}$$

其中，β_Z 和 β_K 是减排努力程度转化为成本的系数，表示低碳技术减排的成本特征。减排成本采用二次函数形式是源于单位投入的减排效益是边际递减的设定。零售商对供应商两个环节减排成本（$C_Z(t)$ 与 $C_K(t)$）进行合作分摊，零售商参与减排合作的成本分摊比例为 $\lambda(t)$。

假设 7.4：低碳产品市场需求与产品碳排放有关，产品市场需求与排放的关系可设为：

$$D(t)=D_0+\delta(E_0-E_Z(t)-E_K(t)) \tag{7.3}$$

其中，$\delta\geqslant 0$ 是排放减少产生需求增加的系数，$D_0\geqslant 0$ 是市场的初始需求，$E_0=(\eta_S^K+\eta_S^Z)D_0$ 表示不进行减排时的产品碳排放量。

表 7-1　　模型符号及定义

符号	定义
$E_Z(t)$	生产环节碳排放
$E_K(t)$	使用环节碳排放
$Z(t)$	生产环节低碳技术减排努力程度
$K(t)$	使用环节低碳技术减排努力程度
θ_Z	生产环节减排努力对排放的影响参数
θ_K	使用环节减排努力对排放的影响参数
$D(t)$	时刻 t 的产品市场需求
$\lambda(t)$	零售商参与减排合作的分摊比例
η_S^Z	生产环节产品需求对排放增加影响的强度
η_S^K	使用环节产品需求对排放增加影响的强度
β_Z	生产环节努力程度转化为成本的系数
β_K	使用环节努力程度转化为成本的系数
$C_Z(t)$	生产环节减排成本
$C_K(t)$	使用环节减排成本
$\hat{E}_S$	长期内供应商获得的平均排放配额
$\hat{E}_R$	长期内零售商获得的平均排放配额
D	产品的市场需求
η_R	零售商单位需求的排放
R_S	供应商在低碳偏好市场中销售单位产品获得的收益

续表

符号	定义
R_R	零售商在低碳偏好市场中销售单位产品获得的收益
P	市场碳交易价格
δ	排放减少引起需求增加的系数
D_0	市场初始需求
E_0	不进行减排时的产品碳排放量
L_S	供应商利润
L_R	零售商利润
ρ	贴现因子

7.3 微分博弈模型和轨迹分析

供应商先选择减排的努力程度（减排投入决策），零售商再选择分摊供应商减排成本比例（合作决策）。碳交易制度下，零售商和供应商的成本由减排成本和碳交易成本构成。供应商碳交易成本根据产品生产环节的排放计算，零售商碳交易成本主要与市场需求有关：

$$C_S(t)=P(E_Z(t)-\hat{E}_S),\ C_R(t)=P(\eta_R D(t)-\hat{E}_R) \tag{7.4}$$

其中，$\hat{E}_S$ 和 $\hat{E}_R$ 是供应商和零售商长期内获得的平均排放配额，P 是市场平均碳交易价格，η_R 是零售商单位需求的排放（比如包含产品存储、配送等环节排放）。如果配额充足，$C_S(t)$ 和 $C_R(t)$ 则是出售排放权的收入（负成本）。记 R_S 和 R_R 分别表示供应商和零售商在低碳偏好市场中销售单位产品获得的收益。R_S 和 R_R 越大说明低碳偏好市场提供更多收益，而 R_S 与 R_R 的差别代表低碳偏好市场为供应链上下游提供了收益差别。在无限长时域内，供应商利润函数 L_S 和零售商利润函数 L_R 为：

$$L_S[K(t),Z(t)]=\int_0^{\infty}e^{-\rho t}\left(R_SD(t)-[1-\lambda(t)]\left(\frac{\beta_K}{2}K(t)^2+\frac{\beta_Z}{2}Z(t)^2\right)-P[E_Z(t)-\hat{E}_S]\right)dt \tag{7.5}$$

$$L_R(\lambda(t)) = \int_0^{\infty} e^{-\rho t}\left(R_R D(t) - \lambda(t)\left(\frac{\beta_K}{2}K(t)^2 + \frac{\beta_Z}{2}Z(t)^2\right) - P(\eta_R D(t) - \hat{E}_R)\right)dt \tag{7.6}$$

其中，$\rho>0$ 表示贴现因子且贴现因子设为常量。为书写方便，后面将省略时间符号 t。

定理 7.1　供应链低碳决策斯塔克伯格微分博弈中，反馈均衡策略为：

$$\lambda^* = \frac{\theta_K^2/\beta_K(2a_{SK}^*a_R^* - a_{SK}^{*2}) + \theta_Z^2/\beta_Z(2a_R^*a_{SZ}^* - a_{SZ}^{*2})}{\theta_K^2/\beta_K(2a_{SK}^*a_R^* + a_{SK}^{*2}) + \theta_Z^2/\beta_Z(2a_R^*a_{SZ}^* + a_{SZ}^{*2})} \tag{7.7}$$

$$K^* = -\frac{a_{SK}^*\theta_K}{(1-\lambda^*)\beta_K} \tag{7.8}$$

$$Z^* = -\frac{a_{SZ}^*\theta_Z}{(1-\lambda^*)\beta_Z} \tag{7.9}$$

供应商和零售商最优利润价值函数分别为：

$$V_S(E_K,E_Z) = b_S^* + a_{SK}^*E_K + a_{SZ}^*E_Z \tag{7.10}$$

$$V_R(E_K,E_Z) = b_R^* + a_R^*(E_K+E_Z) \tag{7.11}$$

其中，a_{SK}^*，a_{SZ}^*，b_S^*，a_R^*，b_R^* 解析表达式如下：

$$a_{SK}^* = \frac{\delta(-\rho R_S + \eta_S^Z P)}{\rho[a\delta(\eta_S^Z + \eta_S^K) + \rho]},\ a_{SZ}^* = -\frac{\delta\eta_S^K P + \rho P + \delta\rho R_S}{\rho[\delta(\eta_S^Z + \eta_S^K) + \rho]},\ a_R^* = \frac{\delta(P\eta_R - R_R)}{\rho + \delta(\eta_S^Z + \eta_S^K)},$$

$$b_S^* = (D_0 + \delta E_0)(R_S + \eta_S^Z a_{SZ}^* + \eta_S^K a_{SK}^*) + \hat{P}E_S + \frac{\theta_Z^2\beta_K a_{SZ}^*(a_{SZ}^* + 2a_R^*) + \theta_K^2\beta_Z a_{SK}^*(a_{SK}^* + 2a_R^*)}{4\beta_K\beta_Z},$$

$$b_R^* = (D_0 + \delta E_0)(R_R - P\eta^R + \eta_S^Z a_R^* + \eta_S^K a_R^*) + \hat{P}E_R + \frac{[\beta_K\theta_Z^2 a_{SZ}^*(a_{SZ}^* + 2a_R^*) + \beta_Z\theta_K^2 a_{SK}^*(a_{SK}^* + 2a_R^*)]^2}{8\beta_Z\beta_K[\beta_Z(\theta_K a_{SK}^*)^2 + \beta_K(\theta_Z a_{SZ}^*)^2]}。$$

证明：运用斯塔克伯格逆向归纳法求解，首先求解供应商的最优决策问题。供应商的 HJB 方程为：

$$\rho V_S(E_K,E_Z) = \max_{K,Z}\left(R_S[D_0 + \delta(E_0 - E_Z - E_K)] - (1-\lambda)\left(\frac{\beta_K}{2}K^2 + \frac{\beta_Z}{2}Z^2\right) - P(E_Z - \hat{E}_S) + V_S^K[\eta_S^K[D_0 + \delta(E_0 - E_Z - E_K)] - \theta_K K] + \right.$$

$$V_S^Z[\eta_S^Z[D_0+\delta(E_0-E_Z-E_K)]-\theta_Z Z]\Big) \tag{7.12}$$

其中，$V_S(E_K,E_Z)$ 是供应商的利润价值函数，V_S^K 和 V_S^Z 表示对价值函数关于 E_K 和 E_Z 的偏导。由式（7.12）的一阶条件可知供应商最优努力程度决策为：

$$K^*=-\frac{V_S^K\theta_K}{(1-\lambda)\beta_K},\ Z^*=-\frac{V_S^Z\theta_Z}{(1-\lambda)\beta_Z} \tag{7.13}$$

零售商 HJB 方程为：

$$\rho V_R(E_K,E_Z)=\max_{\lambda}(R_R(D_0+\delta(E_0-E_Z-E_K))-\lambda\left(\frac{\beta_K}{2}K^2+\frac{\beta_Z}{2}Z^2\right)-$$
$$P(\eta_R(D_0+\delta(E_0-E_Z-E_K))-\hat{E}_R)+V_R^K(\eta_S^K(D_0+\delta(E_0-$$
$$E_Z-E_K))-\theta_K K)+V_R^Z(\eta_S^Z(D_0+\delta(E_0-E_Z-E_K))-\theta_Z Z) \tag{7.14}$$

其中，$V_R(E_K,E_Z)$ 是零售商利润的价值函数。V_R^K 和 V_R^Z 表示对价值函数关于 E_K 和 E_Z 的偏导。将 K^* 和 Z^* 代入，并求一阶导数可知零售商最优分担比例为：

$$\lambda^*=\frac{\theta_K^2/\beta_K(2V_S^KV_R^K-V_S^{K2})+\theta_Z^2/\beta_Z(2V_S^ZV_R^Z-V_S^{Z2})}{\theta_K^2/\beta K(2V_S^KV_R^K+V_S^{K2})+\theta_Z^2/\beta_Z(2V_S^ZV_R^Z+V_S^{Z2})} \tag{7.15}$$

再将 λ^*，K^* 和 Z^* 分别代入式（7.12）和式（7.14）有：

$$\rho V_S=(-\delta R_S-\delta\eta_S^ZV_S^Z-\delta\eta_S^KV_S^K)E_K+(-P-\delta R_S-\delta\eta_S^ZV_S^Z-\delta\eta_S^KV_S^K)E_Z+$$
$$(D_0+\delta E_0)(R_S+\eta_S^ZV_S^Z+\eta_S^KV_S^K)+P\hat{E}_S+$$
$$\frac{\theta_Z^2\beta_K a_{SZ}^*(a_{SZ}^*+2a_R^*)+\theta_K^2\beta_Z a_{SK}^*(a_{SK}^*+2a_R^*)}{4\beta_K\beta_Z} \tag{7.16}$$

$$\rho V_R=(\delta P\eta_R-\delta R_R-\delta\eta_S^ZV_R^Z-\delta\eta_S^KV_R^K)E_K+(\delta P\eta_R-\delta R_R-\delta\eta_S^ZV_R^Z-\delta\eta_S^KV_R^K)E_Z+$$
$$(D_0+\delta E_0)(R_R+P\eta_R+\eta_S^ZV_R^Z+\eta_S^KV_R^K)+P\hat{E}_R+$$
$$\frac{[\beta_K\theta_Z^2V_S^Z(V_S^Z+2V_R^Z)+\beta_Z\theta_K^2V_S^K(V_S^K+2V_R^K)]^2}{8\beta_Z\beta_K[\beta_Z(\theta_KV_S^K)^2+\beta_K(\theta_ZV_S^Z)^2]} \tag{7.17}$$

观察式（7.16）和式（7.17），价值函数都是关于 E_K 和 E_Z 的一次式。设价值函数 V_S 和 V_R 的结构分别为 $V_S=b_S+a_{SK}E_K+a_{SZ}E_Z$ 和 $V_R=b_R+a_{RK}E_K+a_{RZ}E_Z$。再将 V_S 和 V_R 分别代入式（7.16）和式（7.17）并比较各项系数可以推出 a_{SK}^*，

a_{SZ}^*，b_S^*，a_{RK}^*，a_{RZ}^*，b_R^* 的解析表达式。由于 $a_{RK}^*=a_{RZ}^*$，因此，记参数 $a_R^*=a_{RK}^*=a_{RZ}^*$。证毕。

由价值函数式（7.10）和式（7.11）可知，a_{SK}^*、a_{SZ}^*和 a_R^* 实际上是供应商和零售商关于不同环节排放的边际利润，b_S^* 和 b_R^* 分别是供应商和零售商排放为零时的利润。由于 K^* 和 Z^* 表示最优努力程度（非负），而且 $\lambda^*\in[0,1]$，结合 K^* 和 Z^* 的表达式容易得出，$a_{SK}^*<0$ 和 $a_{SZ}^*<0$ 是供应商进行两环节减排的必要条件，即排放减少时供应商能够获益的条件。再根据 a_{SZ}^*和 a_{SK}^*的表达式可知，a_{SZ}^*总是小于0，而 a_{SK}^*只有在 $R_S>\eta_S^Z P/\rho$ 时小于0，也就是说，在生产环节，低碳市场提供的收益并不影响供应商是否减排，但影响其减排量。而在使用环节，低碳市场提供收益过低会导致供应商不进行使用环节减排。

利用定理7.1的结果来求解产品排放轨迹（包括生产环节和使用环节的排放总量）以及利润轨迹，以推导在特定政策和市场环境下实现减排和获得利润的低碳技术特征条件。

7.3.1　碳排放轨迹与技术选择分析

定理7.2　供应链低碳决策的反馈均衡下，产品排放轨迹 $E(t)$ 为：

$$E(t)=\left(-(E_0-E_K^0-E_Z^0)-\frac{D_0}{\delta}+\frac{\theta_Z Z^*+\theta_K K^*}{\delta(\eta_S^K+\eta_S^Z)}\right)e^{-\delta(\eta_S^K+\eta_S^Z)t}+E_0+\frac{D_0}{\delta}-\frac{\theta_Z Z^*+\theta_K K^*}{\delta(\eta_S^K+\eta_S^Z)} \tag{7.18}$$

证明：将式（7.8）和式（7.9）代入式（7.1）并利用式（7.3），得到微分方程组：

$$\frac{dE_K(t)}{dt}=\eta_S^K[D_0+\delta[E_0-E_K(t)-E_Z(t)]]-\theta_K K^* \tag{7.19}$$

$$\frac{dE_Z(t)}{dt}=\eta_S^Z[D_0+\delta[E_0-E_K(t)-E_Z(t)]]-\theta_Z Z^* \tag{7.20}$$

其中，初始值条件 $E_K(0)=E_K^0$ 和 $E_Z(0)=E_Z^0$。

对式（7.19）关于时间求导有$\frac{d^2E_K(t)}{dt^2}=\delta\eta_S^K E_0-\delta\eta_S^K\frac{dE_K(t)}{dt}-\delta\eta_S^K\frac{dE_Z(t)}{dt}$，

移项得

$$\frac{dE_Z(t)}{dt}=E_0-\frac{dE_K(t)}{dt}-\frac{1}{\delta\eta_S^K}\frac{d^2E_K(t)}{dt^2} \tag{7.21}$$

同时式（7.19）移项可得

$$E_Z(t)=\frac{1}{\delta}D_0+E_0-E_K(t)-\frac{1}{\delta\eta_S^K}\frac{dE_K(t)}{dt}-\frac{1}{\delta\eta_S^K}\theta_K K^* \tag{7.22}$$

式（7.21）和式（7.22）代入式（7.20）整理可得 $E_K(t)$ 的二阶微分方程：

$$\left(1+\frac{\eta_S^Z}{\eta_S^K}\right)\frac{dE_K(t)}{dt}+\frac{1}{\delta\eta_S^K}\frac{d^2E_K(t)}{dt^2}=E_0-\frac{\eta_S^Z}{\eta_S^K}\theta_K K^*+\theta_Z Z^*,$$

求解此方程并代入式（7.20），结合 maple 软件整理参数可得式（7.23）和式（7.24）分别为：

$$\begin{aligned}E_K(t)=&\left(\eta_S^K\frac{-\delta(E_0-E_Z^0-E_K^0)-D_0}{\delta(\eta_S^K+\eta_S^Z)}+\eta_S^K\frac{\theta_Z Z^*+\theta_K K^*}{\delta(\eta_S^K+\eta_S^Z)^2}\right)e^{-\delta(\eta_S^Z+\eta_S^K)t}+\\&\frac{\eta_S^K\theta_Z Z^*-\eta_S^Z\theta_K K^*}{(\eta_S^K+\eta_S^Z)}t-\\&\frac{[(-E_0+E_Z^0)\delta-D_0]\eta_S^{K2}+[(-E_K^0+E_Z^0-E_0)\delta-D_0]\eta_S^Z\eta_S^K-E_K^0\eta_S^{Z2}\delta}{\delta(\eta_S^K+\eta_S^Z)^2}-\\&\frac{\eta_S^K\theta_Z Z^*+\eta_S^K\theta_K K^*}{\delta(\eta_S^K+\eta_S^Z)^2}\end{aligned} \tag{7.23}$$

$$\begin{aligned}E_Z(t)=&\left(\eta_S^Z\frac{-\delta E_0+\delta E_Z^0+\delta E_K^0-D_0}{\delta(\eta_S^K+\eta_S^Z)}+\eta_S^Z\frac{\theta_Z Z^*+\theta_K K^*}{\delta(\eta_S^K+\eta_S^Z)^2}\right)e^{-\delta(\eta_S^Z+\eta_S^K)t}+\\&\frac{\eta_S^Z\theta_K K^*-\eta_S^K\theta_Z Z^*}{\eta_S^K+\eta_S^Z}t-\\&\frac{[(-E_0+E_K^0)\delta-D_0]\eta_S^{Z2}+[(-E_Z^0+E_K^0-E_0)\delta-D_0]\eta_S^K\eta_S^Z-E_Z^0\eta_S^{K2}\delta}{\delta(\eta_S^K+\eta_S^Z)^2}-\\&\frac{\eta_S^Z\theta_Z Z^*+\eta_S^Z\theta_K K^*}{\delta(\eta_S^K+\eta_S^Z)^2}\end{aligned} \tag{7.24}$$

并将式（7.23）和式（7.24）求和，可得式（7.18）。证毕。

产品排放轨迹式（7.18）是指数函数，由于 $-\delta(\eta_S^K+\eta_S^Z)<0$，故根据指数项

系数可以将供应链最优低碳决策总排放轨迹分为三种情况：（i）$\frac{\theta_Z Z^* + \theta_K K^*}{\delta(\eta_S^K + \eta_S^Z)} < W_0$；（ii）$\frac{\theta_Z Z^* + \theta_K K^*}{\delta(\eta_S^K + \eta_S^Z)} > W_0$；（iii）$\frac{\theta_Z Z^* + \theta_K K^*}{\delta(\eta_S^K + \eta_S^Z)} = W_0$，其中 $W_0 = (E_0 - E_K^0 - E_Z^0) + \frac{D_0}{\delta}$。将 $E(t)$ 代入需求表达式（7.3）得出需求关于时间的轨迹。

三种情况下需求和排放轨迹的关系如图 7－2 所示，即条件（i）成立时，图 7－2（a）产品总排放递增，需求下降；条件（ii）成立时，图 7－2（b）产品总排放递减，需求上升；条件（iii）成立时，图 7－2（c）产品总排放和需求都保持平稳。

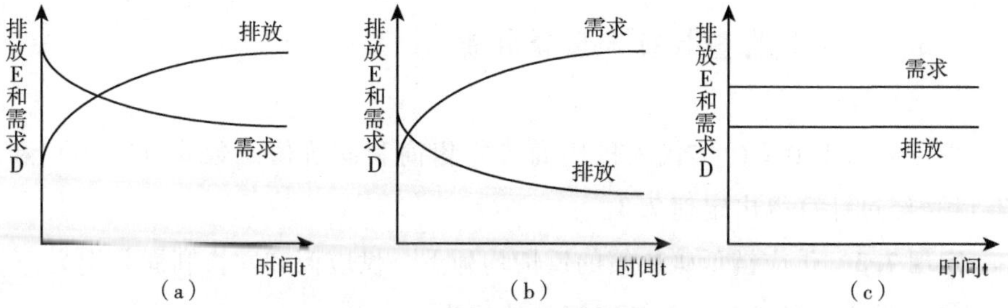

图 7－2　产品总排放和需求轨迹的特征

由于单纯考虑具有低碳偏好的市场，需求与排放呈相反的趋势。图 7－2 显示通过合理选择低碳技术特征能够实现需求增长的同时排放减少，但是需要合理选择低碳技术。图 7－2（a）表示纵使采用低碳技术减排，在需求下降的同时排放仍然可能上升。结合排放的动态变化方程式（7.1）可以解释图 7－2（a），t 时刻排放的变化由需求 $D(t)$ 和努力程度 $Z(t)$ 和 $K(t)$ 共同决定，当 t 时刻需求较大时，供应商最优的减排量无法抵消产品需求增加的排放量，此时产品总排放增加。由于市场低碳偏好，排放的增加逐渐减小了需求，这让排放曲线上升变得平缓，并最终到达稳态。图 7－2（b）显示在需求增加的情况下仍然能够实现排放总量的减少。根据总排放轨迹函数 $E(t)$ 系数的分析，低碳决策实现供应链需求增长同时减少排放的必要条件为：

$$\frac{\theta_Z Z^* + \theta_K K^*}{\delta(\eta_S^K + \eta_S^Z)} > W_0 \tag{7.25}$$

将 Z^* 和 K^* 代入式（7.25）左边，左边 $=\dfrac{\dfrac{\theta_Z^2}{\beta_Z}a_{SZ}^*+\dfrac{\theta_K^2}{\beta_K}a_{SK}^*}{\delta(1-\lambda^*)(\eta_S^K+\eta_S^Z)}$。令 $\tau_Z=\dfrac{\theta_Z^2}{\beta_Z}$ 和 $\tau_K=\dfrac{\theta_K^2}{\beta_K}$，$\theta_i(i\in K,Z)$ 表示的是低碳技术的减排效率，$\beta_i(i\in K,Z)$ 表示的是技术的成本特征。因此，τ_Z 和 τ_K 分别描述了生产环节低碳技术和使用环节的低碳技术特征。a_{SZ}^* 和 a_{SK}^* 表示供应商对两个环节排放带来的边际利润。η_S^K 和 η_S^Z 表示产品排放特征。δ 是低碳市场偏好的特征。由此可以看出，在不同的边际利润下，相同的低碳技术特征会产生不同减排效果，而边际利润由碳交易和低碳市场提供的收益决定。

7.3.2 利润轨迹与技术选择分析

将定理 7.2 中 $E(t)$ 代入供应商与零售商利润价值函数式（7.10）和式（7.11）经过计算得出定理 7.3。

定理 7.3 供应链低碳决策的反馈均衡下，供应商和零售利润分别为：

（1）供应商最优利润关于时间的轨迹为：

$$V_S(t)=b_S^*+At+Be^{-\delta(\eta_Z+\eta_K)t}+C \tag{7.26}$$

其中，$A=\dfrac{1}{\eta_S^K+\eta_S^Z}(a_{SK}^*-a_{SZ}^*)(\eta_S^K\theta_Z Z^*-\eta_S^Z\theta_K K^*)$，$B=\dfrac{1}{\eta_S^K+\eta_S^Z}\left(-(E_0-E_Z^0-E_K^0)-\dfrac{D_0}{\delta}+\dfrac{\theta_K K^*+\theta_Z Z^*}{\delta(\eta_S^K+\eta_S^Z)}\right)(\eta_S^K a_{SK}^*+\eta_S^Z a_{SZ}^*)$，$C=-\dfrac{1}{\delta(\eta_S^K+\eta_S^Z)^2}((((E_Z^0-E_0)a_{SK}^*-E_Z^0a_{SZ}^*)\delta-D_0a_{SK}^*)\eta_S^{K2}+(((E_K^0-E_0)\delta-D_0)a_{SZ}^*-\delta E_K^0a_{SK}^*)\eta_S^{Z2}+((((E_K^0-E_Z^0-E_0)\delta-D_0)a_{SZ}^*+((E_Z^0-E_K^0-E_0)\delta-D_0)a_{SK}^*)\eta_S^K+(\theta_K K^*+\theta_Z Z^*)a_{SZ}^*)\eta_S^Z+\eta_S^K(\theta_K K^*+\theta_Z Z^*)a_{SK}^*)$

（2）零售商最优利润关于时间的轨迹为：

$$V_R(t)=b_R^*+a_R^*E(t) \tag{7.27}$$

当零售商关于排放的边际利润 $a_R^*>0$ 时，零售商利润轨迹与产品排放轨迹趋势一致，此时排放的减少会造成零售商利润的减少，其原因是低碳市场未能给零售商提供足够的收益（$R_R>P\eta_R$）。当 $a_R^*<0$ 时，零售商利润轨迹与产

品排放轨迹趋势相反，任何减少产品排放的技术选择都能够为零售商增加利润。此时，产品排放减少的必要条件就是零售商增加利润的条件。

如图7-3所示，根据供应商利润轨迹函数，将 a_{SK}^* 和 a_{SZ}^* 表达式代入简单计算可知 $a_{SK}^* - a_{SZ}^* < 0$ 且 $\eta_S^K a_{SK}^* + \eta_S^Z a_{SZ}^* < 0$，由此可判断系数 A 和系数 B 的正负，并将把供应商利润和产品排放轨迹的关系分为四种情况：

（i）$\dfrac{\theta_Z Z^* + \theta_K K^*}{\delta(\eta_S^K + \eta_S^Z)} > W_0$ 且 $\dfrac{\theta_Z Z^*}{\eta_S^Z} \geqslant \dfrac{\theta_K K^*}{\eta_S^K}$；

（ii）$\dfrac{\theta_Z Z^* + \theta_K K^*}{\delta(\eta_S^K + \eta_S^Z)} > W_0$ 且 $\dfrac{\theta_Z Z^*}{\eta_S^Z} < \dfrac{\theta_K K^*}{\eta_S^K}$；

（iii）$\dfrac{\theta_Z Z^* + \theta_K K^*}{\delta(\eta_S^K + \eta_S^Z)} < W_0$ 且 $\dfrac{\theta_Z Z^*}{\eta_S^Z} > \dfrac{\theta_K K^*}{\eta_S^K}$；

（iv）$\dfrac{\theta_Z Z^* + \theta_K K^*}{\delta(\eta_S^K + \eta_S^Z)} < W_0$ 且 $\dfrac{\theta_Z Z^*}{\eta_S^Z} \leqslant \dfrac{\theta_K K^*}{\eta_S^K}$。

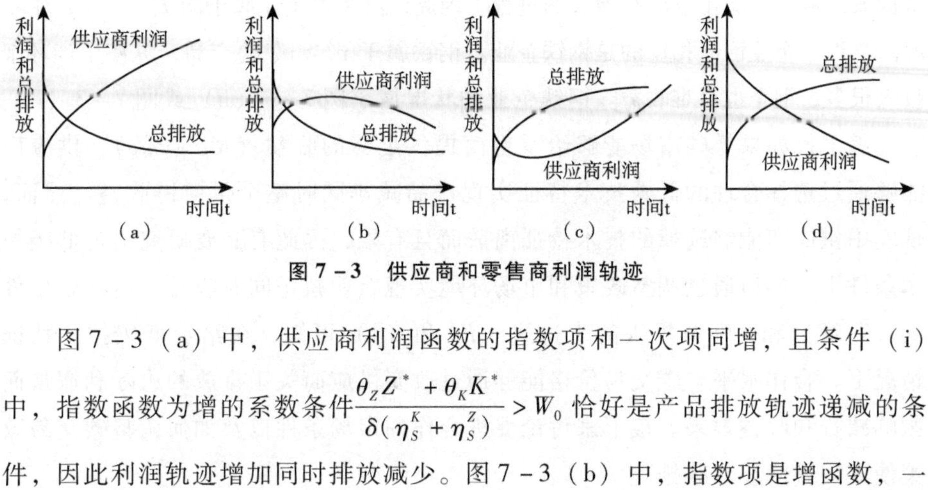

图7-3　供应商和零售商利润轨迹

图7-3（a）中，供应商利润函数的指数项和一次项同增，且条件（i）中，指数函数为增的系数条件 $\dfrac{\theta_Z Z^* + \theta_K K^*}{\delta(\eta_S^K + \eta_S^Z)} > W_0$ 恰好是产品排放轨迹递减的条件，因此利润轨迹增加同时排放减少。图7-3（b）中，指数项是增函数，一次项是减函数，但是指数项的变化是收敛的，因此，在一段时间后利润会下降。图7-3（c）和图7-3（d）的趋势解释同7-3（a）和图7-3（b）的解释。图7-3显示并不是排放减少的技术选择就能够在低碳市场获得利润增长。由于产品排放满足递减的条件 $\dfrac{\theta_Z Z^* + \theta_K K^*}{\delta(\eta_S^K + \eta_S^Z)} > W_0$ 恰好是供应商利润轨迹指数项递增的条件，那么只要利润轨迹线性项实现递增，就能实现排放减少的同时利润递增。因此，供应商实现减排同时利润增长的必要条件：

$$\frac{\theta_Z Z^* + \theta_K K^*}{\delta(\eta_S^K + \eta_S^Z)} > W_0 \text{ 且 } \frac{\theta_Z Z^*}{\eta_S^Z} > \frac{\theta_K K^*}{\eta_S^K} \tag{7.28}$$

由于指数项在长期内（$t \to \infty$）收敛，所以长期的利润趋势由线性项决定。也就是说，$\frac{\theta_Z Z^* + \theta_K K^*}{\delta(\eta_S^K + \eta_S^Z)} > W_0$ 是短期利润增长的必要条件，$\frac{\theta_Z Z^*}{\eta_S^Z} > \frac{\theta_K K^*}{\eta_S^K}$ 是长期的必要条件。将 K^* 和 Z^* 代入长期必要条件有 $\frac{\tau_Z a_{SZ}^*}{\eta_S^Z} > \frac{\tau_K a_{SK}^*}{\eta_S^K}$，即长期内收益的实现取决于各环节低碳技术特征与产品排放特征的匹配，并非采用低碳技术特征越高越容易在低碳市场实现收益。长期内，生产环节技术特征越大越容易满足此不等式，因此供应商更加愿意采取对生产环节减排。

例如，汽车属于生产环节排放远小于使用环节排放的产品，即 $\eta_S^K \geqslant \eta_S^Z$。汽车企业很容易满足 $\frac{\tau_Z a_{SZ}^*}{\eta_S^Z} > \frac{\tau_K a_{SK}^*}{\eta_S^K}$，实现收益。同时，企业并没有激励去减少使用环节排放，从而产品排放处在增长的过程。因此，汽车类企业属于图 7－3（c）中状况。与汽车企业恰恰相反的是钢铁企业。钢铁属于 $\eta_S^Z \geqslant \eta_S^K$ 的产品，纵使生产环节投入很多，钢企也很难收益。钢铁企业的状况属于图 7－3（b）或图 7－3（d）。

综上，如果低碳市场能够给零售商提供足够的收益（$R_R > P\eta_R$），供应商能够通过选择合理的低碳技术特征实现产品减排同时整个供应链收益。然而，现实中供应商能够选择的技术特征离散而且有限，因此有必要研究给定低碳技术条件下，如何通过调整政策和市场环境实现企业减排同时收益。由必要条件式（7.28）和两环节投入的表达式（K^* 和 Z^*）可知，在给定低碳技术特征情况下，合作水平与碳交易价格能够通过改变供应商关于排放的边际利润从而影响减排和收益效果。接下来讨论促进合作的市场条件以及如何调整碳交易政策使其促进两环节减排。

7.4 碳减排合作与碳交易政策分析

7.4.1 碳减排合作分析

由产品排放轨迹 $E(t)$ 可知，合作水平 λ^* 的增加能够减少产品排放。但是合作并不总是有利于收益的。由于零售商进行合作决策，只有零售商从合作中能够获益合作才能进行。

定理7.4 当$R_S > \frac{\eta_S^Z P}{\rho}$时，若$a_R^* < \frac{\tau_Z a_{SZ}^{*2} + \tau_K a_{SK}^{*2}}{2(\tau_K a_{SK}^* + \tau_Z a_{SZ}^*)}$，零售商才能从合作中获益。当$R_S < \frac{\eta_S^Z P}{\rho}$时，若$R_R > \frac{R_S\delta + 2\delta P\eta_R - P}{2\delta}$，合作对零售商有利。

证明：由于定理7.1的最优解是关于利润的最优决策，即只要$\lambda^* \in [0,\ 1]$存在，就说明合作有利于零售商利润。以a_R^*为变量，构建函数$F(a_R^*) = \lambda^*(a_R^*)$，将$\lambda^*$表达式代入整理可得：

$$F(a_R^*) = 1 - \frac{2a_{SK}^{*2}\tau_K + 2a_{SZ}^{*2}\tau_Z}{a_{SK}^{*2}\tau_K + a_{SZ}^{*2}\tau_Z + (2a_{SK}^*\tau_K + 2a_{SZ}^*\tau_Z)a_R^*}。$$

这是一个变量为a_R^*的反比例函数，通过对其求极限和求导能够分析函数的性态。

$$\lim_{\delta a_R^* \to 0} F(a_R^*) = -1,\ \lim_{\delta a_R^* \to \infty} F(a_R^*) = 1,$$

$$\frac{dF(a_R^*)}{da_R^*} = \frac{4(\tau_Z a_{SZ}^* + \tau_K a_{SK}^*)(\tau_Z a_{SZ}^{*2} + \tau_K a_{SK}^{*2})}{[a_{SK}^*\tau_K(a_{SK}^* + 2a_R^*) + (a_{SZ}^* + 2a_R^*)\tau_Z a_{SZ}^*]^2}。$$

求解$F(a_R^*) = 0$可以得到$a_R^* = \frac{\tau_Z a_{SZ}^{*2} + \tau_K a_{SK}^{*2}}{2(\tau_K a_{SK}^* + \tau_Z a_{SZ}^*)}$。由于$a_{SZ}^* < 0$，当$a_{SK}^* < 0$ $\left(R_S > \frac{\eta_S^Z P}{\rho}\right)$时，$\tau_Z a_{SZ}^* + \tau_K a_{SK}^* < 0$，结合极限能够推知函数性态。可知$a_R^* < \frac{\tau_Z a_{SZ}^{*2} + \tau_K a_{SK}^{*2}}{2(\tau_K a_{SK}^* + \tau_Z a_{SZ}^*)}$时合作有利于零售商利润。

当$a_{SK}^* > 0\left(R_S < \frac{\eta_S^Z P}{\rho}\right)$时，定理7.1中模型所求最优使用环节努力程度为负数，此时供应商根本不会进行使用环节减排。因此，要求解$a_{SK}^* > 0$时零售商最优合作决策必须修改模型（只进行生产环节减排投入决策）重新求解：

$$\overline{\lambda}^* = \frac{2\overline{a}_R^* - \overline{a}_{SZ}^*}{2\overline{a}_R^* + \overline{a}_{SZ}^*},\ \overline{a}_{SZ}^* = -\frac{R_S\delta + P}{\eta_S^Z\delta + \rho},\ \overline{a}_R^* = \frac{-R_R\delta + \delta P\eta_R}{\eta_S^Z\delta + \rho}。$$

对其合作水平性态$\overline{\lambda}^*$分析可知，$R_R > \frac{R_S\delta + 2\delta P\eta_R - P}{2\delta}$时，合作对零售商有利。证毕。

由定理 7.4 可知，低碳市场所提供的收益影响零售商选择合作的关键因素。R_R 越大 a_R^* 越小，故零售商从低碳市场获得的收益越多，合作对零售商越有益。

7.3.2 碳交易政策分析

对供应商边际利润求导有 $\frac{\delta a_{SK}^*}{\delta P}>0$ 和 $\frac{\delta a_{SZ}^*}{\delta P}<0$。这说明碳交易价格的增加会让供应商更偏向于生产环节的减排。实际上，碳交易价格足够高时，a_{SK}^* 会大于 0，此时低碳偏好市场提供的收益已经不足以使企业通过使用环节减排收益，供应商不再对使用环节减排。这与以往文献中，碳交易价格对减排行为有正向的激励作用的结论，是相违背的。究其原因，这是对具有同样外部性的商品差别定价的结果。如果将减排看作是商品，供应商向产品的生产环节购买减排是负的碳交易价格，向使用环节购买减排的价格是零。此时，供应商会购买价格更低的减排。因此，碳交易政策的实行不仅没有促进使用环节减排，而且对其起了抑制作用。接下来，本书通过建立将两个环节排放同样进行交易的模型和原模型比较证明差别定价的影响，并证明后者利于激励供应商减排。

首先，建立将使用过程排放纳入碳交易的供应链利润模型如下：

$$L_R'(\lambda(t)) = \int_0^{\infty} e^{-\rho t}\left(R_R D(t) - \lambda(t)\left(\frac{\beta_K}{2}K(t)^2 + \frac{\beta_Z}{2}Z(t)^2\right) - P(t)[\eta_R D(t) - \hat{E}_R(t)]\right)dt \tag{7.29}$$

$$L_S'(K(t),Z(t)) = \int_0^{\infty} e^{-\rho t}\left(R_S D(t) - [1-\lambda(t)]\left(\frac{\beta_K}{2}K(t)^2 + \frac{\beta_Z}{2}Z(t)^2\right) - P(t)[E_K(t) + E_Z(t) - \hat{E}_S(t)]\right)dt \tag{7.30}$$

其次，利用定理 7.1 中的方法进行求解：

$$\lambda'^* = \frac{2a_R'^* - a_S'^*}{2a_R'^* + a_S'^*},\ K'^* = -\frac{a_S'^*\theta_K}{(1-\lambda'^*)\beta_K},\ Z'^* = -\frac{a_S'^*\theta_Z}{(1-\lambda'^*)\beta_Z} \tag{7.31}$$

由于 K'^* 和 Z'^* 的形式改变，并不影响微分方程组（7.19）和式（7.20）的形式，产品排放轨迹函数 $E(t)$ 仍为定理 7.2 的函数。

供应商和零售商最优利润价值函数为：

$$L_S' = b_S'^* + a_S'^* E(t),\ L_R' = b_R'^* + a_R'^* E(t) \tag{7.32}$$

其中，$a_S'^* = -\dfrac{\delta R_S + P}{\delta(\eta_S^Z + \eta_S^K) + \rho}$，$a_R'^* = \dfrac{\delta\ (P\eta_R - R_R)}{\rho + \delta(\eta_S^Z + \eta_S^K)}$（$b_S'^*$和 $b_R'^*$很长而且并不关键所以省略）。

定理 7.5　将两个环节排放都纳入碳交易时，碳交易价格的升高能够激励供应商减排，但是不能激励零售商合作。

证明：将 a_S^*、a_R^* 和 λ^* 对 P 求导：

$$\frac{\delta a_S'^*}{\delta P} = -\frac{1}{\delta(\eta_S^Z + \eta_S^K) + \rho} < 0,\ \frac{\delta a_R'^*}{\delta P} = \frac{\delta\eta_R}{\rho + \delta(\eta_S^Z + \eta_S^K)} > 0,$$

$$\frac{\delta\lambda'^*}{\delta P} = -\frac{2\delta(\delta\eta_R R_S + R_R)}{[(2P\eta_R - 2R_R - R_S)\delta - P]^2} < 0。$$

由于 a_S^* 和 a_R^* 都是越小，对于排放边际利润越高，故碳交易价格增加对供应商是激励，对零售商是抑制的。而且碳交易价格的增加会使合作水平减小。考虑到即使合作减小到零，碳交易价格对 K'^* 和 Z'^* 仍有激励，所以总的来说，碳交易价格对供应商有激励作用。证毕。

7.5　数值算例分析

通过数值算例分析碳交易和低碳市场环境对低碳技术减排和收益效果的影响。将供应商低碳市场收益 R_S、零售商收益 R_R、排放对需求影响系数 δ 和碳交易价格 P 作为实验因素，研究不同 R_S，R_R，δ 和 P 下低碳技术减排和收益的效果差别。参数设置如下：$R_S = 40$，$R_R = 40$，$P = 3$，$\delta = 0.3$，$\rho = 0.7$，$D_0 = 20$，$\hat{E}_S = 5$，$\hat{E}_R = 5$，$E_K^0 = 20$，$E_Z^0 = 20$，$\eta_R = 1$，$\eta_S^K = 1$，$\eta_S^Z = 1.5$，$\theta_K = 2$，$\theta_Z = 1$，$\beta_K = 0.5$，$\beta_Z = 0.5$（对 R_S，R_R，δ，P 中某因素做实验时，其他参数仍取上述值）。

图 7-4 展示了当 R_S、R_R、δ 和 P 分别变化时，最优投入与合作水平的变化。供应商低碳市场收益的增加能够刺激使用环节投入但对生产环节投入影响不大，与之相反的是，碳交易价格 P 能够刺激生产环节投入但是抑制使用环节投入。零售商收益 R_R 和 δ 能够刺激两环节投入。除了零售商收益 R_R 的增加能够刺激合作，R_S、δ 和 P 的增加都对合作有抑制作用。

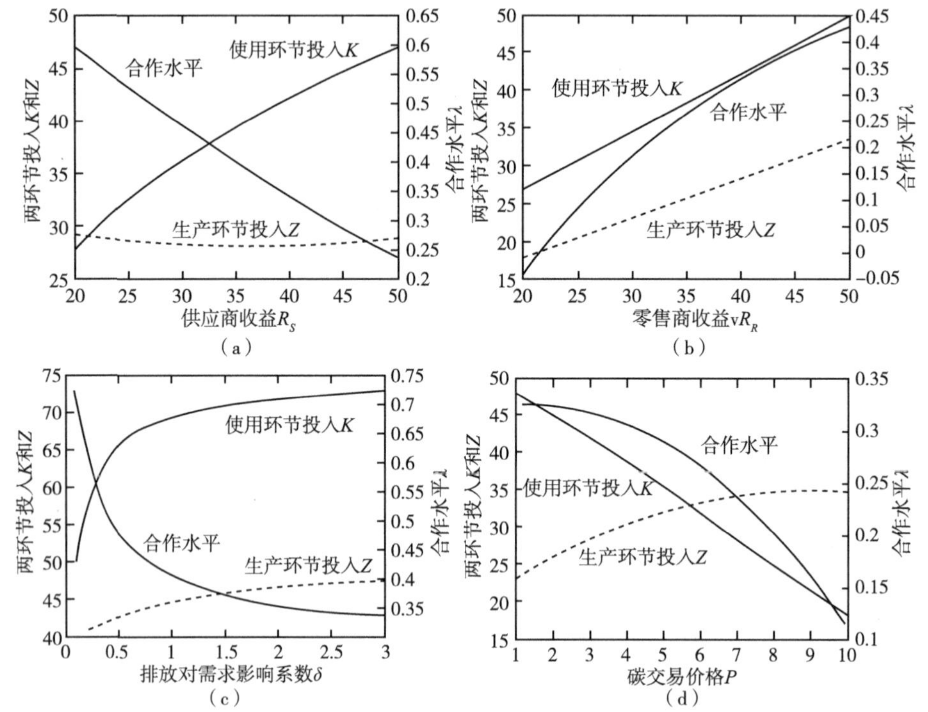

图 7-4　R_S、R_R、δ 和 P 对最优决策的影响

图 7-5 显示各实验因素对产品排放的影响。供应商收益 R_S 和零售商收益 R_R 的增加能够刺激排放减少。需求影响系数 δ 和碳交易价格 P 的增加会增加产品排放。其原因是，δ 的增加使得产品排放减少带来的需求增量更大，从而提升产品排放。这种影响也表现在，当 δ 增加排放随时间变化更为平缓。碳交易价格的增加抑制了使用环节减排，此时产品排放上升。

图 7-6 展示了各实验因素对供应商利润的影响。将参数代入计算可知 $\frac{\theta_Z Z^* + \theta_K K^*}{\delta(\eta_S^K + \eta_S^Z)} > W_0$ 且 $\frac{\theta_Z Z^*}{\eta_S^Z} < \frac{\theta_K K^*}{\eta_S^K}$，即本实验参数符合短期利润增长条件，但是长期利润会处于下降趋势。因此，供应商收益 R_S 和零售商收益 R_R 的增加会促使供应商利润增加，但是长期内仍处在下降趋势。δ 的增加对供应商利润影响较小。碳交易价格使供应商利润下降，而且碳交易价格 P 的变化影响了必要条件式（7.28）的满足，所以在 P 较小时，利润长期是增长的，但随着 P 的增加，长期内的增长变得不明显。

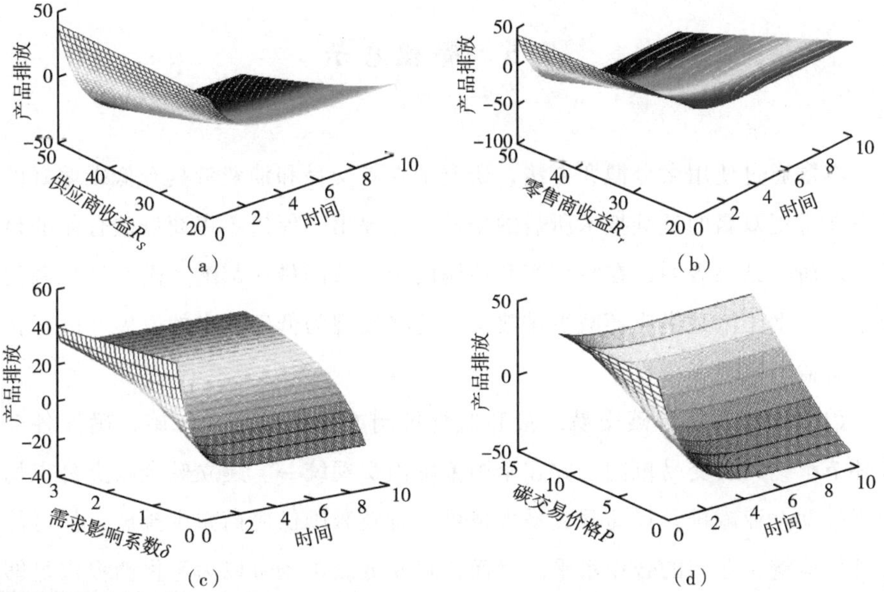

图 7－5　R_S、R_R、δ 和 P 对排放的影响

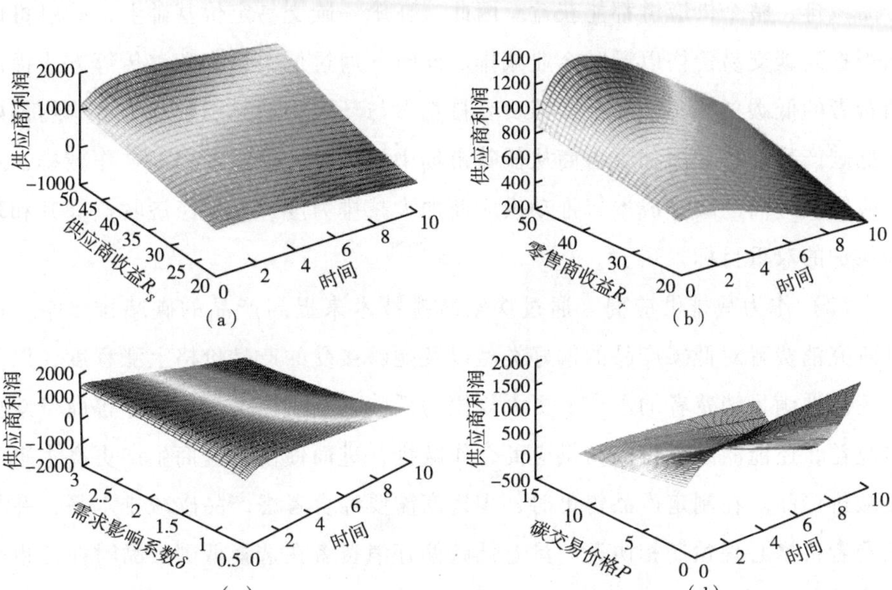

图 7－6　R_S、R_R、δ 和 P 对供应商利润影响

7.6 管理启示

本章通过使用微分博弈方法，研究了在碳交易和消费者具有低碳偏好的环境下，实现双赢的低碳技术所需的条件，并提出了促进零售商低碳合作的市场条件。研究结果表明，在将生产和使用两个环节的排放都纳入碳交易机制的情况下，有助于激励供应商减少排放量。这些发现为低碳技术的发展和碳减排提供了有益的启示参考：

（1）政府在完善碳交易政策和监管机制方面可以采取措施，确保各个排放环节都纳入碳交易范围，并在全国范围内实现统一。建立健全碳交易市场有助于推动企业减排。提高碳交易价格可以有效激励供应商减少排放，但可能会降低供应链企业间的合作水平。然而，建立低碳市场可以为零售商提供足够的收益，促使他们选择合作，从而推动供应商通过采用合理的低碳技术特征实现产品减排，整个供应链都能获益。因此，在统一碳交易定价基础上，政府可以适当提高碳交易价格以激励企业减排。同时，通过低碳教育和宣传等方式提高消费者的低碳意识，鼓励更多消费者自觉参与环保行动。引导消费者购物偏好向低碳产品转移，增加零售商从低碳市场中的收益，促进零售商合作减排，从而减轻供应商的减排成本，推动供应商加大减排力度，实现经济收益提升和环境保护的双重目标。

（2）作为减排供应商，通过探索减排技术来提高产品的碳减排水平，而且研究消费者对低碳产品的偏好类型以及能够接受的产品价格上涨程度，以更加精准地满足消费者的需求。更大规模的低碳市场需求不仅能给零售商带来更多收益，还能激励零售商与供应商合作减排，进而促使供应商生产更高水平的碳减排产品。在制定产品售价时，零售商需要综合考虑产品碳减排水平，并与消费者价格心理预期相协调。具有低碳偏好消费者在选择低碳产品时往往也会关注价格，会根据心理价位来作出购买决策。因此，企业应该利用市场调研和消费者反馈等方式，深入了解消费者对低碳产品的需求和心理价位，并灵活调整产品的定价策略。通过准确定位消费者群体的低碳偏好类型，企业可以开发出更适合市场需求的低碳产品，并根据消费者的心理预期来制定合理的价格，从而增加产品的市场吸引力。此外，企业还可以通过积极开展宣传和教育活动，提高消费者的低碳意识水平，并增强消费者对减排产品的认知和认同。消费者对低碳产品需求不仅受到产品本身吸引力影响，还受到环境保护和可持续发展的认同感的影响。因此，企业可以通过有效的市场传播，从而提高消费者购买意愿，进一步推动低碳市场的发展。

（3）对于零售商来说，选择供应商采用排放轨迹递减的低碳技术有助于提高利润。消费者越来越关注环境问题，对低碳产品的需求也在不断增加。通过选择低碳技术的供应商，零售商能够满足消费者的需求，增加产品的市场吸引力，从而提高销售额和利润。对于供应商来说，仅仅采用低碳技术并不能保证长期的利润增长。供应商的利润轨迹递增取决于低碳技术的特征与其产品排放特征的匹配程度。低碳技术的选择应考虑供应商所生产产品的特点，确保技术能够有效地减少产品的碳排放。供应商应该选择与其产品特征相匹配的低碳技术。在选择供应商时，零售商还应考虑供应链的可持续性，通过建立良好的合作关系，推动低碳技术的创新和应用，实现长期的利润增长和可持续发展。

7.7　本章小结

本章构建了在碳交易和低碳偏好环境下低碳供应链动态优化模型，划分了产品和低碳技术在生产和使用环节排放和减排技术特征，分析了通过低碳技术选择实现减排和收益双赢的必要条件，考虑到实践中的低碳技术特征，分析了通过改变市场和碳交易条件实现供应链低碳技术选择，还通过参数敏感性分析验证了市场收益、排放对需求影响，以及碳交易价格对排放和供应链利润的影响。主要结论如下：

（1）供应链合作减排是一种强有力的方式，可以帮助供应链上下游企业改善排放情况并提高利润。改善排放是一个毫无条件的目标，但是利润的改善却需要合作的条件才能实现。这种合作不仅能够带来经济效益，还能推动整个供应链的可持续发展，为社会和环境作出贡献。

（2）供应链减排合作的形成并不仅仅取决于零售商从减少排放中获得的额外利润，还取决于零售商和供应商之间的排放边际利润关系。简而言之，合作能否形成不仅关注零售商的获利能力，还涉及供应商对减排投入程度的决定（供应商的排放边际利润决定投入量）。零售商能够与供应商达成共识，使得双方对减排合作的利益和投入达到平衡，那么合作就有可能形成。

（3）如果碳交易市场存在差别定价，即只允许对生产环节的排放进行交易而忽视产品使用过程中的排放（此时价格为零），那么调整碳交易价格将无法有效激励减少排放。然而，如果消除了差别定价，提高碳交易价格就能够有效地激励减排。这样的调整能够为企业提供明确的经济激励，促使它们采取减排措施并采用更环保的技术。

（4）短期内，使用低碳技术可以帮助企业减少排放，并且可能带来一定的经济效益。然而，长期内，企业的利润增长更加复杂，需要考虑到产品在各个环节中的低碳技术特征，以及这些特征和产品排放特征之间的匹配情况。只有通过合理匹配低碳技术特征和产品排放特征，企业才能在低碳市场中实现可持续的利润增长。此时，会出现四种情况（请见本章 7.2.2），其中，排放减少但是利润无法长期增长、排放递增但利润却不断攀升两种情况存在政策手段协调的空间。前者虽然有利于减排，但是企业不愿意采用；后者虽然不利于减排，但是企业有动机去改进减排。

（5）供应商在选择低碳减排技术时，需要综合考虑减排效率和采用技术所涉及的成本，同时还要考虑市场条件、企业和产品的特点。不同的企业和市场条件下，即使使用相同的减排技术，也可能产生不同的减排效果。具体而言，选择低碳减排技术需要考虑供应链中与排放相关的边际利润、合作水平、产品排放特征以及市场对低碳的偏好程度。边际利润和合作水平越高，通常对排放的影响越低。而产品的排放特征以及市场对低碳的偏好程度越高，则往往导致较高的排放水平。

第8章

不对称信息下的供应商减排投资决策与协调策略研究

供应商拥有减排投资成本信息优势，可能会出现谎报行为。零售商无法准确获取供应商的单位产品初始碳排放、减排投资成本等信息，存在信息不对称现象。相对于前几章讨论信息对称下的供应链减排决策与协调策略问题，本章则讨论信息不对称下的供应商减排投资决策与协调策略问题，拓展了不同核心企业主导供应链减排决策与协调问题研究。通过刻画供应商谎报成本信息的因素并分析谎报因子，研究供应商减排投资的成本信息谎报下的供应链决策与协调，揭示不同核心企业主导供应链下的供应商谎报行为，并设计解决供应商拥有私有成本信息情景下的供应链协调契约。

8.1 问题描述

全球低碳经济发展背景下，制造企业在低碳转型战略中扮演着重要角色。据《中国上市公司环境责任信息披露评价报告（2022 年度）》报道，2022 年上市公司中 2/3 的企业未披露企业环境责任信息，且披露指数约为 40.57 分，信息披露水平有待提高。这是由于企业低碳发展必需进行减排投入，势必导致成本上升，从而诱导部分投机企业利用自身碳减排私有信息以获得竞争优势。

近年来，供应链层面减排逐渐获得认可，企业对供应链上下游伙伴提出节能减排要求形成一种趋势。通过与供应链伙伴合作，企业可以推动整个价值链的低碳化转型，实现碳减排目标。实践中，供应链普遍存在上游的制造商或供应商拥有减排成本等私有信息优势。供应链某一节点企业拥的私有信息带来信息不对称问题，往往会诱导企业隐瞒或虚报私有信息，可能导致交易成本增加、绩效监测困难以及供应链效率下降等严重后果。因此，供应链上游企业的碳减排信息谎报行为，影响决策者对其边际减排成本曲线的判断，将导致供应链上成员的决策偏离其最优决策，损害供应链整体绩效，不利于供应链碳减排协调。因此，揭示信息不对称信息下供应链企业谎报行为特点，成为供应链碳减排运作管理的重要问题。此外，供应链权力结构体现着供应链企业力量的对比，影响着供应链企业私有信息的揭示和运作决策，也对供应链减排与协调策略带来影响。

综上所述，本章提出如下问题，（1）供应商主导供应链情形下，供应商碳减排信息的谎报行为决策是什么？（2）零售商主导供应链情形下，供应商碳减排信息的谎报行为决策是什么？（3）供应链的不同主导力量对供应商减排成本信息的谎报策略影响是什么？（4）零售商进行供应链减排协调的策略是什么？对此，本章通过供应商谎报成本信息的因素分析并刻画谎报双因子和单因子参数，研究供应商减排投资的成本信息谎报下的供应链决策与协调策略，揭示供应商主导或零售商主导供应链下的供应商谎报行为策略，进一步在零售商主导供应链下设计一种批发价格的线性补贴—惩罚机制，实现供应商减排成本信息私有下的供应链协调。

8.2 模型、假设及符号定义

考虑一个由减排投资的供应商 S 和一个零售商 R 所组成的两级低碳供应链模型，供应商和零售商两者都是风险中性的理性决策者。供应商存在谎报减排成本的行为。本章主要探讨不对称信息情形下不同核心企业主导下的供应链减排投资决策及协调问题。模型符号及定义见表 8-1，进一步假设如下。

假设 8.1：供应商的减排量是供应链的公开信息，零售商可对其进行监测观察。

假设 8.2：供应商受到碳交易制度规制约束，在单一履约期内获得政府免费提供的单位产品碳配额 e_{cap}，且碳配额不能跨期使用。根据碳配额与交易制度，供应商多余或不足的碳配额可在碳市场上以单位碳价格 t 进行交易，供应商单位产品的初始碳排放量为 $e_0(e_0 > e_{cap})$，则产品初始碳排放成本为 $t(e_0 - e_{cap})$。

假设 8.3：供应商减排投资为 he_Δ^2 且将单位产品碳排放量减少 e_Δ，且 $e_\Delta < e_0$，即减排量不会高于产品的初始碳排放量。其中，h 是减排投资成本系数，代表着减排的技术经济参数。

假设 8.4：供应商的单位产品生产成本为 c，独立于减排投资成本。令 $c_0 = c + t(e_0 - e_{cap})$ 表示单位产品的初始成本（包括生产成本与初始碳排放成本两部分）。供应商减排投资后单位产品的成本变为 $c + t(e_0 - e_{cap} - e_\Delta) = c_0 - te_\Delta$，其中，$te_\Delta$ 表示供应商减排投资带来的单位产品成本节省部分。为了保证 $c_0 - te_\Delta > 0$，则必要条件 $e_{cap} < \frac{c}{t}$，即政府免费提供的单位产品碳配额应小于供应商单位产品生产成本与碳交易价格的比值。

假设 8.5：供应商具有私有成本信息。参考文献［189］关于拥有信息优势的供应链谎报私有信息的刻画，假设供应商公开的单位产品初始成本为 $(1+i)c_0$，以及减排投资成本系数为 $(1+j)h$，其中，i，j 称为供应商的谎报因子，i，$j>0$ 表示高报成本情形，i，$j<0$ 表示低报成本情形，i，$j=0$ 表示不谎报成本情形。同时，i，j 不能无限小，使得 $(1+i)c_0 \leqslant 0$，$(1+j)h \leqslant 0$，即 i，$j > -1$；i 不能无限大以至于以成本为零售价时的市场需求 $a - (1+i)b_1c_0 \leqslant 0$，即 $i < \frac{D_0}{b_1c_0}$。综合上述，$-1 < i < \frac{D_0}{b_1c_0}$，$j > -1$。

假设 8.6：产品的市场销售价格为 p 且记 $p = w + m$，其中，w 是供应商提供的产品批发价格，m 是边际加价利润。一般令 $p > w > c_0$，保证供应链双方有正利润。

假设 8.7：产品市场需求是关于产品价格和产品碳减排量的线性函数 $D(p, e_\Delta) = a - b_1p + b_2e_\Delta$，即 $D(w, m, e_\Delta) = a - b_1(w+m) + b_2e_\Delta$。其中，$a$、$b_1$、$b_2$ 分别表示产品的市场容量、需求对价格的敏感性系数和需求对减排量的敏感性系数。供应商不减排投资情形下，令 $D_0 = a - b_1c_0$ 表示以单位产品的初始成本为售价时的市场需求量。

表 8-1　　模型符号及定义

符号	定义
w	供应商提供的产品批发价格
e_Δ	单位产品的碳减排量
p	产品的市场销售价格
m	单位产品的边际加价利润
e_0	单位产品的初始碳排放量
e_{cap}	政府提供的单位产品免费碳配额
t	单位碳配额的市场碳交易价格
c	单位产品生产成本
c_0	单位产品的初始成本
h	供应商减排投资成本系数
a	产品的市场容量
b_1	需求对价格的敏感性系数
b_2	需求对碳减排量的敏感性系数
D	减排市场需求 $a-b_1(w+m)+b_2e_\Delta$
D_0	不减排情形下的市场需求
i	产品初始成本谎报因子
j	减排投资成本谎报因子
Π_S	供应商的利润
Π_R	零售商的利润
上标 f	标识基本模型
下标$_\mathrm{T}$	标识真实的情形
下标$_\mathrm{F}$	标识谎报情形
MS	标识供应商作为供应链主导者
RS	标识零售商作为供应链主导者
下标 S,R,SC	分别标识供应商、零售商、供应链

供应商谎报情形下，零售商、供应商和供应链的利润分别为：

$$\Pi_{RF}(m) = mD(w^f, m, e_\Delta^f) \tag{8.1}$$

$$\Pi_{SF}(e_{\Delta}^{f}w^{f},i,j) = [w^{f} - [(1+i)c_0 - te_{\Delta}^{f}]]D(w^{f},m,e_{\Delta}^{f}) - (1+j)he_{\Delta}^{f2} \tag{8.2}$$

$$\Pi_{SCF}(e_{\Delta}^{f},p^{f},i,j) = [p^{f} - [(1+i)c_0 - te_{\Delta}^{f}]]D(p^{f},e_{\Delta}^{f}) - (1+j)he_{\Delta}^{f2} \tag{8.3}$$

其中，$p^{f}=w^{f}+m^{f}$。当 i，$j=0$ 时，式（8.2）表示供应商的真实利润函数。

8.3　供应商主导供应链减排模型

供应商作为核心企业主导供应链的情形下，供应商根据零售商可能的反应决定单位产品的减排量 e_{Δ} 和批发价格 w，根据式（8.1）的一阶条件得到谎报情形下零售商的最优反应函数为：

$$m^{f*}(e_{\Delta},w) = \frac{a - b_1w + b_2e_{\Delta}}{2b_1} \tag{8.4}$$

将式（8.4）代入供应商公开的利润函数式（8.2）有：

$$\max_{e_{\Delta},w,i,j} \Pi_{SF} = -\frac{1}{2}b_1w^2 + \left(\frac{1}{2}b_2t - (1+j)h\right)e_{\Delta}^2 + \frac{1}{2}[(b_2 - b_1t)w + at - b_2(1+i)c_0]e_{\Delta} + \frac{1}{2}[a + b_1(1+i)c_0]w - \frac{1}{2}a(1+i)c_0 \tag{8.5}$$

对式（8.5）分别求关于 e_{Δ} 和 w 的一阶偏导：

$$\frac{\partial\Pi_{SF}}{\partial e_{\Delta}} = [b_2t - 2(1+j)h]e_{\Delta} + \frac{1}{2}(b_2 - b_1t)w + \frac{1}{2}[at - b_2(1+i)c_0]$$

$$\frac{\partial\Pi_{SF}}{\partial w} = -b_1w + \frac{1}{2}(b_2 - b_1t)e_{\Delta} + \frac{1}{2}[a + b_1(1+i)c_0] \tag{8.6}$$

由于供应商的 w^{f} 是关于 e_{Δ}^{f} 的增函数，有 $b_2 > b_1t$。由二阶条件 $\frac{\partial^2}{\partial w^2}\Pi_{SF} = -b_1 < 0$，$\frac{\partial^2}{\partial e_{\Delta}\partial w}\Pi_{SF} = \frac{1}{2}(b_2 - b_1t) > 0$，$\frac{\partial^2}{\partial e_{\Delta}^2}\Pi_{SF} = b_2t - (1+j)2h < 0$，有 $j > \frac{(b_1t + b_2)^2}{8hb_1} - 1$ 时，Hessian 矩阵负定，则（e_{Δ}^{f},w^{f}）存在最优解。令式（8.6）中两个一阶偏导等于零分别求得 $e_{\Delta}^{f*}(w) = \frac{(b_2 - b_1t)w + at - (1+i)b_2c_0}{2[(1+j)2h - b_2t]}$ 和

$w^{f*}(e_\Delta)=\dfrac{(b_2-b_1t)e_\Delta+a+(1+i)b_1c_0}{2b_1}$。

联立 $e_\Delta^{f*}(w)$ 和 $w^{f*}(e_\Delta)$ 两式，求出供应商关于 i 和 j 的最优决策分别为：

$$\begin{aligned}e_\Delta^f(i,j)&=\frac{(b_1t+b_2)[a-(1+i)b_1c_0]}{(1+j)8hb_1-(b_1t+b_2)^2}\\w^f(i,j)&=\frac{[(1+j)4h-t(b_1t+b_2)][a-(1+i)b_1c_0]}{(1+j)8hb_1-(b_1t+b_2)^2}+(1+i)c_0\end{aligned}\tag{8.7}$$

将式（8.7）代入式（8.4）中得到零售商关于 i 和 j 的最优单位产品边际加价利润：

$$m^f(i,j)=\frac{(1+j)2h[a-(1+i)b_1c_0]}{(1+j)8hb_1-(b_1t+b_2)^2}\tag{8.8}$$

将式（8.7）和式（8.8）代入供应商的真实利润函数中得到：

$$\begin{aligned}\Pi_{ST}^{MSf}(i,j)=&\frac{h[a-(1+i)b_1c_0]}{[(1+j)8hb_1-(b_1t+b_2)^2]^2}[8(1+j)^2hb_1[a-(1-i)b_1c_0]\\&-[a-[1-(1+2j)i]b_1c_0](b_1t+b_2)^2]\end{aligned}\tag{8.9}$$

根据式（8.9）得出使供应商真实利润最大的谎报因子 i 和 j 为：

$i^*(j)=-\dfrac{j(b_1t+b_2)^2D_0}{[8(1+j)^2hb_1-(1+2j)(b_1t+b_2)^2]b_1c_0}$ 和 $j^*(i)=-\dfrac{(8hb_1-(b_1t+b_2)^2)ic_0}{8hD_0}$。

联立 $i^*(j)$ 和 $j^*(i)$ 求解出最优值 $i=0$，$j=0$，Hessian 矩阵负定，即供应商的最优策略是不谎报。

定理 8.1 当供应商主导供应链决策时，供应商不会谎报成本信息。

8.4 零售商主导供应链减排模型

零售商作为核心企业主导供应链情形下，第一阶段，供应商给出公开的利润函数，并决定谎报因子 i 和 j；第二阶段，零售商确定最优单位产品零售价格 p（即单位产品边际加价利润 m）；第三阶段，供应商根据零售商提供的单位产品零售价格决定最优减排量 e_Δ 和产品批发价格 w，以使自身利润最大化。供应链双方的决策时序如图 8－1 所示。

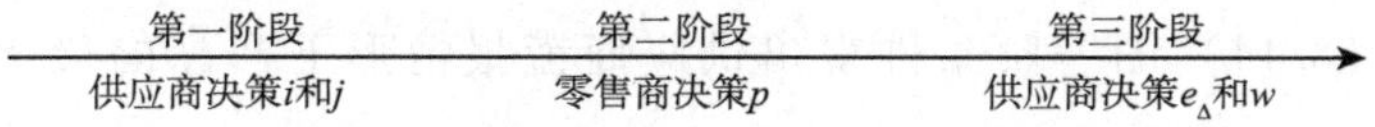

图 8－1　谎报情形下零售商主导供应链决策时序

8.4.1　供应商双因子谎报模型

供应商作为供应链的跟随者，可能谎报初始成本 $(1+i)c_0$ 和减排投资成本 $(1+j)h$。下面根据 Stackelberg 博弈模型的逆向求解法进行求解分析。

首先，在供应商谎报情形下，根据式（8.2）的一阶条件得出跟随者供应商的最优反应函数为：

$$e_\Delta^{f*}(w,m) = \frac{(b_2 - b_1 t)w - b_1 tm + at - (1+i)b_2 c_0}{2[(1+j)h - b_2 t]} \tag{8.10}$$

$$w^{f*}(e_\Delta,m) = \frac{(b_2 - b_1 t)e_\Delta - b_1 m + a + (1+i)b_1 c_0}{2b_1} \tag{8.11}$$

由于供应商的 w^f 是关于 e_Δ^f 的增函数，则有 $b_2 > b_1 t$。由二阶条件 $\frac{\partial^2}{\partial w^2}\Pi_{SF} = -2b_1 < 0$，$\frac{\partial^2}{\partial e_\Delta \partial w}\Pi_{SF} = b_2 - b_1 t > 0$，$\frac{\partial^2}{\partial e_\Delta^2}\Pi_{SF} = 2[b_2 t - (1+j)h] < 0$，当 $j > \frac{(b_1 t + b_2)^2}{4hb_1} - 1$ 时，供应商利润函数的 Hessian 矩阵负定，即（e_Δ^f, w^f）存在最优值。

联立式（8.10）和式（8.11）中的 $e_\Delta^{f*}(w,m)$ 和 $w^{f*}(e_\Delta,m)$ 求解出供应商决策关于 m 的反应函数：

$$e_\Delta^{f*}(m) = \frac{(b_1 t + b_2)[a - (1+i)b_1 c_0 - b_1 m]}{(1+j)4hb_1 - (b_1 t + b_2)^2} \tag{8.12}$$

$$w^{f*}(m) = \frac{[(1+j)2h - t(b_1 t + b_2)][a - (1+i)b_1 c_0 - b_1 m]}{(1+j)4hb_1 - (b_1 t + b_2)^2} + (1+i)c_0 \tag{8.13}$$

其次，将式（8.12）、式（8.13）两式代入式（8.1）中得到零售商利润函数：

$$\max_{m}\Pi_{RF} = \frac{2(1+j)hb_1[-b_1m^2+[a-(1+i)b_1c_0]m]}{4(1+j)hb_1-(b_1t+b_2)^2} \tag{8.14}$$

由式（8.14）的一阶条件得出供应商谎报情形下产品的最优边际加价利润：

$$m^f(i) = \frac{a-(1+i)b_1c_0}{2b_1} \tag{8.15}$$

将式（8.15）代入式（8.12）与式（8.13）中，得出供应商最优决策分别为：

$$e_{\Delta}^f(i,j) = \frac{(b_1t+b_2)(a-(1+i)b_1c_0)}{2[(1+j)4hb_1-(b_1t+b_2)^2]} \tag{8.16}$$

$$w^f(i,j) = \frac{[(1+j)2h-t(b_1t+b_2)][a-(1+i)b_1c_0]}{2[(1+j)4hb_1-(b_1t+b_2)^2]}+(1+i)c_0 \tag{8.17}$$

最后，将式（8.15）、式（8.16）和式（8.17）代入供应商的真实利润函数中得到：

$$\Pi_{ST}^{RSf}(i,j) = \frac{h(a-(1+i)b_1c_0)}{4[(1+j)4hb_1-(b_1t+b_2)^2]^2}[4(1+j)^2hb_1[a-(1-3i)b_1c_0] - [a-[1-(3+4j)i]b_1c_0](b_1t+b_2)^2] \tag{8.18}$$

根据式（8.18）得出供应商真实利润最大化下的谎报因子 i 和 j 分别为：

$i^*(j) = \dfrac{[4(1+j)^2hb_1-(1+2j)(b_1t+b_2)^2]D_0}{[12(1+j)^2hb_1-(3+4j)(b_1t+b_2)^2]b_1c_0}$ 和 $j^*(i) = -\dfrac{[4hb_1-(b_1t+b_2)^2]ic_0}{2h[a-(1-i)b_1c_0]}$。

联立 $i^*(j)$ 和 $j^*(i)$ 求解出最优值：

$$i = \frac{hD_0}{[3hb_1-(b_1t+b_2)^2]c_0}, j = -\frac{1}{2} \tag{8.19}$$

经分析可知，当 $h > \dfrac{(b_1t+b_2)^2}{2b_1}$ 时，供应商利润函数 Hessian 矩阵负定，即供应商双因子谎报的最优策略：高报单位产品初始碳排放成本，但低报减排投资成本。

下面采用上标 XYZ 来标识各种场景模型，其中 $X \in \{MS, RS\}$ 标识供应商和零售商分别处于供应链主导地位的情形；上标 $Y \in \{f,d\}$ 分别标识供应商减排投资时谎报和不谎报情形下的供应链分散决策；上标 $Z \in \{1,2\}$ 分别标识供应商采取单因子谎报和双因子谎报策略。

将式（8.19）代入式（8.15）和式（8.17）可得到供应商双因子谎报策略下的零售商和供应商的最优决策：

$$m^{RSf2} = \frac{[2hb_1 - (b_1t + b_2)^2]D_0}{2b_1[3hb_1 - (b_1t + b_2)^2]} \tag{8.20}$$

$$e_{\Delta}^{RSf2} = \frac{(b_1t + b_2)D_0}{2[3hb_1 - (b_1t + b_2)^2]} \tag{8.21}$$

$$w^{RSf2} = \frac{[3h - t(b_1t + b_2)]D_0}{2[3hb_1 - (b_1t + b_2)^2]} + c_0 \tag{8.22}$$

那么，$m^{RSf2} + w^{RSf2}$ 即供应商双谎报因子策略下零售商的零售价格 $p^{RSf2} = \frac{[5hb_1 - (b_1t + b_2)(2b_1t + b_2)]D_0}{2b_1[3hb_1 - (b_1t + b_2)^2]} + c_0$。由于产品的减排量 $e_{\Delta}^{RSf2} < e_0$，则有必要条件 $h > \frac{(b_1t + b_2)^2}{3b_1} + \frac{(b_1t + b_2)D_0}{6b_1e_0}$。

供应商要选择谎报其生产和减排成本信息，则供应商谎报情形下的利润应不低于不谎报情形下的利润，即有 $\Pi_S^{RSf}(i,\ j) \geqslant \Pi_S^{RSd}\left(\Pi_S^{RSd} = \frac{hD_0^2}{4[4hb_1 - (b_1t + b_2)^2]}\right)$，令：

$$i_{\min}(j) = \frac{D_0[[4hb_1 - (b_1t+b_2)^2][(1+j)^2 4hb_1 - (1+2j)(b_1t+b_2)^2] - [(1+j)4hb_1 - (b_1t+b_2)^2]\sqrt{[4hb_1 - (b_1t+b_2)^2][(1+j)^2 4hb_1 - (1+2j)^2(b_1t+b_2)^2]}]}{b_1c_0[4hb_1 - (b_1t+b_2)^2][(1+j)^2 12hb_1 j^2 - (3+4j)(b_1t+b_2)^2]}$$

$$i_{\max}(j) = \frac{D_0[[4hb_1 - (b_1t+b_2)^2][(1+j)^2 4hb_1 - (1+2j)(b_1t+b_2)^2] + [(1+j)4hb_1 - (b_1t+b_2)^2]\sqrt{[4hb_1 - (b_1t+b_2)^2)[(1+j)^2 4hb_1 - (1+2j)^2(b_1t+b_2)^2]}]}{b_1c_0[4hb_1 - (b_1t+b_2)^2][(1+j)^2 12hb_1 j^2 - (3+4j)(b_1t+b_2)^2]}$$

求解得 $h < \frac{(b_1 t + b_2)^2}{b_1}$，$\frac{b_1 t + b_2}{2(b_1 t + b_2 + \sqrt{hb_1})} - 1 < j < \frac{b_1 t + b_2}{2(b_1 t + b_2 - \sqrt{hb_1})} - 1$ 且 $i_{\min}(j) \leqslant i \leqslant i_{\max}(j)$。

在供应商利润改善和减排量不高于初始碳排放量的条件下，供应商采取双因子谎报策略时应满足必要条件 $\frac{(b_1 t + b_2)^2}{4hb_1} - 1 < j < \frac{b_1 t + b_2}{2(b_1 t + b_2 - \sqrt{hb_1})} - 1$ 且 $i_{\min}(j) \leqslant i \leqslant i_{\max}(j)$，$h$ 的取值范围如下：

（1）当 $b_1 t + b_2 > \frac{D_0}{e_0}$ 时，$\frac{(b_1 t + b_2)^2}{2b_1} < h < \frac{(b_1 t + b_2)^2}{b_1}$；

（2）当 $b_1 t + b_2 \leqslant \frac{D_0}{e_0}$ 时，$\frac{(b_1 t + b_2)^2}{3b_1} + \frac{(b_1 t + b_2)D_0}{6b_1 e_0} < h < \frac{(b_1 t + b_2)^2}{b_1}$。

将式（8.20）、式（8.21）和式（8.22）分别代入得到供应商双因子谎报情形下的市场需求：

$$D^{RSf2} = \frac{hb_1 D_0}{2[3hb_1 - (b_1 t + b_2)^2]} \tag{8.23}$$

供应商双因子谎报情形下的零售商利润：

$$\Pi_{RF}^{RSf2} = \frac{h[2hb_1 - (b_1 t + b_2)^2]D_0^2}{4[3hb_1 - (b_1 t + b_2)^2]^2} \tag{8.24}$$

供应商双因子谎报情形下的供应商真实利润、谎报利润分别为：

$$\Pi_{ST}^{RSf2} = \frac{hD_0^2}{4(3hb_1 - (b_1 t + b_2)^2)} \tag{8.25}$$

$$\Pi_{SF}^{RSf2} = \frac{h[2hb_1 - (b_1 t + b_2)^2]D_0^2}{8[3hb_1 - (b_1 t + b_2)^2]^2} \tag{8.26}$$

供应商双因子谎报情形下的供应链真实利润、谎报利润分别为：

$$\Pi_{SCT}^{RSf2} = \frac{h[5hb_1 - 2(b_1 t + b_2)^2]D_0^2}{4[3hb_1 - (b_1 t + b_2)^2]^2} \tag{8.27}$$

$$\Pi_{SCF}^{RSf2} = \frac{3h[2hb_1 - (b_1 t + b_2)^2]D_0^2}{8[3hb_1 - (b_1 t + b_2)^2]^2} \tag{8.28}$$

8.4.2 供应商单因子谎报模型

供应商单因子谎报的情形下，因为 $i_{\min}(j) > 0$，供应商要想通过谎报来提高自身利润只有高报单位产品初始成本 c_0。也可令 $i=0$ 验证，代入式（8.18）中，再由一阶和二阶条件可得到最优值 $j=0$，求解结果同零售主导供应链信息对称下供应商减排投资模型的结果，即供应商不会单独谎报减排投资成本。

令 $j=0$，代入式（8.18）中，再由一阶和二阶条件可得到最优值：

$$i = \frac{D_0}{3b_1c_0} \tag{8.29}$$

则将 $j=0$ 和式（8.29）代入相关表达式中有：

$$m^{RSf1} = \frac{D_0}{3b_1} \tag{8.30}$$

$$\begin{aligned} e_{\Delta}^{RSf1} &= \frac{(b_1t+b_2)D_0}{3[4hb_1-(b_1t+b_2)^2]} \\ w^{RSf1} &= \frac{[6hb_1-(2b_1t+b_2)(b_1t+b_2)]D_0}{3b_1[4hb_1-(b_1t+b_2)^2]}+c_0 \end{aligned} \tag{8.31}$$

零售价格 $p^{RSf1} = \dfrac{[10hb_1-(3b_1t+2b_2)(b_1t+b_2)]D_0}{3b_1[4hb_1-(b_1t+b_2)^2]}+c_0$。

将式（8.30）和式（8.31）分别代入市场需求、零售商利润、供应商的真实利润和公开的利润、供应链的真实利润和公开利润得到：

$$D^{RSf1} = \frac{2hb_1D_0}{3[4hb_1-(b_1t+b_2)^2]} \tag{8.32}$$

$$\Pi_{RF}^{RSf1} = \frac{2hD_0^2}{9[4hb_1-(b_1t+b_2)^2]} \tag{8.33}$$

$$\Pi_{ST}^{RSf1} = \frac{hD_0^2}{3[4hb_1-(b_1t+b_2)^2]} \tag{8.34}$$

$$\Pi_{SF}^{RSf1} = \frac{hD_0^2}{9[4hb_1-(b_1t+b_2)^2]} \tag{8.35}$$

$$\Pi_{SCT}^{RSf1} = \frac{5hD_0^2}{9[4hb_1-(b_1t+b_2)^2]} \tag{8.36}$$

$$\Pi_{SCF}^{RSf1} = \frac{hD_0^2}{3[4hb_1-(b_1t+b_2)^2]} \tag{8.37}$$

由于减排量 $e_{\Delta}^{RSf1} < e_0$，则 $h > \dfrac{(b_1t+b_2)^2}{4b_1}+\dfrac{(b_1t+b_2)D_0}{12b_1e_0}$。$\Pi_{ST}^{RSf}(i) \geqslant \Pi_S^{RSd}$，则

$0<i\leqslant\frac{2D_0}{3b_1c_0}$。综合分析此情形应满足的条件有 $h>\frac{(b_1t+b_2)^2}{4b_1}+\frac{(b_1t+b_2)D_0}{12b_1e_0}$ 且 $0<i\leqslant\frac{2D_0}{3b_1c_0}$。

8.4.3 双因子谎报与单因子谎报的比较分析

定理 8.2 当零售商主导低碳供应链时，供应商不会单独谎报减排投资成本信息，但在相应的条件下，供应商的最优策略是高报单位产品初始成本，或者是高报单位产品初始成本同时低报减排投资成本。

证明：分析零售商主导低碳供应链决策模型的最优解可知：

（1）满足如下条件时供应商采取双因子成本谎报提高自身利润，其最优决策是高报 c_0，低报 h，并且谎报因子 j 是定值 $-\frac{1}{2}$：

当 $b_1t+b_2>\frac{D_0}{e_0}$ 时，$i_{\min}(j)\leqslant i\leqslant i_{\max}(j)$，有：

$$\frac{(b_1t+b_2)^2}{2b_1}<h<\frac{(b_1t+b_2)^2}{b_1},\ \frac{(b_1t+b_2)^2}{4hb_1}-1<j<\frac{b_1t+b_2}{2(b_1t+b_2-\sqrt{hb_1})}-1;$$

当 $b_1t+b_2\leqslant\frac{D_0}{e_0}$ 时，且 $i_{\min}(j)\leqslant i\leqslant i_{\max}(j)$，有：

$$\frac{(b_1t+b_2)^2}{3b_1}+\frac{(b_1t+b_2)D_0}{6b_1e_0}<h<\frac{(b_1t+b_2)^2}{b_1},\ \frac{(b_1t+b_2)^2}{4hb_1}-1<j<\frac{b_1t+b_2}{2(b_1t+b_2-\sqrt{hb_1})}-1。$$

（2）当 $h>\frac{(b_1t+b_2)^2}{4b_1}+\frac{(b_1t+b_2)(a-b_1c_0)}{12b_1e_0}$ 且 $0<i\leqslant\frac{2D_0}{3b_1c_0}$ 时，供应商采取单 i 因子谎报，其最优决策是高报 c_0。

（3）供应商不会单独谎报 h，即不会采取单 j 因子谎报。

零售商主导供应链的情形下，供应商的最优谎报策略包括双因子谎报和单因子 i 谎报，结果如表 8－2 所示。证毕。

表 8-2　　零售商主导下的供应商谎报成本信息的最优策略比较

(i,j)	$\left(\frac{D_0}{3b_1c_0},0\right)$	比较	$\left(\frac{hD_0}{[3hb_1-(b_1t+b_2)^2]c_0},-\frac{1}{2}\right)$
w^f	$\frac{[6hb_1-(2b_1t+b_2)(b_1t+b_2)]D_0}{3b_1[4hb_1-(b_1t+b_2)^2]}+c_0$	<	$\frac{[3h-t(b_1t+b_2)]D_0}{2[3hb_1-(b_1t+b_2)^2]}+c_0$
m^f	$\frac{D_0}{3b_1}$	>	$\frac{[2hb_1-(b_1t+b_2)^2]D_0}{2b_1[3hb_1-(b_1t+b_2)^2]}$
p^f	$\frac{[10hb_1-(b_1t+b_2)(3b_1t+2b_2)]D_0}{3b_1[4hb_1-(b_1t+b_2)^2]}+c_0$	<	$\frac{[5hb_1-(b_1t+b_2)(2b_1t+b_2)]D_0}{2b_1[3hb_1-(b_1t+b_2)^2]}+c_0$
e_Δ^f	$\frac{(b_1t+b_2)D_0}{3[4hb_1-(b_1t+b_2)^2]}$	<	$\frac{(b_1t+b_2)D_0}{2[3hb_1-(b_1t+b_2)^2]}$
D^f	$\frac{2hb_1D_0}{3[4hb_1-(b_1t+b_2)^2]}$	<	$\frac{hb_1D_0}{2[3hb_1-(b_1t+b_2)^2]}$
Π_R^f	$\frac{2hD_0^2}{9[4hb_1-(b_1t+b_2)^2]}$	>	$\frac{h[2hb_1-(b_1t+b_2)^2]D_0^2}{4[3hb_1-(b_1t+b_2)^2]^2}$
Π_{ST}^f	$\frac{hD_0^2}{3[4hb_1-(b_1t+b_2)^2]}$	<	$\frac{hD_0^2}{4[3hb_1-(b_1t+b_2)^2]}$
Π_{SF}^f	$\frac{hD_0^2}{9[4hb_1-(b_1t+b_2)^2]}$	>	$\frac{h[2hb_1-(b_1t+b_2)^2]D_0^2}{8[3hb_1-(b_1t+b_2)^2]^2}$
Π_{SCT}^f	$\frac{5hD_0^2}{9[4hb_1-(b_1t+b_2)^2]}$	*	$\frac{h[5hb_1-2(b_1t+b_2)^2]D_0^2}{4[3hb_1-(b_1t+b_2)^2]^2}$
Π_{SCF}^f	$\frac{hD_0^2}{3[4hb_1-(b_1t+b_2)^2]}$	>	$\frac{3h[2hb_1-(b_1t+b_2)^2]D_0^2}{8[3hb_1-(b_1t+b_2)^2]^2}$

注：表中的“*”号表示可能大于、小于也可能等于，具体分析见下文。

定理 8.3　零售商主导低碳供应链情形下，结论如下：

（1）供应商谎报行为提高自身利润和低碳产品零售价格，导致零售商和供应链的绩效受损；

（2）供应商采取单因子谎报和双因子谎报情形下的供应链利润相对大小不定，具体见以下第（4）条分析。采取单因子谎报会降低减排量，但双因子谎报会增大减排量。

证明：比较分析供应链及成员的利润有：

（1）$\Pi_{ST}^{RSf2}>\Pi_{ST}^{RSf1}>\Pi_S^{RSd}$，即供应商的成本谎报行为提高自身利润，且其采取双因子谎报的利润大于单 i 因子谎报的利润；

（2）$\Pi_R^{RSd}>\Pi_{RF}^{RSf1}>\Pi_{RF}^{RSf2}$，即对于零售商而言，供应商的成本谎报行为使其

利润降低，且供应商采取双因子谎报时，零售商的利润最低；

(3) $\Pi_{SC}^{RSd} > \Pi_{SCT}^{RSf1}$，$\Pi_{SC}^{RSd} > \Pi_{SCT}^{RSf2}$，即供应商的成本谎报行为降低供应链的整体利润，谎报情形下的供应链总利润低于信息对称下供应链集中决策利润的 75%；

(4) $\Pi_{SCT}^{RSf2} - \Pi_{SCT}^{RSf1} = \dfrac{h(b_1t+b_2)^2[3hb_1-2(b_1t+b_2)^2]D_0^2}{36[4hb_1-(b_1t+b_2)^2][3hb_1-(b_1t+b_2)^2]^2}$，当 $b_1t+b_2 > \dfrac{D_0}{e_0}$ 且 $\dfrac{(b_1t+b_2)^2}{2b_1} < h \leqslant \dfrac{2(b_1t+b_2)^2}{3b_1}$ 时，或者 $\dfrac{D_0}{2e_0} < b_1t+b_2 \leqslant \dfrac{D_0}{e_0}$ 且 $\dfrac{(b_1t+b_2)^2}{3b_1} + \dfrac{(b_1t+b_2)D_0}{6b_1e_0} < h \leqslant \dfrac{2(b_1t+b_2)^2}{3b_1}$，$\Pi_{SCT}^{RSf1} \geqslant \Pi_{SCT}^{RSf2}$；当 $b_1t+b_2 \leqslant \dfrac{D_0}{2e_0}$ 且 $\dfrac{(b_1t+b_2)^2}{3b_1} + \dfrac{(b_1t+b_2)D_0}{6b_1e_0} < h < \dfrac{(b_1t+b_2)^2}{b_1}$ 或者 $b_1t+b_2 > \dfrac{D_0}{2e_0}$ 且 $\dfrac{2(b_1t+b_2)^2}{3b_1} < h < \dfrac{(b_1t+b_2)^2}{b_1}$ 时，$\Pi_{SCT}^{RSf2} > \Pi_{SCT}^{RSf1}$，即在 b_2 和 h 满足相应的条件下，供应商采取双因子谎报时的供应链利润可能大于、小于也可能等于单 i 因子谎报时的利润。

比较产品零售价格有 $p^{RSf2} > p^{RSf1} > p^{RSd} > p^c$，即供应商谎报成本信息使得低碳产品的零售价格提高，采取双因子谎报的零售价格比单因子 i 谎报高。

比较产品减排量有 $e_\Delta^c > e_\Delta^{RSf2} > e_\Delta^{RSd} > e_\Delta^{RSf1}$，即供应商采取双因子谎报的减排量比不慌报情形的减排量高，单因子 i 谎报的减排量低于不谎报情形的减排量。证毕。

定理 8.1、定理 8.2 和定理 8.3 表明，供应商进行减排投资，供应链的不同主导力量不仅影响供应链利润在供应链成员间的分配，也影响供应链的整体绩效和减排效果，还影响供应商的最优成本谎报策略。

8.5 基于批发价线性补贴—惩罚机制的供应链协调

零售商主导供应链情形下，供应商会通过谎报成本信息来增加自身利润，致使零售商和供应链的利润受损，消费者也会因此为低碳产品支付更高的价格，主导者零售商有动力对供应链进行协调。

分析可得 $w^{RSf2} > w^{RSf1} > w^{RSd}$，即供应商谎报成本信息使其批发价格增大。因此，本章构建一种依赖于批发价格的线性补贴—惩罚机制来协调供应链。具体如下：

首先，零售商与供应商订立协调契约，在 $h > \frac{(b_1 t + b_2)^2}{4b_1} + \frac{(b_1 t + b_2) D_0}{4b_1 e_0}$ 的条件下，约定将可观测的减排量定为协调的减排量，即固定减排量 $e_\Delta = e_\Delta^c$。

其次，零售商在批发价契约的基础上为供应商提供线性支付 $k(w_0 - w^f)$，零售商规定一个最高批发价格 w_0，设定补贴—惩罚系数 $k(k > 0)$，当供应商给出的批发价格 $w^f < w_0$，供应商会从零售商处获得正的补贴支付；当供应商给出的批发价格 $w^f > w_0$，供应商会从零售商处获得惩罚支付。供应链决策时序如图 8－2 所示。

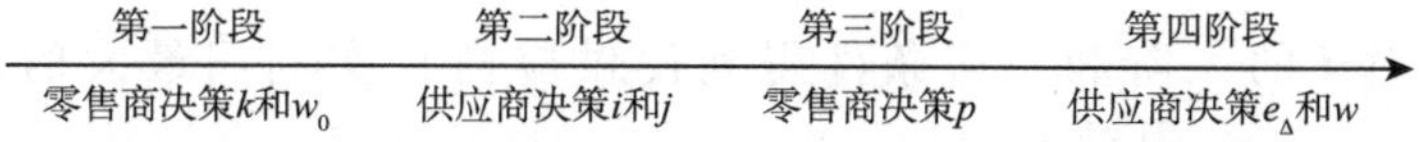

图 8－2　补贴—惩罚协调契约下零售商主导供应链决策时序

用上标 fc 表示此模型，则零售商、供应商公开和供应商真实的利润分别为：

$$\Pi_{RF}(m, k, w_0) = mD(w^f, m, e_\Delta^c) - k(w_0 - w^f) \tag{8.38}$$

$$\Pi_{SF}(w^f, i, j) = [w^f - [(1+i)c_0 - te_\Delta^c]]D(w^f, m, e_\Delta^c) - (1+j)h(e_\Delta^c)^2 + k(w_0 - w^f) \tag{8.39}$$

$$\Pi_{ST}(w^f) = [w^f - (c_0 - te_\Delta^c)]D(w^f, m, e_\Delta^c) - h(e_\Delta^c)^2 + k(w_0 - w^f) \tag{8.40}$$

求解该固定减排量下依赖于批发价的线性奖惩转移支付协调模型。根据式（8.39）的一阶条件求得跟随者供应商公开的批发价格最优反应函数：

$$w^{f*}(m, k) = \frac{(b_2 - b_1 t)e_\Delta^c + a + b_1((1+i)c_0 - m) - k}{2b_1} \tag{8.41}$$

将式（8.41）代入式（8.38）中得到：

$$\max_m \Pi_{RF} = \frac{1}{2}[-b_1 m^2 + [a - (1+i)b_1 c_0 + (b_1 t + b_2)e_\Delta^c]m + \frac{k}{b_1}[a + (1+i)b_1 c_0 - 2b_1 w_0 + (b_2 - b_1 t)e_\Delta^c - k]] \tag{8.42}$$

由式（8.42）的一阶条件得到谎报情形下产品最优边际加价利润：

$$m^f(i) = \frac{a - (1+i)b_1c_0 + (b_1t + b_2)e_\Delta^c}{2b_1} \tag{8.43}$$

将式（8.44）代入式（8.42）有供应商最优决策：

$$w^f(i) = \frac{(b_2 - 3b_1t)e_\Delta^c + a + 3(1+i)b_1c_0 - 2k}{4b_1} \tag{8.44}$$

将式（8.43）和式（8.44）代入供应商的真实利润函数式（8.40）中得到：

$$\Pi_{ST}^{RSfc}(i) = \frac{1}{16}[-3b_1c_0^2i^2 + 2c_0[a - b_1c_0 + (b_1t + b_2)e_\Delta^c - 2k]i + \frac{1}{b_1}[(c_0 - te_\Delta^c)^2b_1^2 + 2[(b_2t - 8h)e_\Delta^{c2} + (at - b_1c_0 + 6kt)e_\Delta^c + 2(4w_0 - 3c_0)k - ac_0]b_1 + (a + b_2e_\Delta^c - 2k)^2]],$$

由其对 i 的一阶和二阶条件得到使供应商真实利润最大的最优 $i = \frac{D_0 + (b_1t + b_2)e_\Delta^c - 2k}{3b_1c_0}$。

则要使 $i = 0$，需满足：

$$k^{fc} = \frac{D_0 + (b_1t + b_2)e_\Delta^c}{2} \tag{8.45}$$

将 $i = 0$ 和式（8.36）代入式（8.43）和式（8.44）有：$m^{fc} = \frac{D_0 + (b_1t + b_2)e_\Delta^c}{2b_1}$，$w^{fc} = c_0 - te_\Delta^c$，零售价格 $p^{fc} = w^{fc} + m^{fc} = p^c$，则市场需求等于 D^c，即供应商的最优批发价为其减排投资后的单位产品成本。

则 $\Pi_{ST}^{fc} = -h(e_\Delta^c)^2 + \frac{1}{2}[D_0 + (b_1t + b_2)e_\Delta^c](w_0 - c_0 + te_\Delta^c)$，可见，供应商的真实利润与 j 无关，供应商不谎报投资减排成本信息。零售商利润为 $\Pi_R^{fc} = \frac{[D_0 + (b_1t + b_2)e_\Delta^c][a + b_1c_0 + (b_2 - b_1t)e_\Delta^c - 2b_1w_0]}{4b_1}$。供应链的真实利润 $\Pi_{SC}^{fc} = \Pi_{SC}^c$，即批发价线性补贴—惩罚机制能够实现供应链的完美协调。

定理 8.4 当 $k^{fc} = \frac{a - b_1c_0 + (b_1t + b_2)e_\Delta^c}{2}$ 且 $w_{0\min} \leqslant w_0 \leqslant w_{0\max}$ 时，固定减排量下依赖于批发价格的线性补贴—惩罚机制能够实现信息不对称下零售商主

导型低碳供应链的完美协调，且供应链利润在零售商和供应商之间的自由分配。其中，

$$w_{0\min}=\left(\frac{4hb_1-(b_1t+b_2)^2}{8b_1[3hb_1-(b_1t+b_2)^2]}+\frac{b_2^2-b_1^2t^2}{2b_1[4hb_1-(b_1t+b_2)^2]}\right)D_0+c_0,$$

$$w_{0\max}=\left(\frac{2h-t(b_1t+b_2)}{4hb_1-(b_1t+b_2)^2}-\frac{1}{4b_1}\right)D_0+c_0。$$

证明：见上述模型求解过程及结果。为了实现供应链利润在成员企业之间的自由分配且满足激励相容约束 $\begin{cases}\Pi_R^{fc}\geqslant\Pi^{RSd}\\ \Pi_{ST}^{fc}\geqslant\Pi_{ST}^{RSf2}\end{cases}$，即协调零售商利润不低于其信息对称下的分散决策利润，协调供应商利润不低于其谎报获取的最大利润。令：

$$w_{0\min}=\left(\frac{4hb_1-(b_1t+b_2)^2}{8b_1[3hb_1-(b_1t+b_2)^2]}+\frac{b_2^2-b_1^2t^2}{2b_1[4hb_1-(b_1t+b_2)^2]}\right)D_0+c_0,$$

$w_{0\max}=\left(\frac{2h-t(b_1t+b_2)}{4hb_1-(b_1t+b_2)^2}-\frac{1}{4b_1}\right)D_0+c_0$，求解得 $w_{0\min}\leqslant w_0\leqslant w_{0\max}$。证毕。

综合分析，供应商谎报情形下供应链的协调条件有：

（1）单因子谎报：$h>\frac{(b_1t+b_2)^2}{4b_1}+\frac{(b_1t+b_2)D_0}{4b_1e_0}$ 且 $0<i\leqslant\frac{2D_0}{3b_1c_0}$；

（2）双因子谎报：

当 $\frac{D_0}{3e_0}<b_1t+b_2\leqslant\frac{D_0}{e_0}$ 时，取 $\frac{(b_1t+b_2)^2}{4b_1}+\frac{(b_1t+b_2)D_0}{4b_1e_0}<h<\frac{(b_1t+b_2)^2}{b_1}$；

当 $b_1t+b_2>\frac{D_0}{e_0}$ 时，取 $\frac{(b_1t+b_2)^2}{2b_1}<h<\frac{(b_1t+b_2)^2}{b_1}$。

8.6 数值算例分析

采用数值分析技术验证理论结果并探讨供应商谎报因子对零售商主导低碳供应链情形下的零售商、供应商以及供应链绩效的影响。模型基本参数在反复验证调试的基础上设定为：$a=20000$，$b_1=10$，$e_0=10$，$e_{cap}=9$，$t=40$，$c=400$，

则 $c_0=440$，$D_0=15600$。记 $b_{21}=b_1t=400$，$b_{24}=\frac{D_0}{e_0}-b_1t=1160$。又记 $h_7=\frac{(b_1t+b_2)^2}{4b_1}+\frac{(b_1t+b_2)D_0}{12b_1e_0}$，$h_8=\frac{(b_1t+b_2)^2}{3b_1}+\frac{(b_1t+b_2)D_0}{6b_1e_0}$，$h_9=\frac{(b_1t+b_2)^2}{2b_1}$，$h_{10}=\frac{2(b_1t+b_2)^2}{3b_1}$，$h_{11}=\frac{(b_1t+b_2)^2}{b_1}$。

根据定理 8.2 的相关约束条件取值，分别取 $b_2=500(b_{21}<b_2<b_{24})$ 和 $b_2=1500(b_2>b_{24})$ 进行算例验证，零售商主导供应链在信息对称和信息不对称下的最优决策如表 8-3 所示。

表 8-3　零售商主导下的供应链最优决策比较

（$h\times10^4$，利润 $\times10^6$，价格 $\times10^3$，需求 $\times10^3$，$k\times10^4$）

h	项目	信息对称	单因子谎报 $(i, 0)$	双因子谎报 (i, j)	协调
$b_2=500$，$h_2=3.780$，$h_3=5.535$，$h_7=3.195$，$h_8=5.040$，$h_{10}=5.400$，$h_{11}=8.100$					
3.5 $h_7<h<h_2$ （仅达到 RSf1 条件）			(1.182, 0)		
	Π_R		3.208		
	Π_{ST}		4.812		
	Π_{SCT}		8.020		
	e_Δ		7.932		
	w		1.260		
	p		1.780		
	D		6.169		
4.0 $h_2<h<h_8$ （达到 RSf1 和 RSd 条件）			1.182		
	Π_R	6.161	2.738		
	Π_{ST}	3.081	4.107		
	Π_{SCT}	9.242	6.845		
	e_Δ	8.886	5.924		
	w	0.874	1.250		
	p	1.654	1.770		
	D	7.899	5.266		

续表

h	项目	信息对称	单因子谎报 $(i, 0)$	双因子谎报 (i, j)	协调
5.5 $h_8 < h < h_3$ （达到 RSf1，RSd 和 RSf2 条件）			(1.182, 0)	(2.321, −0.5)	
	Π_R	4.815	2.140	1.375	
	Π_{ST}	2.407	3.210	3.984	
	Π_{SCT}	7.222	5.350	5.359	
	e_Δ	5.050	3.367	8.357	
	w	0.855	1.237	1.638	
	p	1.635	1.757	1.907	
	D	6.173	4.115	5.107	
6.0 $h_3 < h < h_{11}$ （达到 RSf1，RSd，RSf2 和协调条件）			(1.182, 0)	(2.149, −0.5)	$k = 1.177$ $0.797 \leqslant w_0 \leqslant 0.874$
	Π_R	4.592	2.041	1.453	$14.883 - kw_0$
	Π_{ST}	2.296	3.061	3.687	$kw_0 - 5.700$
	Π_{SCT}	6.888	5.102	5.140	9.183
	e_Δ	4.415	2.943	7.091	8.830
	w	0.852	1.235	1.575	0.0868
	p	1.632	1.755	1.882	1.264
	D	5.887	3.925	4.727	11.774
$b_2 = 1500$，$h_2 = 12.730$，$h_3 = 16.435$，$h_7 = 11.495$，$h_9 = 18.050$，$h_{10} = 24.067$，$h_{11} = 36.100$					
12.0 $h_7 < h < h_2$ （仅达到 RSf1 条件）			(1.182, 0)		
	Π_R		5.453		
	Π_{ST}		8.180		
	Π_{SCT}		13.633		
	e_Δ		8.303		
	w		1.677		
	p		2.197		
	D		10.487		
15.0 $h_2 < h < h_3$ （达到 RSf1 和 RSd 条件）			(1.182, 0)		
	Π_R	7.637	3.394		
	Π_{ST}	3.818	5.091		
	Π_{SCT}	11.455	8.485		

续表

h	项目	信息对称	单因子谎报 $(i,\ 0)$	双因子谎报 $(i,\ j)$	协调
15.0 $h_2 < h < h_3$ （达到 RSf1 和 RSd 条件）	e_Δ	6.201	4.134		
	w	1.171	1.447		
	p	1.951	1.967		
	D	9.791	6.527		
17.0 $h_3 < h < h_9$ （达到 RSf1，RSd 和单因子协调条件）			(1.182, 0)		$k = 1.663$ $1.341 \leqslant w_0 \leqslant 1.368$
	Π_R	6.485	2.882		$28.782 - kw_0$
	Π_{ST}	3.242	4.323		$kw_0 - 15.813$
	Π_{SCT}	9.727	7.205		12.969
	e_Δ	4.646	3.097		9.292
	w	1.086	1.390		0.0683
	p	1.866	1.910		1.731
	D	8.313	5.542		16.627
20.0 $h_9 < h < h_{10}$ （达到 RSf1，RSd，RSf2 和协调条件）			(1.182, 0)	(2.967, −0.5)	$k = 1.421$ $1.170 \leqslant w_0 \leqslant 1.201$
	Π_R	5.544	2.464	0.831	$22.620 - kw_0$
	Π_{ST}	2.772	3.696	5.091	$kw_0 - 11.533$
	Π_{SCT}	8.315	6.159	5.922	11.087
	e_Δ	3.376	2.251	6.201	6.752
	w	1.016	1.344	2.150	0.170
	p	1.796	1.864	2.277	1.591
	D	7.107	4.738	6.527	14.214
24.067 $h = h_{10}$ （达到 RSf1，RSd，RSf2 和协调条件）			(1.182, 0)	(2.364, −0.5)	$k = 1.248$ $1.036 \leqslant w_0 \leqslant 1.101$
	Π_R	4.867	2.163	1.352	$18.607 - kw_0$
	Π_{ST}	2.434	3.245	4.056	$kw_0 - 8.873$
	Π_{SCT}	7.301	5.408	5.408	9.734
	e_Δ	2.463	1.642	4.105	4.923
	w	0.965	1.310	1.836	0.243
	p	1.745	1.830	2.096	1.491
	D	6.240	4.160	5.200	12.480

续表

h	项目	信息对称	单因子谎报 (i, 0)	双因子谎报 (i, j)	协调
30.0 $h_{10} < h < h_{11}$ （达到 RSf1，RSd，RSf2 和协调条件）			(1.182, 0)	(1.973, -0.5)	$k = 1.116$ $0.938 \leqslant w_0 \leqslant 1.024$
	Π_R	4.351	1.934	1.502	$15.778 - kw_0$
	Π_{ST}	2.175	2.901	3.386	$kw_0 - 7.076$
	Π_{SCT}	6.526	4.834	4.888	8.702
	e_Δ	1.766	1.178	2.750	3.533
	w	0.927	1.285	1.632	0.299
	p	1.707	1.805	1.978	1.414
	D	5.578	3.719	4.341	11.156

上述算例结果验证了定理 8.2 结论。此外，信息不对称且供应商投资减排情形下的供应链分散决策利润，可能会低于信息对称且供应商不投资减排的供应链分散决策利润。供应商的谎报行为导致供应链绩效受损，供应商采取单因子 i 谎报时的最优谎报因子 i 与 b_2 无关，但是供应商采取双因子谎报时的最优谎报因子 i 与 b_2 呈正相关。

进一步分析供应商谎报因子与零售商、供应商的利润关系，取 $b_2 = 500$，$h = 6 \times 10^4$，分别绘制利润关于双谎报因子的三维图 $\Pi^{RSf}(i,j)$ 和关于单因子的二维图 $\Pi^{RSf}(i)$，如图 8－3 和图 8－4 所示。零售商的利润是关于 i 和 j 的减函数，这由 $\Pi_{RF}^{RSf}(i,j)$ 对 i 和 j 求一阶偏导同样可以得证。供应商利润的表达式

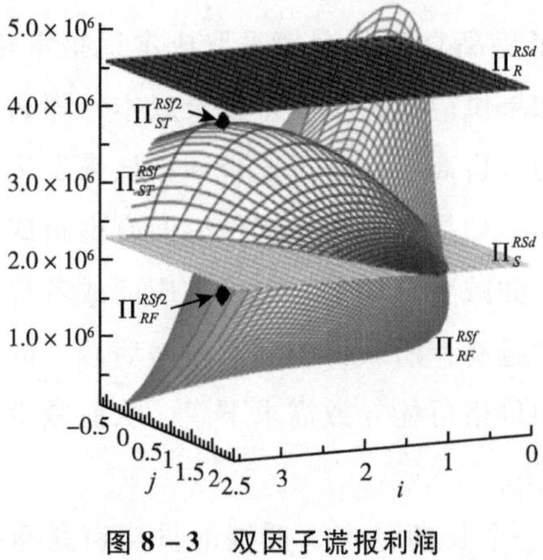

图 8－3　双因子谎报利润

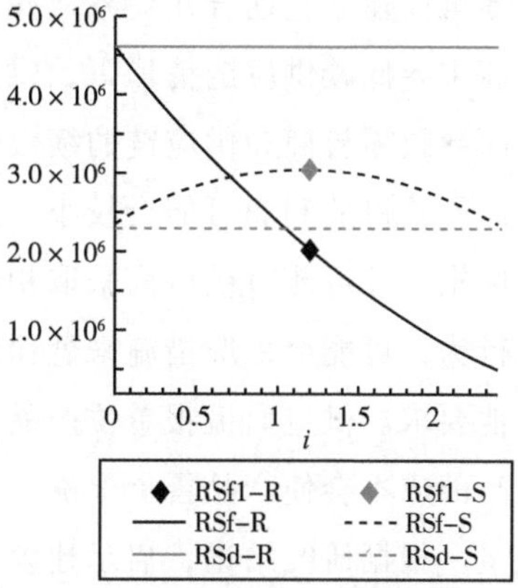

图 8－4　单因子谎报利润

$\Pi_{ST}^{RSf}(i,j)$ 比较复杂，为方便分析，做供应商利润关于谎报因子的三维图 $\Pi_{ST}^{RSf}(i,j)$，并分别截取关于 i 和 j 的两个侧面图，如图 8－5 和图 8－6 所示。可见，供应商的利润是关于 j 的减函数，随 i 先增后减，在 $i=2.149$，$j=-0.5$ 时存在最大值。

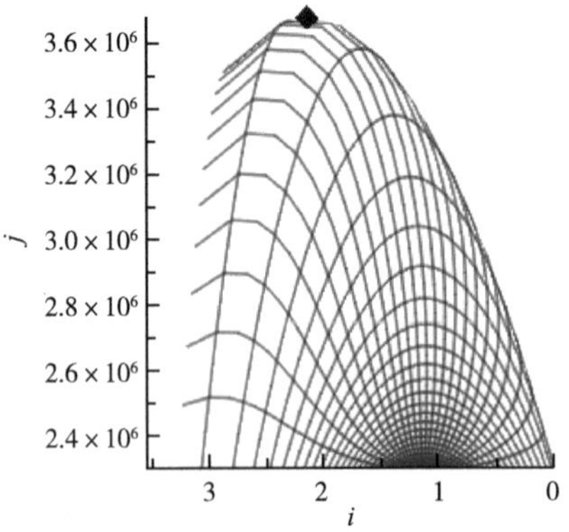

图 8－5　因子 i 的谎报利润

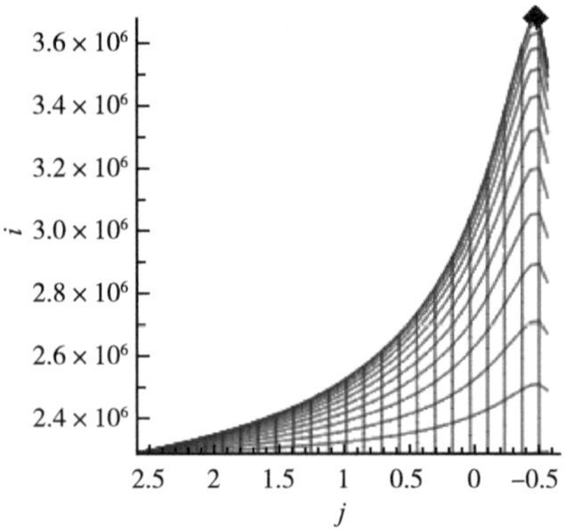

图 8－6　因子 j 的谎报利润

8.7　管理启示

当供应商占据供应链主导地位时，其不会谎报成本信息。因为供应商希望与零售商建立长期合作关系，并且提供准确的成本信息有助于建立信任。而零售商主导低碳供应链情形下，供应商为了提高自身利润而采取成本谎报策略，进而导致零售商和供应链的绩效受损。如果供应商谎报减排投资成本，那么供应商所获得的利润可能会较小。这是因为零售商可以通过监督和审核来发现成本虚报，并可能对供应商采取相应的行动。如果零售商发现供应商有虚报成本的行为，可能会采取措施来惩罚供应商，如减少订单量、更换供应商或者提出其他要求。供应商谎报单位产品初始成本越高，所获得的利润先增后减。因为虚高的成本会使产品售价上涨，但过高的价格可能导致需求下降，从而减少销售量。根据研究结论，启示建议总结如下：

（1）对于核心零售企业来说，构建一个长期稳定、低碳的供应链是重要目标。核心零售企业应该积极承担供应商减排成本，并与供应商共同努力，享受供应商减排投资所带来的收益，有助于减少供应链的碳足迹，并为企业和社会带来双重益处。在设计供应链协调契约时，使用固定减排量下基于批发价的补贴—惩罚机制是一种有效手段。这种机制可以激励供应商采取减排行动，并让核心零售企业根据批发价和减排量的线性关系来衡量供应商的减排成果。无论供应链中信息是否对称，这种机制都能推动供应商参与低碳倡议，从而促进整个供应链的减排工作。

（2）对于政府来说，应该尽快完善并落实碳排放监督和信息披露机制，以确保为企业提供一个公平、公正和信息透明的环境。落实《碳排放权交易管理条例》和《碳排放权交易试点有关会计处理暂行规定》等政策法规至关重要。同时，为了加强碳交易市场的能力建设，政府应该坚持主导作用，并充分发挥市场的协调作用，特别是在全国碳交易市场初始阶段，要降低不确定性的影响。市场化是在碳交易制度下实现减排目标的重要手段之一，因此，政府需要采取适当的措施来确保市场的稳定运行和发展。这包括提供相关培训和指导，以帮助企业了解和适应碳交易制度，并为其提供必要的支持。

（3）积极参与低碳实践，对于推动碳减排目标的实现非常重要。特别是在衡量和核证碳减排量方面，公益组织可以与企业和政府合作，发挥独立第三方的作用。例如，像“公益碳踪”平台这样的组织可以制定碳减排的测算方法，并监督碳核算流程，可以通过网络、社交软件、电视公益广告等渠道公开碳排放信息，统计和展示碳减排的效益，为社会提供具有公信力的碳信息参考，使得企业谎报信息的可能性将大大降低。社会公益组织的参与不仅可以帮助监督和核证企业的碳减排行动，还可以促进公众对于碳减排问题的关注和认识。通过提高可信度和透明度，公益组织可以为社会建立一个可信赖的碳信息参考体系，激励更多企业积极采取低碳实践，从而推动全社会的碳减排工作。

8.8　本章小结

在碳交易政策且供应商投资减排情形下，本章研究不同力量主导下的供应商成本信息谎报行为，探讨信息不对称下供应链决策的变化及协调策略。主要讨论下面几个问题：供应商处于供应链主导地位时，供应商是否会谎报自身私有成本信息？零售商处于供应链主导地位时，供应商是否会谎报自身私有成本信息？供应商谎报成本信息情形下的供应链能否达到协调？如何设计一种有效的供应链协调契约？针对以上问题，本章通过引入单位产品初始成本的谎报因子 i 和减排投资成本的谎报因子 j，分析不同力量主导下供应商的最优谎报策略（定理 8.1 和定理 8.2），比较分析供应商单因子谎报和双因子谎报的最优策略（定理 8.3），针对零售商主导低碳供应链情形，设计一种固定减排量下依赖于批发价格的线性补贴—惩罚机制来实现信息不对称下的完美协调，并实现供应链利润在零售商和供应商之间自由分配（定理 8.4）。本章主要结论归纳如下：

（1）供应商主导供应链情形下，供应商不会谎报其成本信息，这有助于确保供应链的透明度。这时供应商提供的成本信息是真实可靠的，零售商可以相信供应商所提供的成本数据信息，并根据这些信息来确定产品的零售价格。然而，在零售商主导供应链情形下，供应商可能会在特定条件下采取单因子谎报或双因子谎报的策略，以追求自身最大利润。单因子谎报意味着供应商可能会低估其实际成本或过高估计其他因素的影响，这可能导致零售商支付较高的价格。而双因子谎报意味着供应商可能会同时高估成本和低估其他因素的影响，从而进一步增加零售商的成本。供应商的谎报行为对供应链和零售商的绩效都会产生负面影响。供应商的谎报行为会导致低碳产品的零售价格上升，这会使消费者购买更昂贵的产品，同时降低销售和利润。此外，供应商的谎报行为还可能导致减排量减少，损害企业的可持续发展目标。

（2）在零售商主导供应链情形下，供应商会谎报成本来增加自身的利润。研究表明，供应商采取双因子谎报时可以获得比单因子谎报更高的最优利润。供应商的利润是关于谎报减排成本谎报因子 j 的减函数，并随生产成本谎报因子 i 先增后减；对于零售商来说，供应商成本谎报行为损害其利润。研究显示，与单因子谎报相比，供应商采取双因子谎报时，零售商的最优利润更低。零售商的利润是关于谎报因子 i 和 j 的减函数；在供应链层面上，供应商成本谎报降低供应链的整体利润，此时供应链总利润低于信息对称下供应链集中决策利润的75%。这些发现表明，建立透明、诚信的供应链关系至关重要，以确保各方的利益最大化并维护供应链的长期可持续性。

（3）针对供应链协调问题，在适当的契约参数设定下，使用依赖于批发价格的线性补贴—惩罚机制可以激励供应商提供真实的成本信息，并实现低碳供应链的完美协调。该机制还能够自由地划分供应链利润，使零售商和供应商都能从中受益。这种线性补贴—惩罚机制的关键在于将固定的减排量与批发价格相关联。当供应商提供真实的成本信息并实施低碳措施时，他们将受到补贴的奖励，从而获得更高的利润。而当供应商提供虚假的成本信息或未实施低碳措施时，他们将受到补贴的惩罚，从而减少其利润。通过采用这种机制，可以建立一个可信赖和高效的低碳供应链，促进可持续发展，并为零售商和供应商创造更大的利益。为了实现这种完美的协调，契约参数的合理设置和良好的沟通合作是至关重要的。

第9章

总结与展望

9.1 研究总结

随着温室气体效应问题的日益严重，全球环境和气候变化已经成为一个迫在眉睫的挑战。为了应对这个问题，世界各国纷纷采取行动并承诺降低碳排放量。我国政府也积极响应，制定了一系列节能减排措施并承诺在2030年前达到碳排放量的峰值并在2060年实现碳中和。早在2011年，国家发改委就已启动了“两省五市”的碳排放交易试点项目，旨在通过建立碳排放权交易市场来推动减排工作，试点经验为全国碳排放权交易市场的建立奠定了基础。2021年，国家发改委正式启动建立全国统一碳排放权交易市场，以实现更大范围内的碳排放减量。通过一系列措施，我国政府表明对环境保护和应对气候变化问题的坚定承诺。

全国统一的碳排放权交易市场的建立，将激励企业采取更多的减排措施，以获得额外的碳排放权并降低成本。企业可以根据实际情况购买和出售碳排放权，从而灵活管理和控制自身的碳排放量，从而推动企业减排行动并促进低碳发展，并引发我国企业供应链低碳发展和实践创新的重大变革。构建绿色低碳供应链已成为企业获得持续竞争力的关键措施。与此同时，消费者绿色低碳认同不断增强，低碳生活消费方式逐渐被全社会所认可，消费者对产品的价值认同越来越重视产品的低碳属性。这将改变企业成本结构，并创新企业盈利模式，为企业供应链低碳发展提供现实基础和发展机遇。

当前，我国企业在能源消耗和碳排放方面还在普遍存在问题，单个企业降低产品碳排放以转化为低碳产品的门槛很高，既有成本的考量也有技术的限制。然而，通过供应链上下游不同企业间减排替代、减排成本分担等合作，并促进核心企业在供应链减排合作中发挥引领与协调作用，可以实现产品更加绿色低碳，改善供应链企业的经济绩效和社会责任形象。供应链企业间减排合作破解单个企业低碳发展的困局，是众多中小企业低碳发展的可行路径。

因此，本书在碳交易制度下并考虑消费者低碳偏好属性，开展核心企业主导供应链减排合作决策与协调策略研究。主要研究包括以下工作：

（1）不同核心企业主导供应链减排决策与协调策略研究。

考虑消费者具有低碳偏好属性、供应商受碳交易制度规制约束并进行减排投资，运用 Stackelberg 博弈模型和协调契约理论，研究供应商、零售商分别作为核心企业在主导供应链情形下的减排决策以及供应链协调问题。

首先，在模型描述及符号定义的基础上，作为研究参考，建立供应商不减排投资下的供应链决策模型，在分散决策下获得供应商、零售商分别主导供应链下的最优均衡决策以及相应的供应链企业最大化利润。其次，在供应商减排投资情形下，分别建立供应商和零售商处于供应链核心地位的 Stackelberg 博弈模型，分析供应商减排投资的边界条件，比较供应商主导型和零售商主导型的供应链最优减排投资决策，揭示供应链不同核心企业对供应链减排决策、供应链绩效的影响机理，分析零售商和供应商都具有减排合作以改善自身经营收益的动力。再次，讨论供应商主导下的减排投资成本分摊契约解决零售商“搭便车问题”的有效性，提出一种“成本分摊—数量折扣”的新型契约，实现了供应商主导下的供应链减排投资决策的协调。作为对比，在零售商主导供应链情形下，采用一种“批发价 Nash 讨价还价共同决策 + 通道费”的策略实现供应链协调。最后，采用数值算例验证理论结论，分析减排投资成本系数的敏感性，并从企业、政府以及社会公益组织层面总结管理启示。

（2）零售商持股供应商减排投资决策与协调策略研究。

以碳交易政策为背景并考虑消费者低碳偏好属性，将股权投资策略引入供应商作为核心企业主导供应链减排投资合作中，研究零售商持股供应商减排投资情形下的供应链决策及协调策略，探讨零售商持股策略对供应链减排决策及供应链绩效的影响。

首先，分别讨论供应链集中决策与分散决策下的供应链最优决策，分析零售商持股供应商主导供应链的减排投资合作形成条件，以及零售商持股策略对碳排放水平、市场需求以及供应链利润的影响。其次，基于混合策略 Nash 讨价还价方法来讨论供应链协调问题，建立收益矩阵，分析实现供应链激励相容的同时达到供应链协调的 Nash 均衡策略。再次，采用数值算例分析零售商持股比例对产品需求量和供应链成员利润的影响，持股比例和碳价格对碳减排量和供应商利润的影响，以及进行 Nash 讨价还价的供应链协调分析。最后，从减排投资持股策略选择与实践角度进行管理启示总结。

（3）第三方公司参与减排的供应链持股决策与协调策略研究。

对于供应商因资金、技术不足等原因而无法独自减排的情形，考虑第三方节能服务公司（简称 ESCO）作为专业的服务提供者，通过技术和管理手段帮助供应链中的企业降低碳排放。本章拓展上一章提出的供应链低碳减排的持股合作策略，研究节能服务公司作为核心企业主导供应链低碳减排情形下的供应链持股决策与协调问题。

首先，构建供应商持股节能服务公司减排的三级供应链决策模型，比较分析供应商不持股节能服务公司、供应商持股节能服务公司情景下供应链最优减排决策、减排边界条件，进一步基于 Shapley 值法讨论四种联盟情形下的供应链减排合作与协调策略，并进行例证分析。其次，构建零售商和供应商共同持股节能服务公司减排决策模型，分析零售商和供应商不对节能服务公司持股，零售商和供应商共同对节能服务公司持股情形下的供应链减排决策，揭示共同持股策略对供应链减排决策的影响机理。再次，进行拓展研究，在一种称为减排量保证合同下，讨论供应商持股节能服务公司的供应链决策模型，比较研究了实际减排量大于保证减排量、实际减排量小于保证减排量及实际减排量等于保证减排量三种情况共六种模型下的供应链决策。最后，从供应链企业持股节能服务公司实践角度总结管理启示。

（4）消费者异质性且零售商主导供应链减排合作决策研究。

针对异质性消费者对低碳产品和普通产品的估值不同且购买选择差异性，构建由核心企业零售商主导供应链、两种产品供应商跟随的模型，讨论供应链内部不同企业间合作模式下的供应链减排决策，并比较分析不同合作模式和消费者异质性特征对供应链减排决策和利润的影响。

首先，在分析面向异质性消费者的低碳产品和普通产品需求函数的基础上，讨论由一个零售商主导、两个供应商跟随的供应链分散决策下低碳减排定价策略。其次，在供应链企业内部四种合作模式下分别讨论供应链减排定价策略，即分析零售商与低碳产品供应商合作主导供应链的减排定价策略、零售商与普通产品供应商合作主导供应链的减排定价策略、低碳产品供应商与普通产品供应商合作的减排定价策略以及零售商、低碳产品供应商与普通产品供应商合作的减排定价策略，获得对应模式下的供应链最优减排定价决策和供应链利润。再次，通过数值算例进行不同合作模式下供应链总利润影响分析、不同合作模式下碳排放总量影响分析、不同合作模式下低碳产品定价影响分析以及不同合作模式下普通产品定价影响分析，揭示不同合作模式、消费者异质性特征等对供应链减排定价策略及供应链企业利润的影响机理。最后，从指导供应链各企业决策、消费者低碳环保意识引导以及政府低碳发展体制机制设计方面总结管理启示。

（5）供应商主导供应链减排合作技术选择决策研究。

选择合适的低碳减排技术是供应链实施低碳减排合作的关键。针对生产和使用环节都会产生碳排放，研究供应链主导的供应链低碳减排技术选择政策和市场环境匹配问题，拓展了供应商主导下的供应链减排合作问题研究，有助于促进供应链企业在减排合作方面的实践。

首先，在供应商主导供应链的情形下，分别刻画并识别技术减排和产品排放的特征，建立供应链减排的长期动态决策模型，采用微分博弈方法推演出低碳减排长期最优决策下企业利润和碳排放的运行轨迹，分析碳排放轨迹与技术选择和利润轨迹与技术选择。其次，分析碳减排合作与碳交易政策。通过轨迹函数的分析，确定在碳交易和市场条件下，使企业在减排的同时获得收益的两个环节中的低碳技术特征条件。再次，考虑技术选择的实际限制，讨论调整企业在给定技术特征下实现减排和收益的双赢策略。最后，通过数值算例，揭示碳交易制度和低碳市场环境对低碳技术减排的作用机理，进一步从政府、企业以及低碳技术选择层面总结管理启示。

（6）不对称信息下的供应商减排投资决策与协调策略研究。

针对供应商因拥有低碳减排成本等私有信息优势而可能导致谎报行为以及供应链难以协调问题，通过引入描述供应商谎报私有信息的谎报因子，讨论信息不对称情况下的供应商减排投资决策与协调策略问题，揭示不同核心企业主导供应链场景下的供应商虚假报告行为。本书进一步扩展了对不同核心企业主导供应链减排决策和协调问题的研究，丰富了低碳供应链管理的理论，为指导供应链企业在信息不对称的情况下进行减排合作决策提供参考。

首先，讨论供应商作为核心企业主导供应链减排决策与私有信息的揭示策略。其次，讨论零售商作为核心企业主导供应链减排决策与信息揭示策略，比较分析供应商双因子谎报策略和供应商单因子谎报策略，揭示不同谎报策略对供应链决策和利润的影响，揭示零售商主导下的供应商谎报行为策略特征。再次，考虑零售商主导的情形，针对供应商私有信息谎报行为导致供应链难以协调问题，提出基于批发价线性补贴惩罚机制的供应链协调策略。最后，通过数值算例分析探讨谎报因子策略对零售商主导供应链决策以及零售商、供应商和供应链利润的影响，并从供应链各企业角度总结管理启示。

通过对称信息和不对称信息情形下供应链减排合作典型场景的刻画、建模、分析以及仿真，归纳出主要研究结论如下：

（1）核心企业主导供应链减排合作促进单个企业减排转向供应链减排，不仅破解单个企业减排因资金、技术等缺乏而形成的难题，还发挥出核心企业影响力并推动供应链成员减排行动的一致。相对于供应商主导的供应链减排合作，零售商主导的供应链减排合作实现了更多的减排量、更大的市场需求和更高的供应链总利润。从消费者角度看低碳产品价格，存在供应链协调的场景且协调下的低碳产品价格并不高于非低碳产品的价格，支撑了供应链减排合作且具备市场基础。无论是供应商主导下的供应链减排，还是零售商主导下的供应链减排，通过适当的协调契约设计都可实现供应链减排合作的协调，实现供应链减排目标和经济目标的共赢，保障核心企业主导供应链减排合作的实践可行性。

（2）供应链下游零售商持股供应链核心企业供应商减排投资，一定条件下供应链可实现减排增加和成员利润的增加，说明供应链减排中引入持股策略具有理论基础和应用前景。供应商减排投资且零售商持股，不仅强化了供应链成员共担减排责任，还形成了减排合作纽带，促进供应链减排合作的可持续发展。碳排量高的污染型供应商总比碳排放量低的清洁型供应商获得利润少，导致供应链下游零售商的利润也更少。此外，零售商持股清洁型供应商减排投资的收益随持股比例增加而增大，但持股污染型制造商的收益却随持股比例增加而减少。因此，供应链核心企业供应商越低碳清洁越有利于引导零售商参与持股减排，更好地推动供应链减排合作。

（3）减排能力缺乏的供应商通过持股引入第三方节能服务公司可实现减排，成为推动供应链减排合作的一种新途径。通过供应链核心企业供应商持股节能服务公司或者供应商零售商共同持股节能服务公司，一定条件下，持股策略的实施可以实现供应链绩效的帕累托改进，而零售商和供应商共同节能服务公司既消除“搭便车”现象又增强供应链稳定性。第三方节能服务公司参与减排且供应链实施持股策略，低碳产品价格可得到降低，消费者福利也能增加，为供应链减排可持续赋能。

（4）核心企业主导供应链减排合作决策受到消费者异质性低碳偏好的影响，同时也受到供应链网络节点企业间联盟结构的影响。通过透视零售商主导的四种供应链减排合作模式发现，当市场中的低碳偏好消费者比例较低时，零售商会与普通产品供应商合作来提升利润；当低碳偏好消费者处于较高占比时，零售商选择与低碳产品供应商合作，增加低碳产品的市场份额。零售商与供应商合作对供应链减排有着积极作用，但是零售商与供应商合作会导致产品的批发价格上升，从而导致产品需求降低，对供应链利润产生负面影响。

（5）供应商主导供应链减排情形下，通过识别产品和低碳技术在生产和使用环节碳排放和减排技术特征，供应商进行低碳技术选择可实现供应链减排和收益的双赢。在生产环节，碳市场提供的收益并不影响供应商是否减排，但影响供应商减排量决策。而在使用环节，碳市场提供收益过低会导致供应商不进行使用环节减排。此外，碳市场所提供的收益是影响零售商选择合作的关键因素。碳市场能够给零售商提供足够的收益，供应商就能够通过选择匹配的低碳技术特征实现产品减排、整个供应链收益增加。碳市场方面，碳交易价格的提高可以推动供应商积极减排，但可能会降低供应链减排合作水平。

（6）零售商难以准确获取供应商的单位产品初始碳排放、减排投资成本等信息，不利于零售商积极参与供应链减排合作。供应商主导供应链情形下，供应商谎报其私有信息可能导致其减排量减少，损害可持续发展目标。此时，供应商为确保供应链信息公开透明，不会谎报其成本信息，保障供应链减排合作顺利推进。但是，零售商主导供应链情形下，供应商会谎报其减排成本私有信息来增加自身利润，供应商采取双因子谎报比单因子谎报将取得更大收益。针对供应商谎报问题，零售商可设计激励契约（如批发价格的线性补贴—惩罚机制、一次性转移支付）来激励供应商揭示其减排成本私有信息，并实现供应链减排合作目标。

9.2 研究建议

梳理现有研究结论发现，推动供应链减排合作的影响因素可划分为供应链外部因素和供应链内部因素。外部因素主要包括消费者低碳偏好、碳交易价格以及碳配额等，内部因素主要包括供应链主导权力结构、碳减排技术及其成本等，这些因素多重叠加形成推动供应链减排合作的制度环境、政策环境、市场环境、技术环境。据此，结合减排项目示范影响作用，提出建议如下：

（一）建立健全促进供应链减排合作体制机制，强化制度减排激励。

通过强化减排体制机制建设，推动企业减排。一是，加快完善全国统一碳交易制度，推动企业积极减排。目前，全国碳交易制度在政策体系和制度设计等方面尚未达到标准统一。为此，加快建立清晰化、透明化的统一碳配额总量指标体系，明确总量目标并将其分解为各个层面的具体微观目标。持续完善交易所的核心交易规则，推进穿透式监督，强化交易识别能力，确保交易平稳和交易顺畅。加快制定全国碳市场发展总体规划，建设高水平全国统一碳市场并推进共建区域性碳交易中心，为供应链减排合作制度保障。二是，加快碳标签体系建设。提高我国碳标签认证能力，加强对碳标签发放机构的监管，确保其具备认证能力和权威性。营造碳标签发展良好市场氛围，提高市场参与者对碳标签的认知度和接受度，促进碳标签的广泛应用，进一步激励企业减排。三是，推进环境税引导供应链加大减排合作。推动环境税征收常态化，强化供应链企业的绿色与减排创新意识，持续推进环保改进和低碳减排。四是，完善碳信息的披露监督管理机制。参考国际通行的权威碳信息披露框架，制定统一的碳信息披露标准。规范企业碳信息披露方式，完善碳信息披露的监督管理机制，提升企业碳信息披露的质量，保障供应链上下游企业权益，引导供应链企业高质量低碳减排。

（二）加大财政金融政策对供应链减排的支持力度，强化政策减排保障。

通过政策支持激励，缓解企业减排压力。一是，加大对财政税收支持力度，促进供应链企业间合作减排的积极性。财政政策可以优先针对家电、建材、机械、汽车、化工、纺织等重点领域推出优惠政策，以减轻企业节能减排投入成本的压力。税收政策通过增值税、消费税等方式，对减排企业给予一定的优惠，激励供应链企业积极减排。二是，加快绿色供应链金融体系建设，促进企业运用金融工具进行低碳转型。通过绿色信贷担保、绿色债券贴息、补贴等优惠政策，创造更多绿色金融产品，加大对供应链企业减排的信贷额度、利率等政策支持，引导企业对接双碳目标，加大减排投资，减少排放。三是，积极完善绿色采购相关政策，推动绿色低碳供应链合作。加快建立健全绿色低碳产品的政府采购体系，明确绿色采购最低标准要求，加大绿色低碳产品的政府采购力度，扩大绿色低碳产品的采购品种，鼓励采购更高标准的低碳产品，从而推动供应链企业进行低碳减排。

（三）积极营造促进供应链企业减排的低碳消费新风尚，强化市场激励。

通过绿色低碳消费市场发展诱导企业减排并推动供应链减排合作。一是，加快绿色低碳产品供给。加大绿色低碳减排研发投入、引进先进绿色低碳技术，升级绿色低碳产品工艺技术并降低成本，提升绿色低碳产品的供给能力，开发和推广满足公众需求的更多环境友好型产品，营造公众便利绿色低碳消费的市场环境。二是，大力宣传普及绿色低碳消费理念。推动消费理念向绿色低碳转型，多渠道、多元化、多媒介的全方位宣传，倡导公众践行绿色低碳行为。三是，健全绿色消费制度保障体系。建立绿色低碳消费数据库，加快构建生态信用体系，通过信用评级与信息共享推进绿色低碳消费的激励机制，让绿色低碳消费成为公众自觉的消费选择。四是，发挥公益组织对公众低碳消费意识的引导作用。加强公益组织低碳消费宣传教育，通过社交媒体、宣传活动、绿色展览等，向公众传播低碳消费的重要性，帮助公众了解低碳产品和服务，激发公众对低碳消费和产品的认同。

（四）加快建设绿色低碳技术交易市场，强化减排技术支撑。

一是，建设绿色技术交易市场。加快建立一个健康、透明的市场环境，促进绿色技术的交易和流通。建立一套标准和规范，明确绿色技术的评估、认证和质量要求。确保绿色技术的有效性和可信度，为投资者和使用者提供可靠的决策依据。建立一个信息共享平台，提供绿色技术的详细信息，包括技术原理、应用案例、市场前景等，帮助潜在用户和投资者了解绿色技术的潜力和优势，以促进绿色技术的交流和推广。加强绿色技术的知识产权保护，防止技术盗用和侵权行为，以鼓励创新和研发。二是，推广绿色低碳技术创新应用。充分将人工智能、大数据、云计算等新型数字技术运用到整个供应链低碳减排中，在信息不对称的情况下提高资源的利用效率。加强供应链中的碳捕获与封存等科技攻关，推进先进适用技术的研发与应用，集中力量进行绿色低碳循环技术攻关。三是，建立供应链低碳科技创新体系。将供应链中的绿色创新资源进行有效整合，完善绿色技术创新平台，推进整个供应链各个环节的节能减排和循环利用。建立面向碳中和的综合性绿色低碳技术交易市场，鼓励供应链的各个环节整合现有资源建立技术交易服务中心，打通低碳技术交易市场壁垒，大力促进低碳循环技术创新成果在供应链减排中的转化运用。构建和发挥新型举国体制优势，在中国特色社会主义新时代下率先突破供应链中低碳前沿技术难题，加快供应链科技创新的超前谋划和统筹。

（五）推广供应链低碳减排合作典型项目，强化减排示范引领。

通过供应链减排合作成效现实示范项目建立行业减排标准并推进行业减排。一是，建立供应链信息共享机制，共享供应链中的排放数据、能源使用情况、物流信息等，便于供应链企业了解整个供应链的排放情况，形成全面的减排规划。推动行业供应链减排目标的制定，签署减排承诺书并建立考核机制，推动供应链企业加强技术创新和研发合作，共同开发绿色低碳技术和解决方案，提高整个供应链的能源效率和减排能力。鼓励供应链企业积极参与减排行动，可以给予减排领军企业荣誉称号、财政补贴或税收优惠等激励措施，加强重点项目减排成果的宣传和推广，促进减排项目示范引领行业企业积极减排。二是，探索供应链企业间减排合作新模式，打造项目合作典型。探索采用持股、纳什讨价还价、成本分担契约等方式进行成本分摊，推动供应链上下游合作减排。进一步创设条件激发供应链核心企业积极参与上游供应商减排，形成常态化供应链减排合作的制度激励和约束，推动国内外绿色低碳技术持有方通过技术入股进行企业间减排合作。三是，加大供应链企业间合作减排项目的监管力度。进一步完善相关政策，加强各级监管单位工作力度，防范化解低企业碳减排合作过程中面临的各类风险，消除企业减排合作顾虑，保障减排合作项目良好运行与示范。

9.3 研究展望

本书研究还有一些值得继续深入讨论的问题，例如理论模型与案例研究融合分析不足、研究结论还有待实证检验以及模型还可以再丰富等。因此，后续研究可以从实证检验和理论拓展两个维度展开后续研究。

（1）制造业供应链企业合作减排能力提升与实现路径研究。

针对供应链企业合作减排能力问题，以我国制造业为研究对象，通过深入访谈与广泛的问卷调查，收集第一手翔实数据和典型供应链合作减排案例，开展“制造业供应链企业合作减排能力提升与现实路径研究”，实证检验供应链企业低碳减排的驱动因素、中间调节变量因素，从而揭示制造业供应链企业低碳减排的动因、合作减排的制约因素，分析企业间合作减排对制造业供应链企业减排决策行为的影响，建立制造业供应链企业合作减排的社会经济和环境绩效的测度模型，研究供应链企业合作减排能力，进一步结合案例研究，提出制造业供应链企业合作减排能力提升路径、对策与建议，研究可为供应链企业合作减排实践、供应链低碳减排制度设计和政策实施提供决策依据。

（2）基于期权合约的供应链碳排放权交易策略研究。

国家发改委现已全面启动全国统一碳交易市场建设，碳交易政策的实施使得供应链企业决策不得不考量碳排放因素。全国统一碳交易制度下，供应链企业碳减排和定价决策受到碳排放权交易价格波动的影响。因此，针对供应链企业碳排放权管理问题，运用期权合约理论研究供应链碳排放权交易策略，具有理论与现实意义。基于看涨期权、看跌期权以及双向期权合约，建立供应链碳排放权交易决策模型，研究不同期权合约下的供应链碳排放权交易策略与供应链定价策略，揭示期权合约类型对供应链碳排放权交易策略的影响、对供应链定价决策的影响以及对供应链企业利润和碳排放绩效的影响，研究建立基于期权合约的供应链碳排放权交易策略理论体系，为供应链企业管控碳排权交易价格波动提供理论支撑和决策借鉴。

参考文献

[1] Yenipazarli A. Incentives for environmental research and development: Consumer preferences, competitive pressure and emissions taxation [J]. European Journal of Operational Research, 2019, 276 (2): 757 -769.

[2] 董超. 跨国公司低碳战略与中国低碳发展—基于21家跨国公司的案例分析 [J]. 国际贸易, 2010, 11 (1): 25 -31.

[3] 刘名武, 林强, 王晓斐. 供应链减排运作决策研究现状与发展趋势 [J]. 电子科技大学学报 (社科版), 2022, 24 (2): 86 -95.

[4] Fankhauser S, Bowen A, Calel R, etc. Who will win the green race? In search of environmental competitiveness and innovation [J]. Global Environmental Change, 2013, 23 (5): 902 -913.

[5] Mao Z F, Zhang S, Li X M. Low carbon supply chain firm integration and firm performance in China [J]. Journal of Cleaner Production, 2017, 153: 354 -361.

[6] Li F S, Xu X L, Li Z W, Du P C, Ye J F. Can low - carbon technological innovation truly improve enterprise performance? The case of Chinese manufacturing companies [J]. Journal of Cleaner Production, 2021, 293: 125949.

[7] 林强, 赵震铮, 霍宝锋, 等. 考虑碳交易政策的零售商合作减排策略: 融资减排或技术减排 [J]. 系统工程理论与实践, 2024, 44 (03): 986 -1005.

[8] 夏良杰, 孔清逸, 李友东, 徐春秋. 考虑交叉持股的低碳供应链减排与定价决策研究 [J]. 中国管理科学, 2021, 29 (4): 70 -81.

[9] Wang Z R, Alexander E I, Wu Q H. Production and joint emission reduction decisions based on two - way cost - sharing contract under cap - and - trade regulation [J]. Computers & Industrial Engineering, 2020, 146: 106549.

[10] Shi X, Dong C, Zhang C, et al. Who should invest in clean technologies in a supply chain with competition? [J]. Journal of Cleaner Production, 2019, 215: 689 - 700.

[11] 帅传敏，张钰坤．中国消费者低碳产品支付意愿的差异分析—基于碳标签的情景实验数据 [J]. 中国软科学，2013，7 (1): 61 - 70.

[12] 武丹，杨玉香．考虑消费者低碳偏好的供应链减排微分博弈模型研究 [J]. 中国管理科学，2021，29 (4): 126 - 137.

[13] 朱晨，马静，张骥骧．产能约束下考虑碳税和低碳偏好的供应链新/再制造品减排决策和协调 [J]. 计算机集成制造系统，2024，30 (02): 717 - 729.

[14] Yang H J, Zhang J. The Strategies of Advancing the Cooperation Satisfaction among Enterprises Based on Low Carbon Supply Chain Management [J]. Energy Procedia, 2011, 5: 1225 - 1229.

[15] Yu Y G, Han X Y, Hu G P. Optimal production for manufacturers considering consumer environmental awareness and green subsidies [J]. International Journal of Production Economics, 2016, 182: 397 - 408.

[16] Cachon G P, Swinney R. Purchasing, pricing, and quick response in the presence of strategic consumers [J]. Management Sciences, 2009, 55 (3): 497 - 511.

[17] Kremer M, Mantin B, Ovchinnikov A. Dynamic pricing in the presence of myopic and strategic consumers: theory and experiment [J]. Production and Operations Management, 2017, 26 (1): 116 - 133.

[18] Zhao N G, Wang Q, Wu J. The reference effect on a retailer' s selling strategy with limited initial inventory level and strategic consumer behavior [J]. Computers & Industrial Engineering, 2022, 169: 108260.

[19] 张川，马慧敏，郭振．碳限额与交易机制和消费者低碳偏好下的供应链减排及融资策略 [J]. 控制与决策，2023，38 (11): 3271 - 3278.

[20] Yu B Q, Wang J, Lu X M, Yang H T. Collaboration in a low - carbon supply chain with reference emission and cost learning effects: Cost sharing versus revenue sharing strategies [J]. Journal of Cleaner Production, 2019,

250: 119460.

[21] Ji J N, Zhang Z Y, Yang L. Carbon emission reduction decisions in the retail -/dual - channel supply chain with consumers´preference [J]. Journal of Cleaner Production, 2017, 141: 852 -867.

[22] Du S F, Tang W Z, Song M L. Low - carbon production with low - carbon premium in cap - and - trade regulation [J]. Journal of Cleaner Production, 2016, 134: 652 -662.

[23] 唐书传，刘云志，肖条军. 考虑社会责任的供应链定价与碳减排决策 [J]. 中国管理科学，2020，28 (4): 99 -108.

[24] Ghosh S K, Seikh M R, Chakrabortty M. Analyzing a stochastic dual - channel supply chain under consumers' low carbon preferences and cap - and - trade regulation [J]. Computers & Industrial Engineering, 2020, 149: 106765.

[25] Liu Z G, Anderson T D, Cruz J M. Consumer environmental awareness and competition in two - stage supply chains [J]. European Journal of Operational Research, 2011, 218 (3): 602 -613.

[26] Vanclay J K, Shortiss J, Aulsebrook S, et al. Customer response to carbon labelling of groceries [J]. Journal of Consumer Policy, 2011, 34 (1): 153 -160.

[27] Muller L, Lacroix A, Ruffieux B. Environmental Labelling and Consumption Changes: A Food Choice Experiment [J]. Environmental and Resource Economics, 2019 (73): 871 - 897.

[28] Zhou Z L, Hu F Y, Xiao D. Optimal pricing strategy of competing manufacturers under carbon policy and consumer environmental awareness [J]. Computers & Industrial Engineering, 2020, 150: 106918.

[29] Sun H X, Yang J. Optimal decisions for competitive manufacturers under carbon tax and cap - and - trade policies [J]. Computers & Industrial Engineering, 2021, 156: 107244.

[30] 汪和平，严啸宸，赵丹等. 政府奖惩机制下考虑消费者低碳偏好的汽车制造商生产决策研究 [J]. 系统工程理论与实践，2023，43 (09):

2669 - 2684.

[31] 蒋晓芬，高广阔，孙浩．碳限额交易政策下考虑消费者偏好的外包减排策略研究 [J]. 运筹与管理，2023，32 (07)：15 - 22.

[32] Han X Y, Khouja M, Liu X. A dynamic model considering consumer green awareness and environmental subsidy [J]. International Journal of Production Economics, 2023, 260: 108840.

[33] Kumar B, Manrai A K, Manrai L A. Purchasing behaviour for environmentally sustainable products: A conceptual framework and empirical study [J]. Journal of Retailing and Consumer Services, 2017, 34: 1 - 9.

[34] 赵爱武，杜建国，关洪军．消费者异质需求下企业环境创新行为演化模拟与分析 [J]. 中国管理科学，2018，26 (6)：124 - 132.

[35] 凌艳涛，徐静，张华．基于异质性消费者偏好下的绿色产品垂直差异化设计与定价策略 [J]. 管理工程学报，2021，35 (6)：208 - 217.

[36] Du S F, Zhu J A, Jiao H F, Ye W Y, et al. Game - theoretical analysis for supply chain with consumer preference to low carbon [J]. International Journal of Production Research, 2015, 53 (12): 3753 - 3768.

[37] 王夏阳，傅科，吁彬．考虑残值变化和顾客异质性的零售商定价与库存决策 [J]. 中国管理科学，2016，24 (1)：97 - 106.

[38] 王芹鹏，赵道致．消费者低碳偏好下的供应链收益共享契约研究 [J]. 中国管理科学，2014，22 (9)：106 - 113.

[39] He H, Wang C, Wang S, et al. Does environmental concern promote EV sales? Duopoly pricing analysis considering consumer heterogeneity [J]. Transportation Research Part D: Transport and Environment, 2021, 91: 102695.

[40] 申成霖，侯文华，张新鑫．顾客异质性渠道偏好下横向竞争对零售商混合渠道模式的价值 [J]. 系统工程理论与实践，2013，33 (12)：3068 - 3078.

[41] 叶飞，张莉．考虑异质性顾客的酒店供应链渠道及模式选择 [J]. 系统工程学报，2017，32 (3)：397 - 413，422.

[42] 江玉庆，项立，刘帆，郑夏冰．考虑异质性消费者的零售平台经营模式研究 [J]. 管理评论，2022，34 (6)：192 - 202.

[43] 马秋卓，宋海清，陈功玉．碳配额交易体系下企业低碳产品定价及最优碳排放策略［J］．管理工程学报，2014，28（2）：127－136.

[44] 计国君，孙忠锋．考虑参照价格效应及异质性消费者的预售决策［J］．系统工程理论与实践，2018，38（12）：3059－3070.

[45] 刘侃莹，李巍．基于消费者偏好差异的绿色产品行为定价策略比较［J］．中国管理科学，2024，32（11）：279－286.

[46] Sarkar S, Bhadouriya A. Manufacturer competition and collusion in a two－echelon green supply chain with production trade－off between non－green and green quality [J]. Journal of Cleaner Production, 2020, 253: 119904.

[47] Meng Q C, Wang Y T, Zhang Z, et al. Supply chain green innovation subsidy strategy considering consumer heterogeneity [J]. Journal of Cleaner Production, 2021, 281: 125199.

[48] Sun X, Zhou Y, Li Y, Govindan K, Han X. Differentiation competition between new and remanufactured products considering third－party remanufacturing [J]. Journal of the Operational Research Society. 2020, 71 (1): 161－180.

[49] Gu W J, Chhajed D, Petruzzi N C, Baris Yalabik, et la. Quality design and environmental implications of green consumerism in remanufacturing [J]. International Journal of Production Economics, 2015, 162: 55－69.

[50] Gan S S, Pujawan I N, Suparno, et al. Pricing decision for new and remanufactured product in a closed－loop supply chain with separate sales－channel [J]. International Journal of Production Economics, 2017, 190: 120－132.

[51] Kleber R, Reimann M, Souza G C, et al. On the robustness of the consumer homogeneity assumption with respect to the discount factor for remanufactured products [J]. European Journal of Operational Research, 2018, 269 (3): 1027－1040.

[52] Feng Z W, Xiao T J, Wen D P, et al. Dynamic pricing of a manufacturer producing new/remanufactured products with consideration of strategic green consumers [J]. Journal of Industrial and Management Optimization, 2023, 19 (7): 5099－5118.

[53] 王麒翔，李帮义，陈白雪等．回收目标责任制下制造商与零售商的

再制造策略研究［J］. 系统工程理论与实践，2023，43（08）：2352－2371.

［54］Cachon G P. Supply Chain Coordination with Contracts［J］. Handbooks in Operations Research & Management Science，2003，11（3）：227－339.

［55］Sabbaghnia A，Heydari J，ülkü MA，Zolfaghari S. Sustainable supply chain coordination：extant literature，trends，and future research directions［J］. Annals of Operations Research. 2024（12）：1－54.

［56］Yu B Q，Wang J，Lu X M，et al. Collaboration in a low－carbon supply chain with reference emission and cost learning effects：Cost sharing versus revenue sharing strategies［J］. Journal of Cleaner Production，2020，250：119460.

［57］Wang Y Y，Yu Z Q，Jin M Z，et al. Decisions and coordination of retailer－led low－carbon supply chain under altruistic preference［J］. European Journal of Operational Research，2021，239（3）：910－925.

［58］Yuan X，Bi G，Li H，et al. Stackelberg equilibrium strategies and coordination of a low－carbon supply chain with a risk－averse retailer［J］. International Transactions in Operational Research，2022，29：3681－3711.

［59］夏西强，朱庆华，路梦圆．外包制造下碳交易对低碳供应链影响及协调机制研究［J］. 系统工程理论与实践，2022，42（5）：1290－1302.

［60］Zhou X Y，Wei X Y，Lin J，et al. Supply chain management under carbon taxes：a review and bibliometric analysis［J］. Omega，2021，98：102295.

［61］郭钧，王建国，杜百岗等．考虑碳限额的制造/再制造混合系统生产优化决策［J］. 控制与决策，2021，36（9）：2249－2256.

［62］夏西强，陈俊，朱庆华，等．碳配额分配方式对授权再制造影响及协调机制研究［J］. 系统工程理论与实践，2023，43（09）：2632－2655.

［63］Li G，Zheng? H，Ji X，et al. Game theoretical analysis of firms' operational low－carbon strategy under various cap－and－trade mechanisms［J］. Journal of Cleaner Production，2018，197：124－133.

［64］Zu Y F，Chen L H，Fan Y. Research on low－carbon strategies in supply chain with environmental regulations based on differential game［J］. Journal of Cleaner Production，2018，177：527－546.

[65] Zheng Y F, Zhou, W H, Chen X, et al. The effect of emission permit allocation in an early - stage cap - and - trade for a duopoly market [J]. International Journal of Production Research, 2021, 59 (3): 909 - 925.

[66] 王文利, 程天毓. 碳交易背景下供应链运营决策的演化博弈分析 [J]. 系统工程理论与实践, 2021, 41 (5): 1272 - 1281.

[67] Cai J G, Jiang F Y. Decision models of pricing and carbon emission reduction for low - carbon supply chain under cap - and - trade regulation [J]. International Journal of Production Economics, 2023, 264, 108964.

[68] Heydari J, Govindan K, Zahra Basiri Z. Balancing price and green quality in presence of consumer environmental awareness: a green supply chain coordination approach [J]. International Journal of Production Research, 2020, (59) 7: 1957 - 1975

[69] Sun L C, Cao X X, Alharthi M, et al. Carbon emission transfer strategies in supply chain with lag time of emission reduction technologies and low - carbon preference of consumers [J]. Journal of Cleaner Production, 2020, 264: 121664.

[70] Liu H, Kou X F, Xu G Y, et al. Which emission reduction mode is the best under the carbon cap - and - trade mechanism? [J]. Journal of Cleaner Production, 2021, 314: 128053.

[71] 樊文平, 王旭坪, 刘名武等. 零售商持股制造商减排投资的供应链协调优化研究 [J]. 系统工程理论与实践, 2021, 41 (9): 2316 - 2326.

[72] Fan X S, Chen K L, Chen Y J. Is price commitment a better solution to control carbon emissions and promote technology investment? [J]. Management Science, 2022, 69 (1): 325 - 341.

[73] Wang M, Zhao L D, Herty M. Modelling carbon trading and refrigerated logistics services within a fresh food supply chain under carbon cap - and - trade regulation [J]. International Journal of Production Research, 2018, 56 (12): 4207 - 4225.

[74] 张令荣, 徐航, 李云风. 碳配额交易背景下双渠道供应链减排决策研究 [J]. 管理工程学报, 2023, 37 (02): 90 - 98.

[75] 姚凡军, 肖汉, 高野, 等. 碳配额交易政策下考虑消费者偏好和成

员行为的供应链微分博弈研究［J］. 中国管理科学，2024，32（01）：231－241.

［76］ Jian T，Tong Y，Jing X. Carbon taxes and a guidance－oriented green finance approach in China：Path to carbon peak［J］. Journal of Cleaner Production，2022，367：133050.

［77］ Krass D，Nedorezov T，Ovchinnikov A. Environmental Taxes and the Choice of Green Technology［J］. Production and Operations Management，2013，22（5），1035－1055.

［78］ 王君，程先学，蒋雨珊等．碳税政策下考虑参考碳排放的供应链成员行为选择研究［J］. 中国管理科学，2021，29（7）：128－138.

［79］ 黄帝，张菊亮．不同权力结构下碳税对供应链减排水平的影响［J］. 中国管理科学，2021，29（7）：57－70.

［80］ 王明喜，胡毅，郭冬梅，曹杰．碳税视角下最优排放实施与企业减排投资竞争［J］. 管理评论，2021，33（8）：17－28.

［81］ Liu Z，Lang L L，Hu B，et al. Emission reduction decision of agricultural supply chain considering carbon tax and investment cooperation［J］. Journal of Cleaner Production，2021，294：126305.

［82］ Yang H X，Luo J W，Wang H J. The role of revenue sharing and first－mover advantage in emission abatement with carbon tax and consumer environmental awareness［J］. International Journal of Production Economics，2017，193：691－702.

［83］ Bai Q G，Xu J T，Chauhan S S. Effects of sustainability investment and risk aversion on a two－stage supply chain coordination under a carbon tax policy［J］. Computers & Industrial Engineering，2020，142：106324.

［84］ Gopalakrishnan S，Granot D，Granot F，et al. Incentives and Emission Responsibility Allocation in Supply Chains［J］. Management Science，2020，67（7）：4172－4190.

［85］ Yu Z W，Lin Y，Wang Y M，et al. Closed－loop supply chain coalitional cooperation and coordination under differentiated carbon tax regulation［J］. Journal of Cleaner Production，2023，392：136239.

[86] 朱庆华，窦一杰．基于政府补贴分析的绿色供应链管理博弈模型[J]. 管理科学学报，2011，14 (06)：86 - 95.

[87] Cohen M C, Lobel R, Perakis G. The impact of demand uncertainty on consumer subsidies for green technology adoption [J]. Management Science, 2015, 62 (5): 1235 - 1258.

[88] Cong J, Pang T, Peng H J. Optimal strategies for capital constrained low - carbon supply chains under yield uncertainty [J]. Journal of Cleaner Production, 2020, 256: 120339.

[89] 贺勇，陈志豪，廖诺．政府补贴方式对绿色供应链制造商减排决策的影响机制 [J]. 中国管理科学，2022，30 (6)：87 - 98.

[90] Zhang Z Y, Yu L Y. Altruistic mode selection and coordination in a low - carbon closed - loop supply chain under the government's compound subsidy: A differential game analysis [J]. Journal of Cleaner Production, 2022, 366: 132863.

[91] 李冬冬，吕宏军，金帅等．混合所有制改革背景下政府最优减排研发补贴政策研究 [J]. 运筹与管理，2022，31 (11)：155 - 160.

[92] Chai F, Xiao Z D, Lai K H, et al. Can carbon cap and trade mechanism be beneficial for remanufacturing? [J]. International Journal of Production Economics, 2018, 203 : 311 - 321.

[93] Linghu D Z, Wu X L, Lai K H, et al. Implementation strategy and emissionreduction effectiveness of carbon cap - and - trade in heterogeneous enterprises [J]. International Journal of Production Economics, 2022, 248, 108501.

[94] 曹斌斌，肖忠东，祝春阳．考虑政府低碳政策的双销售模式供应链决策研究 [J]. 中国管理科学，2018，26 (4)：30 - 40.

[95] Xu C Y, Wang C X, Huang R B. Impacts of horizontal integration on social welfare under the interaction of carbon tax and green subsidies [J]. International Journal of Production Economics, 2020, 222: 107506.

[96] Duan C Q, Yao F M, Guo X Y, et al. The impact of carbon policies on supply chain network equilibrium: carbon trading price, carbon tax and low - car-

bon product subsidy perspectives [J]. International Journal of Logistics Research and Applications, 2022, 1-25.

[97] Pravesh R, Shah K U. A global empirical analysis on the diffusion & innovation of carbon pricing policies [J]. Journal of Cleaner Production, 2022, 362: 132329.

[98] 张宇翔，谭德庆．双重碳政策对制造型企业决策影响及政府调控策略研究[J]．管理评论，2022，34（2）：303-314.

[99] 朱晨，马静，李犟．混合碳政策下的供应链联合减排决策和优化[J]．系统管理学报，2024，33（05）：1204-1217.

[100] 李媛，赵道致．考虑公平偏好的低碳化供应链两部定价契约协调[J]．管理评论，2014，26（1）：159-167.

[101] Ghosh D, Shah J. Supply chain analysis under green sensitive consumer demand and cost sharing contract [J]. International Journal of Production Economics, 2015, 164: 319-329.

[102] Yenipazarli A. To collaborate or not to collaborate: Prompting upstream eco-efficient innovation in a supply chain [J]. European Journal of Operational Research, 2017, 260 (2): 571-587.

[103] Yang L, Zhang Q, Ji J. Pricing and carbon emission reduction decisions in supply chains with vertical and horizontal cooperation [J]. International Journal of Production Economics, 2017, 191: 286-297.

[104] Song H H, Gao X X. Green supply chain game model and analysis under revenue-sharing contract [J]. Journal of Cleaner Production, 2018, 170: 183-192.

[105] Liu P. Pricing policies and coordination of low-carbon supply chain considering targeted advertisement and carbon emission reduction costs in the big data environment [J]. Journal of Cleaner Production, 2019, 210: 343-357.

[106] Yu B, Wang J, Lu X, et al. Collaboration in a low-carbon supply chain with reference emission and cost learning effects: Cost sharing versus revenue sharing strategies [J]. Journal of Cleaner Production, 2020, 250: 119460.

[107] Ma S G, He Y, Gu R. Low - carbon tourism supply chain network optimisation with vertical and horizontal cooperations [J]. International Journal of Production Research. 2023, 61 (18): 6251 -6270.

[108] 崔春岳，张令荣，杨子凡，王健．碳配额交易政策下基于收益共享契约的两阶段供应链协调 [J]. 中国管理科学，2021，29 (7): 214 -226.

[109] 刘名武，吴开兰，许茂增．面向消费者低碳偏好的供应链减排成本分摊与协调 [J]. 工业工程与管理，2016，21 (4): 50 -57.

[110] 李飚，夏西强，李秋月．碳配额下碳交易对碳减排技术提升影响及协调机制研究 [J/OL]. 中国管理科学: 1 -16 [2024 -05 -05].

[111] Chen J, Zhang H, Sun Y. Implementing coordination contracts in a manufacturer Stackelberg dual - channel supply chain [J]. Omega, 2012, 40 (5): 571 -583.

[112] 黄瑞芬，孙俊凤，王君．碳限额与交易机制下受资金约束的供应链优化 [J]. 运筹与管理，2020，29 (6): 82 -89.

[113] Xu X P, Zhang W, He P, et al. Production and pricing problems in make - to - order supply chain with cap - and - trade regulation [J]. Omega, 2017, 66: 248 -257.

[114] Du S, Hu L, Wang L. Low - carbon supply policies and supply chain performance with carbon concerned demand [J]. Annals of Operations Research, 2017, 25 (1 -2) : 569 -590.

[115] Chen X. A model of trade credit in a capital - constrained distribution channel [J]. International Journal of Production Economics, 2015, 159 (C) : 347 -357.

[116] Dye C Y, Yang C T. Sustainable trade credit and replenishment decisions with credit - linked demand under carbon emission constraints [J]. European Journal of Operational Research, 2015, 244 (1): 187 -200.

[117] Cao E, Yu M. Trade credit financing and coordination for an emission - dependent supply chain [J]. Computers & Industrial Engineering, 2018, 119: 50 -62.

[118] Yang H X, Miao L Y, Zhao C. The credit strategy of a green supply chain based on capital constraints [J]. Journal of Cleaner Production, 2019, 224: 930 – 939.

[119] Qin J J, Han Y Q, Wei G M, et al. The value of advance payment financing to carbon emission reduction and production in a supply chain with game theory analysis [J]. International Journal of Production Research, 2020, 58 (1): 200 – 219.

[120] Wu S M, Chan F S, Chung, S H. The influence of positive and negative salvage values on supply chain financing strategies [J]. Annals of Operations Research, 2022, 315: 535 – 563.

[121] 孟庆春，潘建，王自然，等．基于中小供应商低碳融资需求的核心企业统一授信额度配置研究 [J]. 中国管理科学，2023, 31 (06): 71 – 81.

[122] Zou T J, Zou Q M, Hu L Q. Joint decision of financing and ordering in an emission – dependent supply chain with yield uncertainty [J]. Computers & Industrial Engineering, 2021, 152: 106994.

[123] An S M, Li B, Song D P, et al. Green credit financing versus trade credit financing in a supply chain with carbon emission limits [J]. European Journal of Operational Research, 2021, 292 (1): 125 – 142.

[124] Qin J J, Fu H P, Wang Z P, et al. Financing and carbon emission reduction strategies of capital – constrained manufacturers in E – commerce supply chains [J]. International Journal of Production Economics, 2021, 241: 108 – 271.

[125] Dong G, Liang L, Wei L, et al. Optimization model of trade credit and asset – based securitization financing in carbon emission reduction supply chain [J]. Annals of Operations Research, 2023 (331): 35 – 84.

[126] Wu S M, Chan F T S, Chung S H. A study on green supply chain under capital constraint considering time – varying salvage value [J]. ? International Journal of Production Research, 2022, 60 (1): 8 – 24.

[127] 张川，马慧敏，郭振．碳限额与交易机制和消费者低碳偏好下的供应链减排及融资策略 [J]. 控制与决策，2023, 38 (11): 3271 – 3278.

[128] 邹清明，刘春，邹霆钧．资金约束下产出不确定的低碳供应链的融资与协调研究 [J]．运筹与管理，2022，31（12）：76－85.

[129] Tang R H，Lei Yang L，Ji J N，Impacts of fairness concerns on financing equilibrium in a low－carbon supply chain [J]．Transportation Research Part E：Logistics and Transportation Review，2023，180：103328.

[130] 史金召，焦文歆，杜强等．双向碳减排成本分担下资金约束供应链契约协调研究 [J]．系统科学与数学，2023，43（5）：1225－1241.

[131] Shi J Z，Liu D，Du Q，et al. The role of the procurement commitment contract in a low－carbon supply chain with a capital－constrained supplier [J]. International Journal of Production Economics，2023，255：108－681.

[132] Xia T S，Wang Y Y，L X，et al. Financing decisions of low－carbon supply Chain under Chain－to－Chain competition [J]．International Journal of Production Research，2023，61（18）：6153－6176.

[133] 谢鑫鹏，赵道致，刘永军．需求具有碳排放敏感性的低碳供应链收益共享寄售契约 [J]．系统管理学报，2015，24（1）：107－115.

[134] Yang H X，Chen W B. Retailer－driven carbon emission abatement with consumer environmental awareness and carbon tax：Revenue－sharing versus Cost－sharing [J]．Omega，2018，78：179－191.

[135] Tong W，Mu D，Zhao F，et al. The impact of cap－and－trade mechanism and consumers' environmental preferences on a retailer－led supply Chain [J]．Resources，Conservation and Recycling，2019，142：88－100.

[136] Mondal C，Giri B C. Analyzing a manufacturer－retailer sustainable supply chain under cap－and－trade policy and revenue sharing contract [J]．Operational Research － An International Journal，2022，22：4057－4092.

[137] Tong W，Liu H，Du J. Does the carbon trading mechanism affect social and environmental benefits of the retailer－led supply chain：Strategic decisions of emissions reduction and promotion [J]．Frontiers in Environmental Science，2022，10：971214.

[138] 谭乐平，宋平，杨琦峰．持股策略下随机需求低碳供应链融资决

策均衡［J］. 运筹与管理，2021，30（8）：117－126.

［139］Fu H，Ma Y K，Cai X Q. Downstream firm' s investment with equity holding in decentralized assembly systems［J］. Omega，2018，75：27－56.

［140］樊文平，王旭坪，刘名武，等. 零售商持股制造商减排投资的供应链协调优化研究［J］. 系统工程理论与实践，2021，41（09）：2316－2326.

［141］Xia L J，Kong Q，Li Y，et al. Effect of equity holding on a supply chain' s pricing and emission reduction decisions considering information sharing［J］. Annals of Operations Research，2023（329）：619－656.

［142］孙嘉轶，杨露，滕春贤. 政府补贴与股权合作下低碳闭环供应链决策与协调［J］. 系统工程学报，2023，38（04）：540－554.

［143］师苑，王新华，高红伟. 三级供应链企业间交叉持股时均衡定价及市场绩效研究［J］. 运筹与管理，2021，30（09）：145－151.

［144］夏良杰，孔清逸，李友东，等. 考虑交叉持股的低碳供应链减排与定价决策研究［J］. 中国管理科学，2021，29（04）：70－81.

［145］樊文平，王旭坪，刘名武，许茂增. 不同减排合同下企业间纵向持股对供应链决策的影响［J］. 管理工程学报，2021，35（1）：189－200.

［146］Chen J，Hu Q，Song J S. Effect of partial cross ownership on supply chain performance［J］. European Journal of Operational Research，2017，258（2）：525－536.

［147］何丽红，黄甘泉，张哲薇. 供应链交叉持股对制造商直销渠道选择的影响［J］. 管理学报，2018，15（9）：1393－1041.

［148］Ren D，Guo R，Lan Y F，et al. Shareholding strategies for selling green products on online platforms in a two－echelon supply chain［J］. Transportation Research Part E：Logistics and Transportation Review，2021，149：102261.

［149］姜跃，韩水华，陈哲. 权力结构对交叉持股供应链减排的影响［J］. 华南理工大学学报（社会科学版），2022，24（6）：60－68.

［150］Wu D S，Zhang C H，Pan Y C，et al. The supply chain effects on order strategy of cross－shareholdings［J］. International Journal of Production Research，2021，59（22）：6848－6863.

[151] 张楠，周宗放．供应商持股制造商的供应链协调［J］．系统工程，2016，34（4）：89－93

[152] 张楠，周宗放．上游企业持股下游企业的供应链协调研究［J］．管理评论，2017，29（8）：234－242.

[153] 付红，李良强．考虑强势下游企业持股弱势上游企业的供应链决策与协调［J］．工业工程与管理，2020，25（2）：172－178.

[154] 王道平，常敬雅．政府补贴下考虑持股合作战略的供应链减排动态协调研究［J］．控制与决策，2024，39（04）：1370－1378.

[155] 许舒婷，缪朝炜，檀哲，上官莉莉．碳税制度下企业产品升级及信息披露策略研究［J］．管理工程学报，2020，34（2）：224－230.

[156] Ma X，Ho W，Ji P，et al. Contract design with information asymmetry in a supply chain under an emissions trading mechanism［J］．Decision Sciences，2018，49（1）：121－153.

[157] Zhou J H，Zhao R J，Wang W S. Pricing decision of a manufacturer in a dual－channel supply chain with asymmetric information［J］．European Journal of Operational Research，2019，278（3）：809－820.

[158] Liu Y，Li J，Quan B T，et al. Decision analysis and coordination of two－stage supply chain considering cost information asymmetry of corporate social responsibility［J］．Journal of Cleaner Production，2019，228：1073－1087.

[159] 文悦，王勇．双渠道制造商成本信息不对称下电商平台最优服务契约设计［J］．中国管理科学，2022，30（05）：248－262.

[160] Xia J，Niu W J. Carbon－reducing contract design for a supply chain with environmental responsibility under asymmetric information［J］．Omega，2021，102：102390.

[161] Ranjbar A，Heydari J，Madani Hosseini M. et al. Green channel coordination under asymmetric information［J］．Annals of Operations Research，2023（329）：1049－1082.

[162] 张令荣，刘笑言，王锋等．碳配额交易政策下闭环供应链谎报决策与协调研究［J］．管理工程学报，2023，37（04）：196－205.

[163] Vosooghidizaji M, Taghipour A, Canel - Depitre B. Supply chain coordination under information asymmetry: a review [J]. International Journal of Production Research, 2020, 58 (6): 1805 - 1834.

[164] 楼高翔，张洁琼，范体军等．非对称信息下供应链减排投资策略及激励机制 [J]. 管理科学学报，2016，19 (02)：42 - 52.

[165] 王道平，李小燕，张博卿．信息非对称下考虑零售商促销努力竞争的供应链协调研究 [J]. 工业工程与管理，2017，22 (01)：27 - 35.

[166] 夏良杰，白永万，秦娟娟等．碳交易规制下信息不对称供应链的减排和低碳推广博弈研究 [J]. 运筹与管理，2018，27 (06)：37 - 45.

[167] 王伟冬，李小燕．考虑竞争和信息不对称的低碳供应链协调策略研究 [J]. 工业工程与管理，2020，25 (03)：27 - 33.

[168] 李璟，谢家平，古丽扎尔．艾赛提．非对称信息下考虑绿色偏好差异化与碳约束的减排定价策略优化 [J]. 中国管理科学，2024，32 (04)：293 - 305.

[169] Lu J, Sun X C. Carbon regulations, production capacity, and low - carbon technology level for new products with incomplete demand information [J]. Journal of Cleaner Production, 2021, 282: 124551.

[170] Raj A, Modak N M, Kelle P, et al. Analysis of a dyadic sustainable supply chain under asymmetric information [J]. European Journal of Operational Research, 2021, 289 (2): 582 - 594.

[171] Xu W B, Xu H Z. Channel encroachment and carbon reduction with demand information asymmetry [J]. Journal of Cleaner Production, 2022, 371: 133443.

[172] Zheng S Y, Jiang C M, Fu X W, et al. Subsidies for green technology adoption under uncertain demand and incomplete information [J]. Omega, 2022, 112: 102675.

[173] Meng X G, Zhao L, Zhao Y X. Information sharing and sales format strategy under platform economy and cap - and - trade [J]. Computers & Industrial Engineering, 2022, 174: 108774.

[174] He L, Wang H, Liu F. Emission abatement in low - carbon supply chains with government subsidy and information asymmetry [J]. International Journal of Production Research, 2024, 62 (18): 6598 - 6626.

[175] 李剑，易兰，肖瑶．信息不对称下基于区块链驱动的供应链减排信息共享机制研究 [J]. 中国管理科学，2021，29（10）：131 - 139.

[176] Xu X P, Zhang M Y, Dou G W, et al. Coordination of a supply chain with an online platform considering green technology in the blockchain era [J]. International Journal of Production Research, 2021, 61 (11): 3793 - 3810.

[177] Xu X P, Choi T M. Supply chain operations with online platforms under the cap - and - trade regulation: Impacts of using blockchain technology [J]. Transportation Research Part E: Logistics and Transportation Review, 2021, 155: 102491.

[178] 南江霞，吴小勇，张茂军．区块链赋能的低碳市场制造商产量竞争与碳减排技术合作 [J/OL]. 中国管理科学：1 - 15 [2024 - 05 - 01].

[179] Li Q Y, Ma M Q, Shi T Q, et al. Green investment in a sustainable supply chain: The role of blockchain and fairness [J]. Transportation Research Part E: Logistics and Transportation Review, 2022, 167: 102908.

[180] Ma D Q, Qin H Q, Hu J S. Achieving triple sustainability in closed - loop supply chain: The optimal combination of online platform sales format and blockchain - enabled recycling [J]. Computers & Industrial Engineering, 2022, 174: 108763.

[181] Xu X P, Yan L L, Choi T M, et al. When Is It Wise to Use Blockchain for Platform Operations with Remanufacturing [J]. European Journal of Operational Research, 2023, 309 (3): 1073 - 1090.

[182] 林强，刘名武，邹梓琛．不同激励契约下嵌入区块链的供应链碳减排与定价决策 [J]. 计算机集成制造系统，2024，30（04）：1506 - 1517.

[183] 张令荣，彭博，程春琪．基于区块链技术的低碳供应链政府补贴策略研究 [J]. 中国管理科学，2023，31（10）：49 - 60.

[184] Iyengar g, saleh f, sethuraman j, et al. Blockchain adoption in a sup-

ply chain with manufacturer market power [J]. Management Science, 2023. 70 (9): 6158 -6178.

[185] 林强，刘名武，王晓斐．嵌入区块链信息传递功能的绿色供应链决策 [J]. 计算机集成制造系统，2024，30 (01)：355 -368.

[186] Liu S S, Hua G W, Ma B J, et al. Competition between green and non - green products in the blockchain era [J]. International Journal of Production Economics, 2023, 264: 108970.

[187] Qiao H, Zhang Z J, Su Q. Blockchain technology adoption of the manufacturers with product recycling considering green consumers [J]. Computers & Industrial Engineering, 2023, 177: 109021.

[188] Feng Z W, Luo N, Shalpegin T, et al. The influence of carbon emission reduction instruments on blockchain technology adoption in recycling batteries of the new energy vehicles [J]. International Journal of Production Research, 2024, 62 (3): 891 -908.

[189] 杨磊，郑晨诗，纪静娜．碳信息不对称下的供应链谎报决策与协调研究 [J]. 中国管理科学，2016，24 (04)：111 -120.